후각을 열다

| 송인갑 지음 |

후각을 열다

송인갑 지음

발행처 · 도서출판 **청어**
발행인 · 이영철
영 업 · 이동호
기 획 · 최윤영 | 김홍순
편 집 · 김영신 | 방세화
디자인 · 김바라 | 오주연
제작부장 · 공병한
인 쇄 · 두리터

등 록 · 1999년 5월 3일(제22-1541호)

1판 1쇄 인쇄 · 2012년 7월 15일
1판 1쇄 발행 · 2012년 7월 25일

주소 · 서울 서초구 서초3동 1595-10 봉양빌딩 2층
대표전화 · 586-0477
팩시밀리 · 586-0478

홈페이지 · www.chungeobook.com
E-mail · ppi20@hanmail.net
ISBN · 978-89-97706-12-9 (03100)

이 책의 저작권은 저자와 도서출판 청어에 있습니다.
무단 전재 및 복제를 금합니다.

후각을 열다

저자의 말

오래전 전남 구례에 향 연구소를 가지고 있었다. 지금은 없어졌지만, 한동안 참 많이도 다녔다. 언제나 지리산의 풍광과 냄새가 나를 반기는 까닭에 아직도 고향처럼 그리움이 남아 있다. 지금은 인근의 숲이나 산에서 그 기억의 냄새를 맡기도 하지만.

구례에서 하동으로 가는 길에는 맑디맑은 섬진강이 있다. 강물에 하얗게 반사되는 햇빛 때문에 눈이 부셔 잠시 차를 멈추어본다. 이곳은 〈흐르는 강물처럼〉이라는 영화의 한 장면을 떠올리게 하는 자연의 신선함과 역동감이 존재한다. 그 길을 따라가면 경상도와 전라도가 만나는 곳이 나온다. 바로 화개장터다. 그곳에서 쌍계사 방향으로 계곡을 따라가다 보면, 계곡 위 산등성이 군데군데에 녹색의 밭이 보인다. 그 유명한 쌍계사 야생차 밭이다.

차는 차 자체로 즐겨야지, 다도에 신경을 쓰다 보면 진정한 차 맛을 모를 수 있다고 하였다. 다도(茶道)란, 차를 즐기면서 자연히 몸에 배는 것이라 한다. 향도(香道)도 마찬가지다. 세상의 모든 법칙은 즐기면서 자연히 우리 몸에 배어야 하는 것이다.

좋은 차, 향기로운 차가 만들어지려면 땅이 척박해야 한다. 그리고 아침에는 운무가 있어야 하며, 일조량이 풍부하고, 가뭄이 들 때에는 자연적으로 수분이 조절되는 지역에서 나는 차라야 한다. 그러고 보면 쌍계사의 차는 그런 천혜의 조건을 모두 갖춘 셈이다. 그래서 그곳의 냄새가 좋았던 것인가.

내가 늘 관심을 가진 것은 향이었다. 언제나 향기는 내 삶의 주체였고, 그것은 세상을 풍요롭게 해주는 것이라 믿어왔다. 그러던 어느 날, 더 이상 향기는 내 삶의 주체가 아님을 깨달았다.

사람이 숨을 쉰다는 것은 극히 자연스러운 일이다. 하지만 우리의 후각은 숨을 들이켜며 내뱉는 역할만 하는 것은 아닐 것이다. 후각을 통해 세상을 이해하고 받아들이며, 경험하는 모든 것을 기억하기 때문이다.

향에 있어서 주체는 향이 아니라 우리의 후각이다. 왜냐하면 사람마다 후각의 느낌이 같지 않으므로, 향이 우리 코에 닿는 순간 냄새는 서로 다른 모습으로 다가오기 때문이다. 사람의 후각은 각자의 타고난 감각과 경험을 통해 자연스럽게 형성된다. 결국 모든 사람이 좋아하는 완벽한 향기는 실재(實在)하지 않을 수 있다는 것을 의미한다. 이것은 모든 냄새가 사람의 후각에 달려 있다는 말이기도 하다.

영화 〈트루먼 쇼〉는 방송에 의해 만들어진 왜곡된 삶을 살고 있는 한 인간의 자유를 향한 투쟁을 그리고 있다. 가상의 세계를 버리고 참된 현실을 찾아가는 정체성 회복의 영화이다. 주인공 트루먼은 오감을 열고 살아가는 사람이다. 인간은 어둠이 아닌 빛을, 갇혀 있는 공간이 아닌 열린 곳으로 나아가야 한다는 사실을 이 영화는 보여주고 있다. 보호된 세트장에서 세상 밖으로 나가는 트루먼의 모습에서 무엇이 우리 인생에서 가치 있는 것인가를 알고 찾아가는 한 인간을 만날 수 있는 것이다.

세상이 변하고 있다. 이제 우리가 맡고 즐기는 냄새와 맛은 현실이 아니다. 세트장에 갇혀 가상의 세계에 살고 있는 트루먼처럼, 우리도 진짜같은 냄새가 지배하는 왜곡된 후각을 지니게 되었다. 하지만 우리도 후각을 열고 세상을 향해 트루먼처럼 산다면, 세상의 옳고 그름을 구별할 수 있을 것이다. 그래야만 인간이 인간다워질 수 있기 때문이다.

냄새는 분명한 안팎이 있다. 그래서 문을 열고 닫으며 그 실체를 찾아보았지만 발견할 수가 없었다. 아마 자신을 쉽게 드러내지 않는가 보다. 더군다나 보거나 들을 수도 없기에 나의 참담함이 더했는지도 모른다. 그러나 우리의 후각이 순담(純澹)함으로 채워진다면, 그도 자신의 모습을 보여주지 않고는 못 배길 것이다.

이러한 후각에 대한 나의 생각을 알리고, 사람들에게 후각을 열고 세상의 냄새를 맡아보기를 권하는 마음에서 이 글을 쓰게 되었다. 한마디로 나의 후각 상상력을 재구성한 것이라고 말하고 싶다.

끝으로 이 책을 출간히도록 도와준 정어의 이영철 대표와 편집부 식구들, 그리고 사랑하는 어머님과 딸에게 고마움을 표하고, 언제나 내가 꿈꾸는 작은 땅에 책을 놓아두며 주님께 깊은 감사를 드린다.

판교도서관에서
송인갑

Contents

저자의 말 • 4

 제1부 후각을 열다

1. 후각을 열다 • 10
2. 기억을 부르는 후각 • 15
3. 선택적인 후각기억 • 22
4. 후각은 타고나는가 아니면 길들여지는가? • 28
5. 센트 플레이어(Scent Player) • 34
6. 후각의 미래 • 40
7. 매트릭스 • 46
8. 향, 엑소더스(Exodus) • 51
9. 영혼의 물을 담은 오브제(objet) • 61
10. 인생은 아름다워 • 72

 제2부 공간과 향

1. 공유지의 비극 • 82
2. 공간, 향기 디자인 • 89
3. 후각의 시네마 • 105
4. 대통령의 향기 • 110
5. 숨겨진 냄새들 • 117
6. 향기 마을을 꿈꾸며 • 122
7. 공간 향과 시스템 • 126
8. 향기박물관에 대한 작은 상상 • 132

 제3부 향기여행

1. 소지(小地) • 138
2. 450년을 이어온 사랑 • 144
3. 황천(潢川)을 지나서 • 150
4. 하늘과 바다 • 156

5. 잔설(殘雪) • 161
6. 아우라지의 한 • 165
7. 남해(南海), 금산(錦山)을 품다 • 170
8. 왕포마을의 곡두 • 174
9. 그라스(Grasse), 그리고 이안(利安) • 179
10. 블루(Blue) • 185
11. 화이트(White) • 190
12. 앱솔루트(Absolute) • 194
13. 기적의 물 • 198
14. 이세의 꿈 • 204

제4부 역사 속의 향

1. 향기가 열리고 • 212
2. 문향(聞香) • 218
3. 여인의 향기 • 225
4. 잊혀진 향장(香匠) • 235
5. 진기한 나무, 눈측백 • 241
6. 문방오우(文房五友) • 246
7. 천 년의 향기 • 250

제5부 비통(鼻通)

1. 비통(鼻通)의 신기(神氣) • 258
2. 몸의 기를 풀무질한다(橐籥身氣) • 263
3. 모든 냄새 가운데 맑은 것이 가장 좋다(諸臭中純澹爲最) • 268
4. 모든 냄새의 분별은 근본이 있다(諸臭分別有本) • 273
5. 향기는 순담한 것만 못하다(香不如純澹) • 278
6. 냄새의 뱀(臭氣染漬) • 284
7. 냄새엔 이로운 것과 해로운 것이 있다(臭有利害) • 288

부록 · 순간(a moment) • 297

제1부

후각을 열다

기억해내지 않아도 그리워지는 것이 있다면,
그것은 후각으로부터 오는 것이다.

"후각의 상실과 함께 수많은 추억도 사라진다." (영화 〈퍼펙트센스〉 중에서)

1. 후각을 열다

여행을 하다 보면 어느 곳에 가든지 고유의 문화와 느낌이 있다. 그래서 그 모든 것을 기억하고자 한다. 그러나 그것들은 기억의 저편에서 아무런 미동 없이 남겨져 있을 뿐이다.

보통 향기의 주체는 향에 있다. 하지만 향이 아무리 좋아도 사람의 후각이 없다면 무슨 소용이 있겠는가? 또한 코가 있더라도 후각의 세밀한 감각을 깨우지 못한다면 아름다운 향의 세계를 느끼지 못할 것이다. 이제 잠들어 있던 진정한 감각인 후각을 깨워보자.

보통 감각의 세계를 구성하는 요소는 시각·청각·미각·촉각·후각의 오감이다. 오감의 영역은 다양한 즐거움과 문화로 우리의 삶과 연결되어 있다. 그중에서도 시각을 중심으로 한 것이 많고, 다음이 음악 등의 청각 영역이다. 촉각은 이들에 비해 다소 부족한 듯한데, 각종 공예품을 만드는 사람들 사이에는 그 중요성을 인정받고 있다고 해도 과언이 아니다. 미각은 거의 모든 사람이 날마다 혜택을 입고 있다. 하지만 후각이라 하면 과거에는 거의 거들떠보지도 않았다. 인간이 문화적으로 발전하면서 후각은 오히려 퇴보해갔으며, 특히 후각이 민감한 사람을 개에 가깝다는 식으로 비하하였음을 상기해보면 알 수 있을 것이다. 그래서 오감 중에 가장 비참한 것이 후각이 아닌가 한다.

그렇지만 사람은 이 후각에 의해 삶을 부드러움과 즐거움으로 누리고 있으니 참으로 아이러니한 일이다. 말할 것도 없이 후각은 냄새를 대상으로 하는 감각이며, 그것은 감각에 깊은 뿌리를 두고 있어서 지식의 세계와는 또 다른 범주인 셈이다.

냄새는 우리가 잊고 있었던 감각의 세계를 떠오르게 한다. 특히 정서적인 생활 속으로 끌어들이려는 강한 흡인력으로 인해, 냄새는 존재하는 가장 풍요롭고도 복잡한 감각의 경험 중 하나를 우리에게 제공한다.

모든 감각 중에서 후각에 대해서는 매우 일찍부터 철학자들과 의사들이 그 신비를 캐내려 했지만 아직도 알려진 것이 많지 않다.

기원전 4세기 아리스토텔레스는 후각기관의 구조를 처음으로 밝히고자 했다. 그 후 냄새의 암흑시대인 중세를 - 물론 중세가 배경인 영화 〈장미의 이름〉에서는 향이 관련된 수도원을 볼 수 있듯이 완전한 암흑시대는 아니었다 - 지나 르네상스 시대가 되어서야 비로소 향이 영혼에 유익한 영향을 주는 것으로 찬양되었다.

18세기 루소는 후각을 '상상력의 감각'이라 불렀으며, 19세기 학자들은 많은 시간을 사람의 마음을 사로잡는 기능을 하는 것으로 여겨지는 후각을 연구하는 데 바쳤다. 그리고 20세기에 들어서 본격적으로 뇌의 전자신호 효과에 대한 실험과 분자생물학 연구의 성공이 있은 후 1980년에 들어서 겨우 그 비밀의 일부가 밝혀졌으며,

1990년 이후에 와서야 본격적인 연구 사례들이 발표되기 시작하였다.

노벨의학상(2004년)을 받은 미국의 리처드 액셀 교수와 린다 벅 박사의 논문 「코의 후각 담당 유전자와 그 역할」이 발표된 후에 세상은 후각에 대하여 큰 관심을 가지게 되었다. 이 논문에 따르면 인간이 가진 유전자를 1백 개라 쳤을 때, 3개는 후각에 관여하는 유전자라는 것으로, 이전의 과학자들이 생각했던 것보다 훨씬 많았다. 그리고 이 논문에서 냄새 정보가 콧구멍 안에 있는 감각 센서인 수용체를 통해 뇌로 전달되어 호르몬계와 자율신경을 자극하는 단계와 순서에 대해서도 밝혀냈다.

이제 후각은 인간의 감각을 깨우는 매우 중요한 것으로 여겨지고 의학, 환경, 음식, 오락, 자동차 등 예술과 산업의 경계에서 인류의 중요한 기관으로 등장하게 된 것이다.

"늙은 요리사가 가져다준 토스트 한 조각을 차에 적셨을 때, 나는 제라늄과 오렌지 나무의 향기를 맡으며 행복이 주는 아주 특별한 빛을 경험할 수 있었다. 갑자기 그 여름을 기억할 수 있었다. 내가 차에 적신 비스코티를 맛보는 순간 내 앞에는 모호하고 무채색인 정원 풍경이 펼쳐지고 있었다."[1]

프루스트는 후각을 여는 순간 기억의 냄새를 떠올리고 특별한 빛을 경험하며, 과거의 공간 속으로 빠져 들어감을 말하였다. 후각은 평상시 생각하지도 않았던 기억을 깨워 시공간을 초월하여 오감의 체험을 경험하게 한다. 또한 무엇보다도 앞서 우리의 기억을 떠올리

---

[1] 마르셀 프루스트 『한 권으로 읽는 잃어버린 시간을 찾아서』, 김창석 역, (주)국일출판사, 2007, p27.

게 하고, 그것을 파노라마처럼 보여주는 매개체라는 것이다.

후각은 객관적이고 이성적으로 작용하지 않는다. 후각은 일생을 통하여 변화하며 성별, 인종, 문화에 따라 다르게 나타난다. 냄새를 느끼는 강도의 정도는 공기 중에 존재하는 냄새의 분자농도에 단순히 비례하지 않는다. 일반적으로 강도가 1/10이 되어야 냄새가 약해졌다고 느끼며 이를 위해서는 향기의 농도를 500~1,000배로 희석해야 한다.

또한 같은 종류의 냄새를 아주 오래 맡고 있으면 그 냄새를 느끼지 못하게 된다. 아무리 좋은 냄새라도 시간이 지나면 효과가 없어지는 것과 같은 것이다. 이러한 지속적인 자극으로 인한 반응은 감각 모두에 나타나는데, 반응이 점차 둔해지는 것을 '순응(adaptation)'이라 하며 이 순응은 곧 후각의 적응을 말한다. 그래서 나쁜 냄새가 있는 곳에 오래 있으면 좋지 않다. 왜냐하면 냄새에 적응하다 보면 결국 나쁜 냄새가 우리 몸에 들어오며 건강에 치명적인 손상을 줄 수 있기 때문이다.

담배 냄새가 배어 있는 곳에 오래 있으면 결국 그 냄새에 순응되어 냄새에 대한 불쾌감이 사라지고 자연스럽게 호흡하게 되는 것이다. 결국 집 안에서 담배를 피우는 것은 가족 모두를 냄새에 순응하게 하여 심각한 질병을 불러온다. 또한 감각 중 순응의 속도가 가장 빠른 것이 후각이라는 점을 명심해야 할 것이다.

인간은 나이에 따라 냄새에 대한 호감도가 변화한다. 사춘기 이전에 혐오하던 냄새들(페로몬이나 동물 향 같은 냄새)이 갑자기 좋아지고, 한때는 좋아했던 냄새(오렌지나 딸기 향 등)를 거부하게 된다.

냄새에 대한 선호도는 20세가 지나면서 일정하게 유지되나, 20세가 되기 전까지는 개인별 분명한 차이가 있다. 하지만 같은 또래의 집단에서는 놀랄 정도의 유사성을 발견할 수 있다.

나이가 들어감에 따라 냄새에 대한 반응은 점차 주관적으로 변하고, 연상 작용도 커진다.

젊을수록 후각의 기능은 뛰어나다. 특히 후각 감수성은 30대에 가장 최고치를 보이며, 50~60대까지는 잘 유지된다. 하지만 나이가 들어 노인이 되면 점점 후각을 잃어가며, 결국 후각 능력 자체가 사라지는 것이다. 치매가 시작되면 변연계의 이상으로 후각 기능이 사라지는데, 이것 또한 나이와 무관하지만은 않다.

이제 후각을 열어보자. 세상에 존재하는 냄새를 맡고 기억하며, 때로는 그 기억을 불러 상상 속에서 냄새를 맡는 훈련을 한다면 치매의 접근을 차단할 수 있을 것이다.

2. 기억을 부르는 후각

특정 향기나 냄새가 기억에 남는 경우가 있다고 하였다. 어떤 경우는 이 기억이 굉장히 오래 남아서 회상하는 데 어려움이 없을 정도란다. 무엇 때문에 우리는 좋은 향기를 오랫동안 기억할 수 있을까?

나이 든 사람은 후각을 통해 과거의 아름다운 기억을 회상해냈지만, 젊은 사람은 그렇지 않다.[2] 아마도 오래된 냄새의 기억이 시간의 흐름과는 무관하게 작용하고 있는지도 모른다. 그래서 후각으로 회상할 수 있는 기억은 10세 이전까지도 거슬러 올라갈 수 있는데, 이는 언어적 단서가 주어진 경우와 대조를 이룬다. 적어도 후각의 기억은 언어의 기억을 넘어선다는 것을 의미한다.

오랫동안 잊고 지냈던 아름다운 추억을 떠올릴 때 사진을 보거나, 편지를 읽거나, 비디오테이프에 기록된 영상을 보게 된다. 왜냐하면 시간의 무게는 추억을 구체화하지 못하기 때문이다. 하지만 우연히 된장국 냄새를 맡거나, 지나가는 여인의 향기에서 지나간 시절의 추억을 떠올리게 되는 것은 냄새로 포착하는 독특한 후각기억장치 때

---

[2] Dr. Shock M,D-PhD / A Neurostimulating blog

문이다.

올팩토리 메모리(Olfactory Memory), 이는 후각기억을 뜻하는데, 숙련된 조향사들은 고도로 발달한 후각기억 능력을 갖추고 있다. 그들은 수백, 수천의 냄새를 기억하여 뇌 속에 저장한다. 물론 타고난 능력과 부단한 훈련의 결과이지만 말이다. 그들은 여행이나 자신의 삶 속에서 복잡하게 얽혀 있는 냄새를 맡고 기억한다. 그리고 그들이 기억하는 단품의 향료를 조합하여 그 냄새를 머리에서 창조해내기도 한다. 단순히 후각과 뇌에서 향기를 저장하고 창조한다는 말이다. 다만 이러한 높은 수준의 조향사는 극히 소수에 불과하다는 사실이다.

"어머니는 과자를 가지러 보냈다. 가리비의 홈이 난 조가비 속에 흘려 넣어 구운 듯한, 잘고도 통통한, 프티트 마들렌이라고 하는 과자였다. 그리고 이윽고 우중충한 오늘 하루와 음산한 내일의 예측에 풀죽은 나는, 마들렌의 한 조각이 부드럽게 되어가고 있는 차를 한 숟가락 기계적으로 입술로 가져갔다. 그런데 과자 부스러기가 섞여 있는 한 모금의 차가 입천장에 닿는 순간 나는 소스라쳤다. … 갑자기 추억이 떠올랐다. 이 맛, 그것은 콩브레 시절 주일날 아침, 내가 레오니 고모의 방으로 아침 인사를 하러 갈 때, 고모가 곧잘 홍차나 보리수꽃을 달인 물에 담근 후 내게 주던 그 마들렌 작은 조각의 맛이었다."[3]

'프루스트 효과(Proust Effect)' 라는 말이 있다. 오랫동안 잊고 지

---

3) 마르셀 프루스트, 『잃어버린 시간을 찾아서-스완네 집 쪽으로 1』, 김창석 역, (주)국일출판사, 2006, pp66-69.

내던 것을 냄새를 통해 회상하게 되는 효과를 말한다. 이 효과는 프랑스의 작가 마르셀 프루스트의 저서 『잃어버린 시간을 찾아서』에서 유래했다. 이 소설은 생의 모든 것에 절망한 주인공 마르셀이 홍차에 적신 과자 마들렌 냄새에 이끌려 과거의 무의식적인 기억을 떠올리며 어린 시절 고향을 찾아 시간 여행을 떠나는 내용이다.

이 소설에서 냄새는 과거와 현재를 이어주는 하나의 매개체로 작용한다. 마치 주인공 마르셀이 느끼는 과거와 현재를 넘나드는 두 개의 공간 '콩브레'와도 매우 흡사하다. 동일한 것에 대한 반복적인 오감의 감각을 통한 회상, 즉 성사시옹(sensation)과 기억에 의한 회상인 메모리(memory)로 구분하며, 오감 중에서도 미각과 후각의 세밀한 묘사를 통해 무의식적인 기억의 세계를 표현하고 있는 것이다. 물론 그가 감각적인 프랑스인이라는 사실을 배제할 수는 없지만 말이다.

오래전 지중해의 태양과 바다를 배경으로 만든 영화 〈태양은 가득히〉에서 보여준 알랭 들롱의 내면의 상처에서 나오는 열등감과 배반, 욕망의 모습을 기억할 것이다. 그러한 그의 상처에서 나오는 감각의 회상이 바로 '성사시옹'이다. 그래서 이 영화에 출연한 알랭 들롱의 내면을 모티브로 한 '성사시옹 드 알랭 들롱(Sensation D' Alain Delon)'[4] 향수가 나오게 되었는지도 모르겠다.

냄새는 기억력을 촉진하는 효과가 있다고 한다. 두 집단을 나누어 기억력 테스트를 했다. 한 집단은 일반 공간에서, 다른 집단은 냄새

---

[4] 라스베리, 탠저린, 베르가모트, 꽃 향, 머스크, 바닐라가 조화를 이룬 플로럴 머스크 계통의 향수로, 중세의 투구와 갑옷 모양의 용기 디자인이 주는 남성적인 느낌과 불투명한 용기에서 느껴지는 여성의 신비감이 조화를 이루는 향수. 송인갑, 『향수(The Story of Perfume)』, 한길사, 2004, p196.

가 나는 공간에서 진행했다. 테스트 후 두 집단을 비교하니 놀라운 결과가 나타났다. 냄새가 있는 공간의 집단이 일반 공간의 집단보다 더 높은 기억력을 보여준 것이었다. 학자마다 동일한 실험을 한 결과, 차이는 있지만 냄새가 있는 공간의 집단의 기억력이 더 뛰어났다. 물론 사용하는 향기와 분위기 등에 따라 결과의 차이는 있겠지만, 분명한 것은 냄새에 기억력을 좋아지게 하는 효과가 있다는 것이다.

미국 모넬 화학감각연구센터의 레이첼 헤르츠 박사는 실험대상자들에게 어떤 그림을 향기와 함께 제시했다. 향기를 맡은 후에 그림을 기억하도록 한 결과, 기억의 정확성에는 별 차이가 없었지만 그림을 볼 때의 느낌은 훨씬 더 잘 기억해낸다는 사실을 확인했다.

최근에는 거꾸로 다른 기억을 자극하면 그와 연결된 냄새 기억이 되살아날 수 있다는 실험 결과가 나왔다. 말하자면 '역(逆) 프루스트 현상' 인 셈이다.

영국 런던대의 제이 고트프리드 교수는 헤르츠 박사의 실험과 정반대의 실험을 했다. 연구팀은 사람들에게 사진을 보여주면서 특정 향을 맡게 한 뒤, 나중에 향 없이 사진만 보여주었을 때도 사람들의 뇌에서 냄새를 처리하는 부위가 활발하게 활동하는 것을 알 수 있었다.5) 논문에서 고트프리드 박사는 "이번 연구는 하나의 기억으로 연결된 시각, 청각, 후각 정보가 한데 모여 있지 않고 뇌 여러 곳에 흩어져 있다는 것을 의미한다."고 설명했다. 그러므로 뇌에 분산된 하나의 감각 기억만 자극해도 이와 연결된 전체 기억이 재생되는 것이다.

시스템 복원시점 생성은 만약 컴퓨터에 문제가 생겼을 때 컴퓨터

---

5) 당시 연구팀은 이 실험 결과를 신경과학 최고 권위지인 〈뉴런〉 2004년 5월 27일자에 발표했다.

를 상태가 괜찮았던 시점으로 돌리기 위해 복원지점을 만들어두는 것이다. 물론 이것은 인위적으로 만든 시스템이다. 마찬가지로 인간도 분명한 기억의 복원시점을 찾을 수 있다. 하지만 기억의 복원은 그냥 이루어지지는 않는다. 외부의 충격으로 기억이 상실되었거나 치매로 기억을 되찾을 수 없을 때 아름다운 기억을 가졌던 그 시간, 기억의 복원시점으로 돌아가기 위해서는 어떤 자극이 필요하기 때문이다.

따라서 후각은 기억의 복원시점을 찾기 위한 중요한 도구라 할 수 있다. 자신의 삶에서 즐겁고 행복했던 시간으로 복원시점을 정해야 한다. 물론 많은 과거의 일들을 추적하며, 그들의 삶을 정밀하게 이해해야만 그 시점을 정할 수 있다. 이때 후각은 그 무엇보다도 이 시점을 찾아내는 데 탁월한 능력을 발휘한다. 다시 말하면, 냄새는 과거의 시간을 기억하는 매개체이다. 시골집에서의 메주 냄새, 얼큰하게 취해서 안아주던 아버지 품 안의 가슴 시린 냄새, 어머니가 쓰시던 분 냄새, 동네 뒷산의 진달래 향기 등 그러한 냄새가 기억의 복원시점으로 돌아가게 함으로써 기억을 되찾을 수 있다는 말이다.

서구에서는 이 기억의 복원을 위한 냄새로 레몬, 라벤더 등 그들만이 기억하는 아름다운 향기를 찾아 사용하고 있다. 하지만 이러한 냄새는 나라와 민족, 성별, 나이, 살아온 땅과 방식 등 각자의 환경에 따라 분명한 차이가 있다. 무턱대고 서구의 방식과 냄새를 이용할 수 없는 것이다. 우리의 기억을 불러일으키는 냄새, 그것을 찾아야만 복원할 수 있다. 예를 들면 된장국 냄새, 어둠이 깔리는 저녁 집집마다 하얀 연기를 내며 밥 짓는 냄새, 시골 아낙의 냄새, 두엄 냄새 등 팍팍한 삶이었지만 푸근했던 그 시절의 냄새가 필요한 것이다. 다만 이 냄새는 지금의 젊은 세대의 기억 복원과는 거리가 있다.

이것을 잘 대변해주는 아주 오래전 신문 기사를 보면 더 명확히 이해할 수 있을 것이다.

"영국에서는 냄새로 치매증은 물론, 우울증까지 치료하는 '냄새 치료법'이 각광받고 있다. 2차 대전 당시 폭격이 있고 난 후 불타는 건물에서 났던 냄새, 그 당시 세탁을 할 때 맡을 수 있었던 독특한 비누 냄새 등이 유년 시절의 기억을 상실한 노인들에게 새로운 기억 회생의 효과를 거두고 있는 것이다. 영국 중부 잉글랜드에 있는 워릭 대학교에서 올팩션 연구 그룹의 일원으로 일하는 심리치료사 존 킨쥐 박사는 일명 회상 치료법(reminiscence therapy)이라고 불리는 방법으로 많은 치매증 환자들에게 새 희망을 불어넣고 있다고 더 타임스 신문이 보도했다. 때로는 반세기 전에 유행했던 차의 향기, 그때 해변에서 맡을 수 있었던 바다 내음이 1대 1 치료에서 효과를 보고 있다고 킨쥐 박사는 말했다. 그러나 폭격으로 불타는 건물에서 나는 냄새처럼 현대의 일상생활에서 쉽게 경험할 수 없는 전쟁의 독특한 냄새들을 집단적으로 투여했을 때 기억 회생의 효과가 훨씬 탁월했다고 킨쥐 박사는 설명했다. 이는 뇌리에 남아 있는 과거의 인상적인 장면의 잔상들, 혹은 우리의 손끝이나 발에서 피부가 기억하고 있을지도 모르는 촉감, 우리가 오래전에 맛보았던 어떤 맛이나 귓가에 아련히 남아 있는 곡조, 폭음, 음성 등이 오랜 시간이 흐른 뒤에 우리에게 일깨워내는 기억의 양보다는 냄새가 기억량과 지속력에서 훨씬 강하다는 것을 반증하고 있는 셈이다.

영국의 헐 시에서 온 블랜취 턴스톨(91)이라는 할머니는 이 냄새 치료법으로 과거를 되살려낸 경험을 한 뒤 "정말 놀랍다. 냄새 하나로 모든 것을 생각해낼 수 있게 됐다."고 감격하기도 했다. 턴스톨 할머니 같은 경험은 이미 한둘이 아니다. 현재 연구팀은 1940년대에 맡을 수 있었던 여러 가지 유형의 냄새들을 '노스탈지어 방향팩', '낡은 찻주전자', '블랙 레인지', '병원' 혹은 '세탁하던 날' 등등으로 나누고, 그 냄새를 낼 수 있는 액체를 약병에 담아서 제공하고 있다. 한 노인은 야전 병원의 냄새를 담은 '병원' 약병 마개를 따고 코를 갖다 댄 직후 반세기 전 자신이 가지고 다니던 소총의 총기 번호를 줄줄 외기도 했다.

요크셔 지방에 있는 에덴 캠프 박물관에서는 폭격으로 불타는 건물에서 나는 냄새를 담아서 '2차 대전' 약병을 팔고 있는데, 지금까지 상업용으로 시판된 기억 회생용 냄새 중 가장 인기가 높은 것으로 전해졌다. 영국의 냄새 전문가, 향수 전문가들은 현재 갖가지 유형의 냄새, 그리고 그것을 인공적으로 제조할 수 있는 방법들을 컴퓨터로 분석해놓고 있다고 더 타임스는 말했다. 킨쥐 박사는 "인간의 여러 가지 감각 중 취각은 기억 회생에 가장 중요한 역할을 하고 있으며, 다른 어떤 감각도 도달할 수 없는 곳을 건드릴 수 있다."고 말했다."[6]

---

6) 조선일보/파리=김광일 기자: kikim@chosun.com [해외의학] 냄새로 '잃어버린 시간'을 찾는다.

3. 선택적인 후각기억

내가 기억하고 있는 냄새는 나만의 것이다. 그래서 사람을 처음 만날 때나 새로운 일을 시작할 때 갖는 느낌은 오랫동안 기억에 남기 마련이다. 첫 느낌은 사람이나 사물을 판단할 때 중요한 평가의 기준이 되는 것이다.

아노스미아(Anosmia), 무 후각증이란 뜻이다. 다시 말하면 냄새를 맡을 수 없다는 말이다. 선천적이든 후천적이든 냄새를 맡을 수 없다는 것은 안타까운 일이다.
말초신경성 후각장애는 콧속의 점막 및 신경세포의 이상이 원인이다. 쉽게 말해서 냄새 맡는 부위가 직접 상하는 것이다. 호흡성 후각장애는 코 질환이 원인인데, 냄새가 후각 부위에 도달하는 과정 자체가 제대로 돌아가지 않는 것이다. 그리고 혼합성 후각장애는 이 두 가지가 함께 나타나는 것을 말한다. 가장 심각한 장애는 바로 중추성 후각장애로, 이 경우는 코에 문제가 있는 것이 아니라, 뇌에 문제가 생겨 후각 자극의 전달 경로는 물론 냄새 중추신경계에 이상이 생기는 것이다.

후각이 해내는 수많은 일 중에 냄새를 맡는다는 것이 우선이지만, 그보다 더 중요한 것은 숨을 쉰다는 것이다. 우리는 숨을 쉬지 않으면 호흡이 끊겨 죽게 된다. 그래서 코는 들이마신 공기의 온도와 습도를 조절하며, 코 주변에 있는 부비동(副鼻洞)이라 부르는 비어 있는 공간이 뇌에 가해지는 충격을 완화하는 일도 한다. 기도, 폐, 코가 합작해 몸 안에 흐르는 공기의 흐름을 좌우하는 것이다. 후각이 얼마나 중요한지 분명해지는 것이다.

"언제나 구슬픈 마음으로 내가 발을 딛곤 하던 이 계단에서 일종의 니스 냄새가 풍겼고, 그 냄새는 내가 저녁마다 느끼는 특별한 슬픔을 흡수해버려 굳히고 있었는데, 모르면 몰라도 이 냄새는 내 감수성을 가장 심하게 해쳤다. 그도 그럴 것이 이러한 후각의 상태에서는, 나의 이성은 이미 제구실을 할 수 없었기 때문이다."[7]

우리의 감성은 냄새로 인하여 시시각각 변화하고 있다. 또한 그 냄새를 기억하고 있는 감성의 이미지가 어떤가에 따라 희로애락이 갈리는 것이다. 가령 장미 향을 여러 사람이 맡고 있다고 하자, 모두 같은 기억을 떠올릴까? 아니다. 장례식장에서의 장미, 어머니와 함께했던 고궁에서의 장미, 결혼식에서 부케로 받았던 장미 등 각자가 장미 향에 대한 기억과 이미지를 가지고 있기에 그 냄새에 대한 기억은 서로 다른 것이다. 이것은 곧 기억 속의 냄새가 사람의 감성을

---

[7] 마르셀 프루스트, 『잃어버린 시간을 찾아서-스완네 집 쪽으로 1』, 김창석 역, (주)국일출판사, 2006.

지배하고 있다는 것을 의미한다.

　인간은 육체적인 것보다 감성과 정신적인 문제 때문에 더 고통스러워한다. 사실, 육체적 질병 또한 감정과 정신의 문제에 기인한 경우도 있다. 하지만 감정의 상처는 쉽게 눈에 띄지 않는다. 감정은 우리의 내면이나 외부로부터 오는 자극에 대한 심리적 반응을 말한다.
　과거에 상처나 큰 자극을 받았던 상황을 생각만 해도 그때의 감정이 다시 일어나 몸서리가 쳐진다. 이 상처는 과거로 끝나는 것이 아니라 현재와 미래까지 연결되며, 그 사람의 미래를 좌우지할 수 있다는 말이다. 어린 시절의 경험은 치명적인 상처가 되는 것이다. 특히 성폭행, 성적 수치심, 부모의 학대, 학교 폭력으로 인한 상처, 부모로부터 버림받거나, 이혼 등으로 인한 사랑에 대한 결핍으로 충족시키지 못한 사랑에 대한 욕구와 자기 가치를 인정받고자 하는 욕구가 충족되지 않을 때 감성과 정신적 상처를 많이 받는다는 것이다.[8]

　어린 시절의 상처는 일반적으로 정서가 잘 발달하지 않은 시기이기에, 정신적 성장에 많은 지장을 받게 된다. 그래서 사회생활을 하는 데 치명적 문제를 일으키며 적대감, 불안감, 소외감, 절망감, 무력감, 자기비하 등은 어른이 되어서 받는 사회적 스트레스와 함께 부풀어져 있다가 어느 순간에 폭발하게 된다. 자살, 성범죄, 정신질환, 살인, 폭력 등 범죄와 함께 자신을 망가뜨리고, 그 기억을 가족에게 전가하는 유전적 요소로 만들어버리는 것이다.

---

[8] 탐 마샬, 『내면으로부터의 치유』, 이상신 역, 예수전도단, 2009, p102.

그런데 이러한 과거의 슬픈 기억에는 반드시 냄새가 존재하고 있다. 좋은 것이든 나쁜 것이든 그 기억을 지배하고 있는 것은 냄새라는 말이다. 보이고 들린 것은 늘 기억 속에서 존재하며 떠올릴 수도 있지만, 냄새는 쉽게 기억할 수도 떠올릴 수도 없다. 그것은 소리나 사진, 영상을 담아두듯 냄새를 담아둘 수 있는 도구가 없고, 후각 훈련도 받지 않았기 때문이다.

하지만 우연히 기억 속의 냄새를 맡았을 때 과거의 기억이 생생히 떠오르는 것은, 기억이 우리에게 무엇을 말하려고 하는 것인가? 특히 깊은 상처를 받았던 충격의 순간만큼은 주변의 냄새로 우리의 기억 속에 뚜렷하게 남겨둔 것이다.

그러나 기억된 냄새는 반드시 그 당시 주변이나 가해자에게서 나는 냄새는 아니다. 실제 상황의 냄새뿐만 아니라 가해자에게서 느끼는 냄새의 내면까지 결합하여 자신만의 냄새 이미지를 만들어 기억한다는 것이다. 이미지로 기억된 냄새와 유사한 냄새를 가진 사람이나 환경을 만났을 때 그 슬픈 기억이 되살아나는 것도 그러한 이유 때문이다. 어쩌면 기억된 냄새가 실제가 아닐 수 있다는 것을 말하고 있는지도 모른다.

몇 년 전부터 아이들의 감성을 체크하고 향으로 치유하는 후각교육프로그램을 시삭했다. 주로 아이들이 기억하는 냄새를 통하여 그들의 감성을 알아보고 치료하며 좋은 환경을 만들어주고 집중력을 높일 수 있도록 하는 것이다.

그런데 이 프로그램을 통해서 테스트한 아이들이 기억하고 있는 냄새에 대하여 한 가지 특이한 사실을 발견하게 되었다. 두 집단에 대한 비교였다. 한 집단은 국내에서 손꼽히는 명문 사립초등학교인 A학교였고, 하나는 금천구에 있는 B시설이었다. 집단 A는 부모의 직업이 주로 의사, 변호사, 사업가, 고위공무원 등 사회지도층인 초등학교 고학년이며, B시설은 주로 고아들로, 개중에는 부모의 이혼으로 어쩔 수 없이 이곳으로 온 아이들도 있었다.

A집단이 기억하는 냄새는 어머니의 향수 냄새, 아버지의 스킨 냄새, 놀이동산에서의 꽃향기, 샴푸, 린스, 과일, 부모님과 함께한 이국의 냄새, 수목원에서의 나무와 솔 향기, 레스토랑에서의 음식 냄새 등으로, 좋은 냄새에 대하여 다양하고 구체적으로 묘사하였다. 하지만 B시설의 아이들에게서는 예상치 못한 결과가 나왔다. 그들이 기억하고 있는 냄새는 화장실과 쓰레기 냄새, 락스 냄새, 아버지의 술과 담배 냄새, 하수도 냄새, 중국집의 요리 냄새 등이었다. 구체적이지도 않으며, 다만 그들은 자신이 살아온 주변 환경과 경험했던 지난 시간에 대해 냄새로 기억하고 있었던 것이다.

이 두 집단의 실체에 대하여 말하고자 하는 것은 아니다. 다만 후각의 기억은 삶과 직결된다는 것과, 사람들은 스스로 그 냄새의 안과 밖을 결합하여 자신만의 이미지화한 냄새로 간직하고 있다는 사실을 말하는 것이다. 다시 말하면, 사람들은 냄새를 스스로 선택적으로 기억한다. 그것은 실제 냄새와는 다르게, 주어진 환경의 영향으로 자신만의 냄새를 창조하는 것을 말한다. 그래서 A집단의 아이들은 나쁜 냄새를 맡았음에도 불구하고 언제나 좋은 냄새로 이루어진 아름다운 순간이 기억으로 남아 있지만, B집단의 아이들은 그와 반대로 좋은 냄새의 기억은 잠재되고, 나쁜 냄새만 기억하게 된 것이다. B집단이 기억하고 있는 냄새는 일생을 통해 반복적으로 감성에 상처를 주며, 이를 치유하려면 잠재되어 있는 아름다운 기억의 냄새의 복원시점을 찾아 그의 슬픈 기억을 회복시켜주어야 하는 것이다.

4. 후각은 타고나는가 아니면 길들여지는가?

"인간은 타고난 본성과 주위의 영향을 받는 존재이다. 한번 타고난 유전적인 조건은 변경시킬 수 없고, 환경은 부분적으로 바꾸는 게 가능하지만 당장 되는 것은 아니다. 따라서 오직 유전과 환경에 좌우되는 것으로 본다면, 필히 숙명론에 빠질 수밖에 없다. 하지만 인간이 정신적이고 자유로운 존재이며, 그 때문에 책임을 지는 존재라는 점이다."9)

고대에 향을 만드는 사람은 주로 신을 모셨던 제사장이나 종교지도자, 주술사였다. 그리스 로마 시대에 접어들면서 철학과 화학의 발전으로, 화학자들이 주로 향료를 만들며 새로운 원료와 추출법을 개발하기 시작하였다. 테오프라스토스(Theophrastos)라는 최고의 향 전문가가 나온 것도 이 시기였다.

오늘날의 향수를 만들기 위해서는 꽃의 에센스를 녹일 수 있는 알코올이 필요하다. 그러므로 알코올의 발명은 향수 역사에 가장 중요

---

9) 빅터 프랭클, 『심리의 발견』, 청아출판사, 2008, p194.

한 사건으로 기억될 것이다. 알코올 증류법이 시작된 시기는 확실히 알 수 없으나 중세 연금술사들에 의해서 만들어진 것만은 틀림없다.

15세기에 접어들면서 기독교 수도원에서 향의 제조가 활발히 진행되었으며, 수도사들은 과수나 약초를 재배하고 그로부터 얻은 원료로 향을 만드는 것을 하나의 사명으로 여기게 되었다.

한편 유럽의 귀족들 사이에서는 자기 가문의 독특한 조향처방서(Formula)10)를 갖고 있어 단골 연금술사들에게 의뢰하여 향수를 공급받았으며, 왕실에서는 독자적인 증류실을 두고 훈향과 제조를 하였다. 또한 프랑스의 그라스를 중심으로 한 가죽업자인 글러브 퍼퓨머(Glove Perfumer)11)가 나온 것도 향수 발전에 새로운 전기를 가져왔다.

그 결과 향료제조 기술은 현저하게 발전해 17~18세기에 이르러 새로운 시대의 화학자의 손으로 넘어갔고, 19세기에는 새로운 원료와 제조법을 개발하는 화학자와 조향을 전문으로 하는 조향사로 분야가 나뉘면서 오늘날까지 이어져 내려오고 있다.

세계적으로 유명한 조향사 중에 성인이 된 후에 조향사의 길을 시작한 경우는 매우 드물다. 이들은 가업으로 이어오거나, 향료나 향수를 제조하는 인근 마을에서 자라나 꽃과 향이 늘 주변에 있어 어

---

10) 포뮬러(Formula)는 향을 구성하는 원료와 그 양의 1/1,000그램까지 나타낸 매우 세밀한 리스트로서 조향사만이 알고 있다. 음악의 악보와 마찬가지로 조향사만의 감성과 경험의 산물이며, 향의 명성을 결정하는 열쇠이다. 그러나 특허 보호를 받지 못하므로 절대 포뮬러는 공개하지 않는 것을 원칙으로 한다. 송인갑, 『향수(The Story of Perfume)』, 한길사, 2004, p298.

11) 가죽 무두질에 필수적인 기술을 보유한 장갑-향수업자 대가들의 단체명에서 영감을 받아 나온 이름이다. 이 업계에서 장갑이 갖는 상징적인 힘을 '힘센 손'이라 했다. 당시에 완고한 향수업자들은 무두질한 가죽에서 나는 불쾌한 냄새를 제거하는 일을 했다. 1614년 글러브 퍼퓨머들은 가죽 무두질업자에게서 벗어나 루이 13세로부터 '장갑의 대가 또는 향수업자로 칭한다'는 내용으로 그들의 권위를 인정하는 특허장을 받게 된다. 그들은 곧 향수 산업에서 독점적 지위를 확보하고, 증류업자와 연금술사들의 자리를 대체하게 된다. Ibid., p297.

렸을 때부터 쉽게 접하여 살아온 사람들이다. 다시 말하면, 그들에게 향은 곧 삶의 일부로 자리 잡았기에 성인이 되어 문학과 철학, 예술을 전공하더라도 어느 날 타고난 자신의 후각과 향에 대한 사랑을 깨닫는 순간, 모든 예술가가 그러하듯이 향의 길을 걸을 수밖에 없었던 것이다.

조향사가 되려면 타고난 후각, 강인한 체력과 정신력 그리고 예술적 감성을 지녀야 한다. 화가가 모든 색깔의 변화를 알아야 하듯이, 조향사도 자신의 후각기억에 의존해 모든 향을 뇌 속에 기억시키는 부단한 노력을 해야 한다. 고도로 숙련된 조향사들은 수백, 수천의 냄새를 기억할 수 있다. 후각기억은 부단한 연습과 참지 못하는 후각의 호기심에 의해서 발달한다. 그들은 향을 만들 때 냄새가 나는 원료뿐만 아니라 산책이나 여행, 우연한 만남을 통해서 얻어지는 복잡하고 난해한 향기도 사용한다. 이러한 조향사들의 경험이 그들의 조향 영역을 넓히는 것이다.

사실 후각은 타고나야 하지만, 훈련을 통해 어느 정도 향상시킬 수 있다. 타고난 감각이 있어야 하는 최고의 전문가가 되려는 것이 아니라 – 물론 후각 분야가 여러 가지라 꼭 타고나지 않아도 되는 분야가 많다. 그래도 향기를 창조해내는 퍼퓨머나 뛰어난 후각이 필요한 분야에는 타고난 감각이 있으면 훨씬 유리한 것은 사실이다. 음악가나 미술가처럼 오감의 영역 역시 노력만으로 천재성을 나타내기가 어렵기 때문이다 – 단순히 후각기억의 영역을 높이고 공부하는 수준이라면 타고나지 않아도 상관이 없다. 얼마든지 노력하면 향상될 수 있으니, 오히려 특별한 후각이 필요하지 않은 분야가 더 많다는 것을 말하면 위로가 될 것 같다. 후각을 주체로 하지는 않지만 매개체로 사용하는 분야 말이다.

교육, 환경, 건축, 의학, 문화, IT, 상담, 예술, 디자인, 범죄 수사, 공학, 인쇄, 영화, 연극 등 많은 분야에서 후각의 접목은 앞으로 타 분야의 발전에 결정적인 역할을 하게 될 것이다. 그러니 탁월한 후각을 가지고 있지 않다고 실망할 필요가 없다. 유명한 음악가나 화가가 되지 못한다고 슬퍼할 이유가 없듯이, 그저 향기를 좋아하고 활용하는 정도는 부단한 노력을 통해서 얼마든지 극복할 수 있다.

우리는 냄새에 즉각적으로 대응할 만한 언어를 가지고 있지 않다. 단지 그것들을 감각적 기억만으로 경험할 뿐이다. 예를 들어 그림을 볼 때 그 색채나 이미지 등을 묘사할 수 있는 말은 자연스럽게 떠오르지만, 어떤 냄새를 맡았을 때 묘사할 수 있는 단어는 쉽게 떠오르지 않는다. 그것은 냄새에 대한 경험이 각기 다르기에 기호와 언어로 표준화할 수 없기 때문이다. 오직 그 냄새와 함께한 기억만 남을 뿐이다.

우리의 후각을 통해 느끼는 냄새는 언제나 냄새 외에 또 다른 의미를 가져다준다. 이러한 현상을 이해하기 위해서는 후각이 생존에 결정적인 역할을 했던 원시시대로 거슬러 올라가야 한다.

〈장미의 이름〉을 만들었던 장 자크 아노 감독의 〈불을 찾아서〉[12]라는 영화를 보면 세 명의 주인공이 등장한다. 각자 영성, 지성, 감

---

12) 원시시대의 인간이 잃어버린 불을 찾아 떠나는, 대사가 한 마디도 없지만 충분히 이해할 수 있는 영화. 네안데르탈인의 습격을 받아 불씨를 빼앗긴 호모사피엔스 부족이 목숨보다 중요한 불씨를 찾기 위해 고심한다. 이들은 동분서주하며 갖가지 모험을 겪으며 불씨를 찾기 위해 노력하고, 결국 불을 찾아온다는 내용이다.

성의 영역을 상징하고 있는데 그중에서도 감성의 인간은 오감 중에서도 먼저 후각인 코를 킁킁대면서 냄새를 맡는 장면이 나온다. 물체의 냄새를 공기의 흐름을 통해 인식하고 있음을 알 수 있다. 어떤 것을 먹을 수 있는 것인지를 선택하고, 위험을 예감하며, 적과 아군을 구별하고, 짝을 찾는 데 필수적으로 사용하였던 것이다. 후각이 적과 짐승을 경계하거나 정보를 제공하고, 종족의 생존을 위한 필수 도구였음은 말할 나위도 없다.

그런데 문명의 발달과 더불어 인간의 후각은 둔해졌고, 후각보다는 시각에 의존하게 되었다. 후각은 점차 퇴화하여 이제 숨 쉬는 역할 이외에는 별로 사용하지 않게 되었다. 타고나지도, 길들여지지도 않은 감각이 되어버린 것이다.

신생아의 후각은 외부세계와의 최초의 의사소통 수단이다. 아이는 엄마를 냄새로 구별하고 안정을 찾는다. 그러나 청각은 음악과 소리를 통해, 시각은 그림과 사물을 봄으로써 훈련되는 데 비해 후각은 그 어떤 훈련과 교육도 받지 않는다. 다만 일상생활 중에 자연적으로 학습될 뿐이다. 그래서 음식, 기후, 지리적 위치, 주변 환경 등 나라와 개인에 따라 후각의 선호도에 근본적인 차이가 생긴다.

개인적인 냄새의 취향은 우리가 환경을 인식하고, 또 그것으로부터 미적·정서적 즐거움을 이끌어내는 데 결정적인 역할을 하게 된다. 시각·청각 장애인이었던 헬렌 켈러는 자신의 후각이 과거의 그녀 자신에게 데려다주기도 하고, 자신의 삶에 있어서 겪은 일들을 생각나게 하고, 모든 것을 기억하게 하는 통로였다. 그녀는 자서전에서 "나는 향기로써, 내가 지금 도시의 어떤 곳에 있는지 자연스럽게 안다. 많은 철학이 있는 것처럼 많은 향기도 있다. 나는 그들의 독특한 냄새를 통해, 장소에 대한 정보를 아주 쉽게 알아낸다."고 했다.

조향사는 하나의 향을 창조하기 위해, 기억의 통로를 따라 느낌이 좋은 후각의 풍경을 재구성하며, 또한 세속과 성전의 경계를 넘나들면서 고귀한 영혼을 그 속에 담기도 한다. 성전 앞은 언제나 향과 꽃이 만발하다. 이는 성스러운 향으로, 인간의 삶을 풍요롭게 만든다.

무엇보다도 향의 매력은 그 즐거움을 느끼는 데 있다. 그것은 향의 세계에서 엮어지는 미묘한 정서와 관념을 일으키는 쾌락이다. 향의 매력은 우리의 가장 깊은 내부에 있는 열망을 표현한다. 향을 선택한다는 것은 자신의 숨겨진 면을 말할 뿐만 아니라, 자신의 진정한 인격을 드러낸다.

5. 센트 플레이어(Scent Player)

센트 플레이어(Scent Player), 후각이 느끼는 냄새를 담아두었다가 언제 어디서든지 냄새를 재생할 수 있는 기기를 말한다. 물론 그 기기는 포집과 재생을 함께 하는 기능을 가지고 있음은 두말할 나위가 없다.

향은 우리의 감각 중에서도 가장 다루기 어렵고 신비스러운 후각과 관련되어 있기 때문에, 강렬한 감정이나 특별한 경험의 원천이 될 수 있다. 죄악으로부터 신성함에 이르기까지, 향은 우리의 욕망과 열정을 자극하고, 개발되지 않은 감성의 영역과 잃어버린 기억 속의 낙원으로 우리를 이끈다. 그러므로 향은 우리의 기억을 든든히 지켜주고, 우리 대부분은 그것에 대한 경험이 있다.

얼굴이나 사물의 형태 또는 풍경이 우리를 동요시킬 때 피부에 소름이 돋고 심장이 두근거리는 것은, 거기에는 늘 우리의 기억을 흥분시키는 냄새가 있기 때문이다. 고향의 된장국 냄새, 첫사랑 여인의 체취, 초등학교 소풍 때 스쳤던 나무와 풀 냄새, 추운 겨울날 동네 친구들과 나무와 건초에 불을 지펴 그 속에 고구마를 넣어 익기를 기다릴 때 코끝에서 솔솔 맴돌던 냄새. 그래서 많은 감각적 기억들은 그리움과 섞여 있는 것이다.

동양, 특히 우리나라에서는 농경 중심의 트인 공간과 초식 중심의 식문화로 인하여 굳이 인위적인 좋은 향기를 사용하지 않아도 늘 몸이나 집 가까이에 자연의 냄새가 있었다. 국토의 70퍼센트 이상이 산으로 이루어져 봄, 여름, 가을, 겨울 사계절 언제나 꽃과 풀과 나무가 향기를 뿜었으며 황토와 짚, 곶감, 메주가 집안에 널려 있었던 것이다. 이슬과 함께 불어 나오는 새벽 향기가 코끝을 스치면 일어나 논과 밭에 있는 작물의 냄새를 내내 맡았다.

아낙들은 야산에서 쑥과 약초를 캐고, 솔가지를 꺾어 노을이 질 무렵 아궁이에 불을 지펴 밥을 지을 때면 온 마을에 퍼지는 솔가지와 나무 타는 냄새가 맛있는 저녁 식사 시간임을 알렸다. 그리고 누군가 아픈 사람이 있으면 약을 달여 그 냄새가 집안 가득 피어 집에 환자가 있음을 금방 알게 해주었다. 때로는 향기 있는 꽃과 나무를 말려 처마 밑에 놓아두기도 하고, 장롱 깊숙한 곳에 삼베로 꼭꼭 싸서 넣어두기도 했는데, 그것들에서 풍기는 우리네 향기는 바로 삶의 활력소였다.

냄새의 기억에 대하여 특별하게 소개한 글이다.

"추억을 불러일으키는 향기에 대해 Scentory라고 이름을 지어봤다. scent(향기)+memory(기억, 추억)의 합성어로, 말 그대로 추억의 향이다. scentory는 사람의 마음을 움직이는 힘을 가지고 있다. 단순히 좋은 향기가 아닌 사람들의 마음속 깊숙한 곳의 한 서랍을 열어주는 중요한 열쇠의 역할을 한다는 것이다. 이 점이 이전의 오감마케팅의 한 부류인 향기마케팅과 다른 점이다. 좋은 향으로 자신을 어필하는 것에 그치는 이전의 마케팅들과 다르게 향기를 기억의 매개체로 사용해 사람들 개인의 추억들을 꺼내어 감정을 터치하는 것이다.

 예를 들어 mancan의 할아버지의 파이프담배 향은 대부분 어렸을 적 담배를 피우셨던 할아버지, 혹은 아버지를 기억하는 scentory일 것이다. 이러한 향의 냄새가 나는 보험 팸플릿을 보고 있다면 담배를 피우셨던 아버지, 할아버지를 생각해 보험을 들어야 하지 않겠는가? 또 실제 미국의 사례로 아파트 신규 분양 때 모델하우스에 쿠키 냄새가 나도록 하였다. 위쪽 데메테르의 브라우니 향과 비슷하게 미국 사람들에게 쿠키 냄새는 어릴 때 어머니가 만들어준 쿠키와 어머니의 사랑, 보살핌, 따뜻한 집의 느낌을 떠올리게 하고, 결과적으로 그 모델하우스는 반응이 좋았다고 한다. 이렇게 사람의 마음을 움직이는 scentory로 각자의 타깃팅, 문화코드에 맞게 이용한다면 비즈니스적으로 훨씬 효과적일 것이다."[13)]

 냄새는 우리의 후각과 소통하기를 원한다. 냄새는 단순히 그 냄새만으로 존재하지는 않는다. 냄새는 사람의 내면과 서로 소통하기를 바라고 있는 것이다. 이 소통은 우리의 후각기억을 부르게 되고, 우리의 기억은 냄새를 가까운 친구처럼 대하여 서로 이해하게 만든다.

---

13) Written by heemin park on June 13, 2011 trendinsight.biz/

이 소통을 가만히 생각해보자. 많은 사람이 누구나 맡는 냄새가 나에게만 유독 다르게 느껴지는 것은 무엇을 의미하는가. 그 냄새는 나를 둘만의 공간으로 데려가고, 공간은 묻혀 있던 수많은 기억의 시간과 장소를 반복적으로 상기시켜준다. 어머니의 따스한 품속 냄새, 추운 겨울날 장작으로 난로에 불을 지피던 선생님의 이마에서 흐르는 땀 냄새, 술 취하신 밤에 아버지가 사 오신 제과점의 빵 냄새…… 우리는 이 냄새를 통하여 어머니와 아버지, 선생님 등 많은 사람과 만나며 소통할 수 있는 것이다. 냄새는 그리운 사람들과 만나며 추억하는 공간의 소통을 가져다준다.

목소리를 녹음하여 들을 수 있고, 좋아하는 음악을 언제나 만날 수 있게 된 것은 그리 오래전의 일은 아니다. 지금은 카메라와 비디오를 통해 영상을 담고 재생시킨다. 그래서 추억하는 모든 소리와 모습을 담아두고 항시 재생하여 볼 수 있게 되었다. 이제는 휴대전화 하나로 이 모든 것을 해결하기도 하니 참으로 편리하고 좋은 세상이다.

그런데 이러한 문명의 발전은 야누스의 얼굴을 하고 있다. 편리함과 아울러 우리가 즐겨 부르는 노래 가사를 외우지 못하게 하고, 사물을 떠올리는 데 힘들게 하고 있으며, 생각은 줄어들고 감각은 점점 퇴화하는 현실을 제공하는 것이다.

사람들은 음악과 영상의 재생만으로는 부족한지 이제 냄새마저 포집하고 재생하고자 한다. 지금의 비디오 장치에 좀 더 실감 나는 현장감을 주기 위해, 냄새를 기록하고 재생하는 기술을 개발하여 곧 제품으로 출시한다고 하니 사람의 욕심은 끝이 없나 보다.

냄새를 포집하고 기록하는 기구는 이미 약 40년 전에 개발되었다. 헤드스페이스(Headspace)14)라는 기구인데, 이것의 개발은 향의 다양성에 새로운 전기를 마련하였다. 단순히 포집하는 것만 아닌 재생, 곧 인위적으로 자연의 냄새를 재현하는 놀라운 기술이었다.

포집된 향은 가스 크로마토그래피(Gas Chromatography)15)를 통해 그 성분을 분석한다. 그리고 그 성분을 인위적으로 합성하여 비슷한 향을 만들어내는 것이다. 그러나 아직까지 분석된 향을 즉시 재생하게 만드는 것은 쉽지가 않다. 그 이유는 프린트 기기가 네 가지 잉크로 여러 색을 내는 것과는 달리, 향은 수많은 물질로 이루어져 있으며, 그중에는 아주 미미한 물질 하나가 전체의 향을 이끌어가므로 센트 플레이어 장치에 필요한 모든 향 물질을 갖추자면 기기는 엄청난 크기를 요구하게 되기 때문이다. 또 그런 모든 문제를 해결한다고 해도 플레이어에서 재현된 합성 향은 실제 냄새와 미묘한 차이가 있을 수 있고, 때로는 전혀 다른 냄새를 제공함으로써 냄새에 대한 착각과 오류를 줄 수 있다.

냄새를 재생하는 또 다른 방법은 향기를 표준화시켜 1번은 바다 냄새, 2번은 화약 냄새 등 사람이 보편적으로 기억하고 있는 냄새를 일정하게 만들어 플레이어 기기에 장착하여 재생할 수 있도록 하는 것이다. 이것은 쉽게 만들 수 있지만 – TV나 컴퓨터에 수백 가지 향을 장착하면 대체로 사람이 현실에서 느낄 수 있는 대부분의 냄새를 표현할 수 있다 – 냄새에 대한 개인의 감성이나 기억을 무시하고 오

---

14) 크로마토그래피를 이용하여 공기 중의 향을 분석하는 방법이며, 향의 여운이나 자료를 종 모양의 기구로 포착하는 과정을 포함한다. 커피 향이나 가죽 냄새, 또는 가을의 정원에서 나는 향뿐만 아니라 에센스오일을 추출할 수 없는 은방울꽃 등의 향도 포착할 수 있다. 송인갑, 『향수(The Story of Perfume)』, 한길사, 2004, p35.
15) GC라고 하며, 흡착제가 들어 있는 긴 column(가늘고 긴 튜브)을 이용해 내부에 있는 샘플을 기화시켜 물질이 통과하는 시간의 차이를 이용해 어떤 성분이 있는지를 알아내는 장비이다.

히려 표준화시킴으로써 후각의 획일화를 가져올 우려가 있다. 이러한 문명의 기술은 인간의 감성을 무디게 만들며, 인간을 궁극적으로 퇴보시키는 것임을 알아야 한다.

6. 후각의 미래

오래전에 일본 야마나시현 코슈시에 있는 가츠누마(山梨縣 甲州市 勝沼) 포도박물관을 방문한 적이 있다. 포도 생산지이며, 수백 종의 와인을 생산하는 마을로 유명한 곳이다.

포도의 언덕에 있는 이 작은 박물관의 입구에서 후쿠자와 유키치 (福澤諭吉, 1835-1901)를 만났다. 물론 후쿠자와를 직접 만나거나 그의 사진을 본 것은 아니지만, 19세기 서구에서 와인에 대해 배우고 이곳에서 와인 회사를 창업한 일본의 젊은 청년의 사진을 만날 수 있었다. 후쿠자와로 인해 서구문물에 대한 필요성이 당시 일본 젊은이들에게 전해졌고, 많은 청년이 서구의 문물과 문화를 배우기 위해 떠났던 것이다. 미래를 보는 눈은 한 개인에 의해 시작되었지만, 그 결과 오늘날 일본의 문명과 문화를 선진화시키는 데 기여한 것이다.

후쿠자와 유키치는 현재 일본의 최고액 지폐인 만엔권에 그려져 있는 인물이다. 그는 『학문의 권유』에서 "믿음의 세계에는 거짓이 많고, 의문의 세계에는 진리가 많다."고 하였다. 그가 국부처럼 대접받고 있는 것은 어제오늘의 일이 아니다. 20세기 벽두에 그의 사망

소식을 들은 일본 국회는 이 재야 지식인에게 애도의 뜻을 표하는 극히 예외적인 결의안을 채택한 바 있다. 또한 그는 일찍이 김옥균, 박영효 같은 우리나라 개화파의 스승이었고, 이광수는 "하늘이 일본을 축복하셔서 이러한 위인을 내리셨다."고 부러워했다.

후쿠자와 유키치는 1868년 도쿠가와의 지배를 종식시킨 메이지 유신 때, 정부 요인이 아닌 민간인으로서 가장 큰 영향력을 행사했다. 서구사상의 도입을 위해 앞장섰고, 그가 거듭 표현한 대로 일본의 '힘과 독립'을 증진시키는 데 기여했다.

가난한 하급 무사의 아들로 태어나 2세 때 아버지와 사별하는 등 불우한 환경에서 자랐다. 그러나 그는 나가사키로 가서 학교에서 소위 '란가쿠(蘭學)'라는 새로운 학문을 - 나중에는 이 난학(蘭學)이 영학(英學, 영어로 이입되는 서양의 학문)으로 전환한다 - 공부했다. 1854년 매슈 페리 제독에 의해 개항되기 전까지는 네덜란드인들이 일본에서 유일한 서양인들이었기 때문에 일본인들은 서양의 지식과 과학을 표현하는 용어로 '란가쿠'라는 말을 사용하고 있었다.

1860년 함장의 종복으로 배를 타고 미국으로 갔으며, 1861년 통역관을 맡으면서 1862년에 막부 사절단에 끼어 프랑스·영국·네덜란드·독일·러시아·포르투갈 등 6개국을 방문하게 된다.[16] 그는 돌아온 뒤 『서양 사정(西洋事情)』을 썼는데, 이 책은 서양의 정치·경제·문화 제도를 명확하면서도 쉽게 묘사했기 때문에 곧 널리 읽혔다. 이후 서양문물을 도입하려는 노력을 계속했으며, 쉬운 문체를 개발해내고 대중 강연과 토론을 처음으로 시도하기도 했다.

---

16) 임종원, 『후쿠자와 유키치』, 한길사, 2011.

메이지 유신 직전의 몇 년간 반(反)외세 감정이 팽배해 있던 시절에 서양문물을 적극 옹호했기 때문에 몇 차례 목숨을 위협당하기도 했다.

후쿠자와는 의회주의 정부, 보통교육, 언어개혁, 여성의 권리 등에 대해 그 필요성을 역설하는 책을 100권 이상 집필했다. 그는 『학문의 권유(學問のすすめ)』 첫머리에 "하늘은 사람 위에 사람을 만들지 않고, 사람 아래 사람을 만들지 않았다."라는 유명한 말을 썼다.17)

1868년에는 게이오 의숙(慶應義塾)을 설립했으며, 이 학교는 정부의 지배를 받지 않는 최초의 독립된 사립종합대학인 게이오 대학으로 발전했다.

후쿠자와는 "문명이란 지선(至善)이 아니라 선을 향해 나아가는 과정일 뿐이며, 진보의 순간순간을 일컫는 것"이라 했다. 건강하다고 해도 병에서 완전히 자유로울 수 없듯이, 문명화되었다 하여 결점이 없는 것은 아니라고 말했다.

그렇지만 문명은 대세였고, 어쩔 수 없는 현실이었다. 세계의 교류가 나날이 빨라지고 서양문명이 동양으로 전파되어 그 이르는 곳마다 풀 한 포기, 나무 한 그루 할 것 없이 모두 감화되고 있는 상황이었다.

서양문명이 온 세계를 정복하는 일은 피하기 힘든 형세였다. 동양의 민족은 저항할 만한 힘이 없었다. 도쿄 사람이 나가사키로부터 번져온 홍역을 치유할 수 없는 것과 마찬가지 상황이라고 후쿠자와는 생각했다. 유일한 선택은 문명을 이로움으로 전환시키는 노력일 것이다.

---

17) Ibid.

후쿠자와는 다양한 수사학을 사용하면서 문명에 이르는 방법은 하나가 아님을 역설한다. 어떤 화살을 쓰건 표적을 맞히는 것이 목적이듯, 또 강이 어떤 모양으로 흐르건 결국 바다로 모여들듯, 어떤 제도를 어떻게 활용하여 '안락과 품위의 진보'를 이룰지는 저마다 놓인 상황에 따라 판단해야 한다는 것이다.

진보세력으로 촉망하던 독립당의 지도자 김옥균이 갑신정변의 실패로 고립 상태에 놓이자, 후쿠자와는 조선을 새롭게 바라보며 일본이 아시아의 맹주임을 자처하고, 일본은 아시아가 아니라는 '탈아론'을 주창하였다.[18]

후쿠자와는 조선에 대해 부정적인 인식을 갖고 있었다. "일본과 조선을 비교하면 일본은 강대하나 조선은 소약하다. 일본은 이미 문명에 진입했고 조선은 미개하다."[19] 그의 글에서도 알 수 있듯이 그는 일제강점의 타당성을 제시함으로써 우리에게 치명적인 굴욕을 안겨준 민족의 원흉이기도 하다.

후각에 관한 말을 하면서 난데없이 왜 후쿠자와를 논하고 있는가 하는 의문이 생길 것이다. 후쿠자와에 대해서 옹호하거나 칭찬할 뜻은 전혀 없다. 다만 그가 미래를 내다보는 정확한 눈을 가졌다는 사실을 말하려는 것이다.

오늘날 일본은 국내 향료시장의 많은 부분을 장악하고 있으며, 세계적인 향료 회사를 가지고 있고, 일본 디자이너의 향수를 국제화시켰다.

---

18) 임종원, 『후쿠자와 유키치』, 한길사, 2011.
19) Ibid, 1882년 3월 11일자에 발표한 '조선과의 외교를 논함' 사설

특히 21세기 컴퓨터 산업에서 유일하게 빠져 있는 향기는, 새로운 소프트웨어로 시장 선점의 중요한 교두보가 될 것이다. 머지않은 미래에 누구나 모니터 앞에서 베네치아의 거리를 걸으며 물의 냄새를 맡고, 게임 중에 폭발하는 화약 냄새와 여인의 향기도 맡을 수 있을 것이다. 화면에 나타난 피자와 햄버거도 냄새를 맡으며 주문하는 시대가 올 테니까 말이다.

이 외에도 교도소나 학교, 군대 같은 집단 사회에 대한 향기 치료 등 향이 관련되지 않은 분야는 찾아보기 어려울 것이다. 또한 거리에는 커피숍 대신 향기를 마시는 향기 바(bar)가 즐비할 것이고, 건강을 위한 각 나라의 가장 깨끗한 자연의 냄새를 캔에 담아 팔지도 모른다.

향기 바는 향기를 맡을 수 있는 다양한 메뉴와 자신만의 주문 향과 감성조절 향기[20]를 판매하여 세상은 온통 즐거움과 웃음이 가득할 것이다. 인간의 욕망이 자신을 가두게 될지도 모른다는 사실은 잊은 채 말이다.

이웃 나라 일본이 이미 동서양의 향을 세계적 수준으로 접목해 그들만의 독특한 문화를 정착시키고 그것을 향 산업에 접근시켜 놓았음을 보면, 향기가 단순히 냄새에 국한한다는 우리의 생각은 무엇인가 크게 잘못되었음을 알 수 있다.

아직 늦지 않았다. 다만 어떻게 접근하고 준비해야 할 것인가 하는 문제만 남아 있을 뿐이다.

---

[20] 사람의 기분을 변화시키는 향기로, 웃게도 슬프게도 만드는, 인간의 감성을 마음대로 조절하는 향기를 말한다. 이것은 향기에 사람이 지배당할 수 있다는 것을 의미한다.

2030년 어느 날 아침, 백두산 천지의 향기가 나를 깨우고, 방 안에 있는 대형 모니터가 켜지면서 금발의 앵커가 내게 이런 말로 아침 인사를 할 것 같다.

"굿모닝 코리아!"

7. 매트릭스

영화 〈매트릭스〉는 2199년, 시스템이 인간을 지배하는 세상을 배경으로 한다. 인간들은 태어나자마자 인공 자궁 안에 갇혀 기계들의 생명 연장을 위한 에너지로 사용되고, 뇌세포에 매트릭스라는 프로그램을 입력 당해, 평생 기계에 의해 설정된 가상현실을 살아간다. 가상현실의 꿈에서 깨어난 인간들은 '시온'이라는 세상을 건설하고, 인류를 구원할 영웅인 '그'를 찾아 나선다. 마침내 발견한 '그'는 낮에는 평범한 회사원이고, 밤에는 '네오'라는 이름으로 컴퓨터 해킹을 하는 컴퓨터 프로그래머 토마스 앤더슨이다. '그'는 트리니티라는 여인에게 이끌려 매트릭스 밖의 우주를 만나면서 모든 진실과 직면하게 된다. 숨겨진 진실을 알게 된 앤더슨은 이제 '네오'라는 이름으로 인류를 구원해야 하는 자신의 운명을 받아들이게 된다.[21]

매트릭스 프로그램 안에 있는 동안 인간의 뇌는 AI의 철저한 통제를 받는다. 인간이 보고 느끼는 것들은 항상 그들의 검색 엔진에 노

---

21) 다음 영화정보. http://movie.daum.net/movieinfo/

출돼 있고, 인간의 기억 또한 그들에 의해 입력되거나 삭제된다. 그러나 이러한 가상현실 속에서 진정한 현실을 인식할 수 있는 인간은 없다.

장 보드리야르의 『시뮬라크르와 시뮬라시옹』은 영화 〈매트릭스〉의 강력한 모티브가 된 책이기도 하다. 특히 〈매트릭스〉 3부작의 첫 편에는, 주인공 네오가 속이 비어 표지만 남아 있는 『시뮬라크르와 시뮬라시옹』을 꺼내는 장면을 삽입하여 이를 암시하였다. 그러나 보드리야르 자신은 〈매트릭스〉와 자신의 사상과는 아무런 관련이 없으며, 그 영화가 자신의 이론을 연관시키는 것은 오독(誤讀)의 결과라고 주장했다.

시뮬라크르(simulacre)는 실제로는 존재하지 않는 대상을 존재하는 것처럼 만들어놓은 인공물을 지칭한다.[22] 때로는 존재하는 것보다 더 생생하게 인식되는 것들을 말하며, 시뮬라시옹(simulation)은 시뮬라크르가 작용하는 것을 말하는 동사이다. 이 원본 없는 이미지가 그 자체로서 현실을 대체하고, 현실은 이 이미지에 의해서 지배받게 되므로 오히려 현실보다 더 현실적인 것이다.[23]

이것은 우리가 현실에서 만나고 있는 향기에도 적용된다. 사람들이 마시는 음료의 대부분이 합성착향료로 향기를 내고 있다는 사실과 일치한다. 사실 오렌지나 딸기 그리고 캔 커피와 수많은 차 종류의 음료의 맛과 향기는 재현된 것이지, 실제가 아니다. 실제 식물에서 추출한 천연의 향과는 많은 차이가 있다. 다시 말하면, 재현된 가

---

22) 장 보드리야르, 『시뮬라시옹(Simulacres et Simulation)』, 하태환 역, 민음사, 2002.
23) Ibid.

공의 냄새가 실제인 것처럼 착각하고 있는 것이다.

리드와이어를 통해 전류가 흐르면 수분이 있는 솔루션을 가열한다. 이 열은 압력을 만들어내면서 탄성중합체의 작은 구멍을 열어 향기를 발생시킨다. 이 향기는 검출기를 통해 측정할 수 있다. 미래의 TV를 미리 본다. 이것이 현대판 Smell-o-Vision이다.

수백 가지 향기를 액상 형태로 작은 '통' 안에 담아 넣어, 특정한 향기를 담은 통에 전기 신호를 보내면 이 통에서 원하는 향을 분사하게 된다. 영화나 시트콤 등에서 음향이 이미지와 먼저 싱크로되듯이 미리 예약된 프로그램을 통해 향기와 이미지가 싱크로되는 것이다.

TV를 보다가 햄버거를 주문하는 장면이 나온다면 TV에서 햄버거 향이 나오며, 아름다운 여인이 지나가는 장면에서는 여인의 향기가 나오는 것이다. 부품의 재료는 비독성, 비연소성 실리콘 중합체로, X-Y매트릭스를 전선으로 가열하면 이 물질에서 미세한 구멍이 열리면서 향기를 발산하는 원리이다.

샌디에이고대학(UCSD) 연구진과 삼성종기원이 지난 2년간 연구한 끝에, 향을 발산하는 TV 및 휴대전화용 부품기술을 개발하였다. 아직 이름 붙여지지 않은 이 기술은 TV프로그램과 웹사이트에서 1만 가지 향을 제공하게 될 전망이다.

UCSD와 삼성종기원은 이를 더욱 가까운 기술로 만들었다. 소형화와 디지털화가 주문형 향기발산 시스템을 향한 도전을 성공으로 이끌었다. 이 기술개발의 핵심은 향기픽셀로서, 100×100개의 작은 전선 매트릭스로 200개의 컨트롤러를 이용해 1만 종류의 작은 향기로 가득한 컨테이너를 가열해 향기를 내도록 하는 것이다. 물론 이 향기는 아주 자연스러운 것이어야 하며, 그렇지 않으면 냄새로 인해 가정용 세정제를 사용해야 할지도 모르므로 친환경적인 버전으로 내놓게 될 것이다.[24]

  이 기술이 적용되려면 특정한 냄새를 차단하는 기술도 함께 제공될 필요가 있다는 지적이 나온다. 또한 이 기술은 TV뿐만 아니라 휴대전화 등 다양한 전자기기에 적용 가능하다는 것이다.

  이러한 유사 기술은 과거에도 있었다. '이원이디에스' 라는 기업이다. 아마도 국내에서는 가장 먼저 디지털 향 발현기기를 만든 회사가 아닌가 한다. 이들의 기술 또한 향이 가진 공통적인 원료를 기기에 장착해 배합하여 발생시키는 초기 기술이었다. 미국의 자본 유치를 통해 꽤 유망한 기업으로 알려졌었다. 사람들은 향 발현기기의 테스트에 대단한 기대를 했고, 예상대로 몇몇의 향은 비슷한 냄새를 발현했다. 하지만 많은 색을 재현하는 프린트와는 달리, 수십 수백의 원료만으로 재생시킬 수 없는 향기가 있기에 어떤 향은 전혀 엉뚱한 냄새가 나는 문제가 발생했다. 실제로 냄새의 재현은 이론과는 다른 독특한, 구현할 수 없는 세계가 있음을 보여준 것이다.

  첨단 기업이 추구하는 미래의 디지털 향기는 이런 문제를 해결한다고 해도 여전히 풀어야 할 숙제가 남아 있다. 고대의 국가와 사회가 – 아니 지금의 국가와 사회도 해당한다 – 눈과 귀는 통제할 수 있었지만 결코 냄새는 통제하지 못했다. 보이는 것은 같은 색의 옷

---

24) KISTI 미리안 글로벌동향브리핑. 2011-06-20.

이나 유니폼으로, - 군인, 의사 등은 직업과 신분에 맞게, 과거에는 관복으로 - 들리는 것은 구호나 음악으로 사람들을 통제하였다. 하지만 냄새만큼은 통제할 수 없었다. 각자의 후각기억과 선호도가 다르기에 획일화가 불가능했던 것이다.

이제 미래의 기술이 냄새를 통제하려고 한다. 사람의 생각과 기억을, 만들어진 냄새에 접목시켜 획일화하고 통제하려는 것이다. 결국 우리가 기억하게 되는 후각의 세계는 실제로 존재하는 현실이 아니라 가상현실인 셈이다. 디지털 냄새의 천국은 현실감을 강조하고 생활의 즐거움과 생생함을 전하려고 하겠지만, 결코 우리의 삶은 행복하지 않을 것이다. 각자가 느끼고 기억하고 있던 후각기억은 매트릭스의 세계 속에서 어떤 것이 가상이고 현실인지 분간할 수 없는 지경에 이르게 될 테니까 말이다.

문명의 발전과 과학기술도 좋지만 제발 내 코를 그냥 내버려둬.

8. 향, 엑소더스(Exodus)

기록상에 나타나 있는 최초의 향료는 기원전 2500년경 이집트 제5대 파라오 사훔(Sahum)이 훈트 지방을 여행하면서 8만 포대의 물량을 사온 것이다.

고대 이집트 사람들은 수지를 이용하여 향료를 제조하는 것에 대한 풍부한 지식을 가지고 있었다. 그들은 향료를 애용했을 뿐만 아니라 그 지식을 미라를 만드는 데 사용하였다.

이집트 역사 연구로 유명한 에이벰즈는 파피루스로 만들어진 고대 이집트의 서적에서 여러 가지 향료에 대한 기록들을 발견하였다. 거기에는 몰약, 육계, 갈바늄(Galbanum), 수지 등을 사용한 많은 향료 물질의 이름이 기재되어 있었고, 구취 제거에 사용하는 처방도 있었다.

이집트에서는 금요일마다 집회가 열리곤 했는데, 그곳에는 몸에 향을 뿌린 사람들이 모여들었고, 여자들은 향료가 들어 있는 물로 목욕하고, 남자들은 향고를 발랐으며, 부자나 귀족의 집에는 향기가 흘러넘쳤다. 축제가 열리면 거리에 향을 피웠기 때문에 가난한 사람들도 덩달아 좋은 향기를 즐길 수 있었다고 한다.

파라오 시대의 이집트에서는 '키위(혹은 키피: Kyphi)'라 불리는 조합향유가 널리 사용되었다. 16가지 성분이 함유된 이 향유는 아스파라거스·카르다몸25)·시프르(Cypre)·덕(Duck)·벌꿀·주니퍼26)·머르27)·건포도·샤프란(Saffron, 번홍화(番紅花)) 등으로 만들어졌다. 정신을 맑게 하고, 기분을 도취시켜 즐겁게 하는 작용이 있어서 밤의 향료로 애용되었으며, 먹을 수도 있었다.

키위 연구가인 로레는 한층 더 오래된 비법을 찾아냈다. 육계28)·박하·창포(菖蒲, Calamus)·향모(香茅, Lemon Grass)·주안(晝顔: 메꽃)·세난타스·렌티스크스·라우르스·카시아29) 등을 각각 동량씩 채취하여 건조시켜 분말로 만들어 잘 섞어놓고, 같은 양의 페니키아 두송·카시아·헤나(Henna: 고벨화)·시프르·론그스를 일주일 동안 포도주에 담가놓는다. 그 다음에 건포도를 5일간 포도주에 담가서 테르핀(Terpin) 수지와 봉밀을 섞어놓는다. 이 모두를 혼합하여 몰약을 더한 후 전체를 잘 혼합하여 제조한다. 꽤 복잡한 비법으로 세심한 주의가 필요했다고 한다. 키위를 애용했던 클레오파트라는 몸 전체에 시돈산 감송유를 발랐으며, 양손에 바른 향료는 한번에 400데나리온30)어치였다고 한다.

이집트에서는 육계와 감송향을 주성분으로 하는 향료를 애용하였고, 이집트의 항구도시인 알렉산드리아에는 거대한 향료 공장이 있

---

25) Cardamom: 소두구, 아시아 열대의 생강과 식물로 향신료로 쓰임.
26) Juniper: 로뎀나무, 노간주나무 종류에서 채취한 수지.
27) Myrrh: 몰약, 감람과 미르라 나무에서 얻어지는 수지로 숲속의 향기를 불러일으킨다.
28) Cinnamon: 계피로 향수의 원료나 향신료로 사용되며 세일론, 말레이시아, 세이셸에서 생산되고, 강하고 달콤한 에센스는 오리엔탈 계열 향의 핵심이 된다.
29) Cassia: 시나모뭄 카시아(Cinnamomum cassia-계피)의 향기로운 수피(樹皮)로 만들어진 향신료.
30) 1데나리온은 성인 1인의 하루 품삯.

어 다양한 향료 제조가 이루어졌으며, 다른 나라와의 교역도 활발하였다. 특히 산뜻한 장미 향·시프르향·백합향은 남성용으로 애용되었고, 향의 지속성이 강한 몰약(沒藥)·메가레이온·감화향(甘樺香)·박하향(薄荷香)·감송향(甘松香)은 주로 여인들을 위해 사용되었다. 당시에는 알코올을 알지 못하였기에 기제로서 불휘발성 기름이나 포도주를 이용했는데, 좋은 포도주를 사용하면 한층 부드럽고 좋은 향기를 낼 수 있었다. 이렇듯 이집트는 고대 향료의 본산지라고 해도 과언이 아니다.

이집트에서 오랫동안 노예생활을 한 이스라엘 민족은 마침내 그곳을 탈출하게 된다. 그들은 모든 것을 두고 떠났지만, 얻은 것이 전혀 없었던 것은 아니었다. 그중에서도 귀중한 향료를 만드는 수지나 오일 등의 추출법과 향을 제조하는 방법 등에 관한 많은 지식을 가지고 나왔다. 마침내 향의 엑소더스가 시작되었다.

이스라엘 민족과 함께 이집트를 떠난 향료는 성경의 곳곳에서 발견된다. 특히 「출애굽기」에서 하나님은 자신의 백성인 이스라엘 민족에게 향 만드는 방법과 그들이 지켜야 할 향의 사용에 대한 분명한 말씀을 모세와 아론을 통해 경고하고 있다. 「출애굽기」에 나오는 내용을 살펴보자.

"아론이 아침마다 그 위에 향기로운 향을 사르되 등불을 손질할 때에 사를지며 또 저녁 때 등불을 켤 때에 사를지니 이 향은 너희가 대대로 여호와 앞에 끊지 못할지며 너희는 그 위에 다른 향을 사르지 말며 번제나 소제를 드리지 말며 전제의 술을 붓지 말며 아론이 일 년에 한 번씩 이 향단 뿔을 위하여 속죄하되 속죄제의 피로 일 년에 한 번씩 대대로 속죄할지니라 이 제단은 여호와께 지극히 거룩하니라" (출애굽기 30:7-10)

"너는 상등 향품을 취하되 액체 몰약 오백 세겔과 그 반수의 향기로운 육계 이백오십 세겔과 향기로운 창포 이백오십 세겔과 계피 오백 세겔을 성소의 세겔대로 하고 감람기름 한 힌을 취하여 그것으로 거룩한 관유를 만들되 향을 제조하는 법대로 향기름을 만들지니 그것이 거룩한 관유가 될지라" (출애굽기 30: 23-25)

30장 25절에 법대로 향을 만들라고 한글 성경에 나와 있지만, 영어 성경을 보면 사실 조향사(Perfumer)가 향기를 만든다는 것을 알 수 있다.

"Make these into a sacred anointing oil, a fragrant blend, the work of a perfumer. It will be the sacred anointing oil." (NIV)

그렇다면 이집트에 있을 때부터 이스라엘 민족에게는 향을 제조하고 다루는 사람들이 이미 존재하고 있었다는 것을 알 수 있다. 그것은 제사장 직분인 레위인 중에서 향을 만들고 사용하는 조향사의 직책이 있었다는 것을 의미한다. 물론 현대적 의미의 조향사는 아니지만, 그들은 이미 상당 수준의 향을 다루는 능력을 갖췄으며, 기독교에 있어서 향은 단순히 좋은 냄새를 내는 차원을 넘어 종교적·신앙적 의미가 있으며 향에 관한 부분을 새롭게 해석하여야 함을 일깨워주고 있다.

"여호와께서 모세에게 이르시되 너는 소합향31)과 나감향32)과 풍자향33)의 향품을 가져다가 그 향품을 유향34)에 섞되 각기 같은 분량으로 하고 그것으로 향을 만들되 향 만드는 법대로 만들고 그것에 소금을 쳐서 성결하게 하고 그 향 얼마를 곱게 찧어 내가 너와 만날 회막 안 증거궤 앞에 두라 이 향은 너희에게 지극히 거룩하니라 네가 여호와를 위하여 만들 향은 거룩한 것이니 너희를 위하여는 그 방법대로 만들지 말라 냄새를 맡으려고 이 같은 것을 만드는 모든 자는 그 백성 중에서 끊어지리라"(출애굽기 30:34-38)

고대의 향은 수지를 주로 이용하였다. 지금의 향은 에센스오일로 증류해서 쓰고 있지만, 이 당시의 기술로는 액체 형태보다는 고체나 가루의 초기 형태인 인센스(incense)로 자연 그대로의 향료를 많이 사용한 것으로 보인다. 또한 각 향료를 섞어 소금을 쳐서 성결하게 하라고 한 것을 보면, 소금은 가루 상태인 향료의 부패를 막는 방부제로 쓰인 것이다.

여호와 하나님은 자신을 위해 만들 향은 거룩한 것이니 사람들을

---

31) 소합향(蘇合香): 지중해에서 주로 자라는 큰 서양 때죽나무에서 채취한 수지.
32) 나감향(螺龕香, Onycha): 랍다눔(Labdanum)이라는 라크로스과 식물에서 추출한 것이라 하는 설과 지중해 근역의 조개류로 제조한 향이라는 설이 있다. 랍다눔은 지중해의 Citrus ladanifeurs 잎에서 생산되는 고무수지를 말한다. 시프르와 오리엔탈 조합에 특별히 잘 어울린다.
33) 풍자향(楓子香, Galbanum): 갈바늄, 주로 이란에서 자라는 초본식물인 미나리과 아위(阿魏)의 줄기에 구멍을 내어 얻어지는 수지. 신비로운 향기인 그린 노트를 발산한다.
34) 유향(乳香, Frankincense): 아라비아 남부가 원산지인 야생수목인 유향나무에서 채취한 수지.

위해서는 만들지 말라고 하였다. 그리고 만일 향을 맡으려고 만들 시에는 엄청난 징벌이 있음을 경고하고 있다. 여기에서 신에게 바쳐질 향과 인간이 쓸 수 있는 향이 구별됨을 알 수 있다. 하나님께 드려지는 향은 신성한 것으로, 향기를 통해 분명히 구분하고 있는 것이다. 에덴동산에서 하나님이 아담에게 경고한 것처럼, 하나님과 인간의 경계를 냄새를 통해 분명히 알려주고 있다.

신약성경에서는 구약과 달리 향료의 액체 형태인 향유가 등장하며, 곳곳마다 특별한 의미를 나타내었다. 특히 예수 그리스도가 수난을 당하기 얼마 전, 죽은 자 가운데서 살리신 나사로의 집에서 마리아와 만났을 때 그녀가 예수의 발에 뿌린 향유는 나드였다.

> "마리아는 지극히 비싼 향유 곧 순전한 나드[35] 한 근을 가져다가 예수의 발에 붓고 자기 머리털로 그의 발을 씻으니 향유 냄새가 집에 가득하더라" (요한복음 12:3)

그런데 마리아는 왜 나드 향을 선택했을까?
예수와 마리아가 만났던 나사로의 집에서는 잔치가 벌어졌다. 베다니 마을 주민들은 물론, 예수를 팔아넘길 가룟 유다를 포함해 열두 제자들도 잔치에 참여했던 당시 상황을 감안하면, 마리아는 향에 대해 상당한 식견이 있는 여인이었을 것으로 추측된다. 건초와 비슷

---

[35] 나드는 해발 3,000~4,000m의 히말라야 산맥에서 자라는 마타리과의 다년생 초본으로 야생 뿌리를 건류(乾溜)하여 향유를 얻는다. 공식 명칭은 스파이크 나드(Spike Nard)이다. 나드 향유가 비싼 이유는 고산지대에서 나는 야생 나드초가 희귀한 데다 추출하기가 쉽지 않으며, 물류비용이 만만치 않기 때문이다. 한 근 가격이 성인 1년 품삯과 맞먹는 300데나리온 정도라 하니 마리아가 어떻게 그 많은 돈을 준비했는지 놀라지 않을 수 없다.

한 냄새를 지닌 나드 향에는 살균 작용과, 음식으로 인한 배탈이나 설사 등의 예방 및 해독 작용이 있는 것으로 밝혀졌다.

특히 유다가 자신을 팔아넘길 것을 이미 알고 계시던 예수의 심정을 알고 있기라도 하듯, 마리아는 심리적 안정 효능이 있는 나드 향을 선택했다.

> "일찍 예수께 밤에 나아왔던 니고데모도 몰약과 침향 섞은 것을 백 근쯤 가지고 온지라" (요한복음 19:39)

> "He was accompanied by Nicodemus, the man who earlier had visited Jesus at night. Nicodemus brought a mixture of myrrh and aloes, about seventy-five pound."

「요한복음」 19장에서는 니고데모가 못과 창에 의해 손과 발, 옆구리에 상처가 생긴 예수의 시신이 부패하지 않도록 몰약과 침향을 섞은 '브랜딩 오일'을 사용했음을 보여주고 있다. 두 가지 이상의 에센셜 오일을 섞은 브랜딩 오일은 시너지 효과를 가져와 효능이 훨씬 증대된다.

니고데모가 가져온 몰약과 알로에를 섞은 향품을 예수의 시체를 싸는 데 같이 두었다는 것은 물리적으로는 시체를 잘 보존하고 향기롭게 하기 위한 것이지만, 이 아름다운 향기는 십자가 죽음으로 대속한 예수의 진정한 고난을 표현한 것이 아닌가 한다. 향목과 향식물이 철저히 부서지고 파괴되어 자신을 변형시켜야 비로소 아름다운 향기인 에센스를 만들 수 있기 때문이다.

여기서 영문의 알로에(Aloes)가 관심을 끈다.

성경에서 'Aloes'는 일반 알로에와 침향(沈香)의 두 가지 뜻으로 해석되며, 일본 성경도 신약성서(新約聖書) 신개역(新改譯)은 일반 알로에로, 신공동역(新共同譯)에서는 침향으로 번역하고 있어 혼동을 준다. 알로에(Aloes)가 과연 일반 알로에인지 아니면 침향인지 학자 간에 논란이 계속되고 있는 것이다.

침향으로 해석해야 한다고 주장하는 학자들의 의견을 살펴보자. 침향은 히브리어로 아할림이며, 헬라어로는 '*αλοη*(알로에)', 영명은 'Aloes wood' 또는 'Eagle wood' 이다. 여기서 'aloes'가 'aloe(알로에)'로 오역되는 바람에 침향이 '알로에 베라'로 오해되어, 일본어 성경에서조차 알로에로 오역되었다는 것이다. 그러므로 Aloes는 침향목에서 나온 침향으로 알로에가 아닌 것이며, 성경 곳곳에서 침향을 단독으로 표기하기도 하지만, 침향목이라고 표기하는 구체적 정황으로 보아 Aloes는 침향을 말한다고 주장한다. 그런데 이 주장이 오히려 더 큰 의문을 자아내게 하는 것이다.

다음의 성경구절을 살펴보자.

"그 벌어짐이 골짜기 같고 강가의 동산 같으며 여호와의 심으신 침향목들 같고 물가의 백향목들 같도다"(민수기 24:6)

여기서 분명히 침향목이라고 한 것을 보면, 결코 다년생 초본인 알로에를 지칭하고 있지는 않다. 하지만 침향목의 자생지는 동남아시아의 베트남, 보르네오 지방에 한정되어 있기에 당시 중근동 지방에서 침향목이 자생했다는 것은 의문으로 남는 것이다. 그러므로 침향목은 상수리나무나 다른 종류의 나무를 지칭한 것이 아닐까 한다.

다른 견해로는 Aloes는 침향이 아니라 알로에36)라는 것이다. 알로에에 관한 문헌적 기록으로 기원전 2100년경 수메르 의사가 기록한 석판이 있다. 이 석판에는 알로에가 당시 의사들이 높이 평가한 약용식물 가운데 하나로 기록되어 있으며, 클레오파트라의 아름다움의 비밀은 알로에의 덕이라고 전한다. 그 이후로 알로에 식물 중심에 있는 잎의 액즙은 많은 연구를 거쳐 아미노산과 비타민, 미네랄을 풍부하게 함유하고 있는 것으로 밝혀졌다.

고대 이집트 사람들은 알로에를 사체 보존을 위한 약으로 사용하였으며, 기원전 4000년경 이집트 사원의 벽화에서는 '불멸의 식물'로 나타나 있다.

니고데모가 몰약과 알로에를 섞은 액을 가져다가 예수의 시신에 바른 것은, 이미 기록으로 나타난 여러 가지 약효를 생각하여서인 것 같다. 못 박혀 찢어진 창상과 채찍에 맞아 생긴 것과 가시 면류관에 찢겨진 상처, 그리고 창에 찔린 상처를 알로에와 몰약을 섞은 즙으로 닦아낸 것이다. 그러므로 알로에의 성분 자체가 뛰어난 효능을 가지고 있으므로 Aloes는 침향이 아니라 알로에라는 주장이다.

하지만 그동안 침향을 연구해온 필자의 소견으로는, 이러한 현상은 향에 관한 전문적인 지식이 없어 생기게 된 문제가 아닌가 한다. 성서학자들이 성서를 번역하는 과정에서 생긴 오류는 한글 성경 곳곳에서 발견된다. 그래서 성서에 언급된 전문적인 분야에 대한 연구

---

36) 알로에(Aloe)는 식물학 상으로 백합과의 알로에 속 다년생 초본이다. 원생지는 아프리카 대륙인데 오늘날에는 열대와 온대지방에 폭넓게 자생하고, 그 밖의 지역에서도 많이 재배되고 있다. 노회, 또는 나무노회라고도 하고 아라비아어로 '맛이 쓰다'는 뜻을 가지고 있다.

가 절실하게 필요한 것이다. 정확한 해석과 번역이 나와야 성서에 대한 확실한 주석이 이루어질 수 있을 것이며, 왜 성서에 향기가 수없이 언급되었는지도 알게 될 것이다.

침향에 관한 이야기는 아주 많지만 여기에서는 일일이 언급할 수 없는 관계로, 침향은 침향이지 결코 알로에가 침향이 될 수 없음을 밝혀둔다.

다만 성경에 있는 모든 'Aloes'가 알로에라는 말은 아니다. 침향으로 해석될 수도 있고, 때론 알로에로 해석될 수 있다는 말이다. - 침향은 언제든지 동방을 통해 수입했을 수도 있다. 그러므로 침향과 침향목은 구별할 필요가 있다. 적어도 Aloes가 '침향목'을 지칭하지는 않는다 - 서양의 알로에는 동양의 침향과 같이 뛰어난 약재이며 향료임에는 틀림이 없다. 다만 번역상, 동양 최고의 식물과 서양 최고의 식물을 표현한 것이라면 침향이냐 알로에냐 하는 논란은 둘 다 최고의 식물이라는 것에 초점을 맞추어 보면 크게 신경 쓰지 않아도 될 것이다. 이것은 곧 성서학자들의 문화적 견해의 차이로 혼용하여 해석한 것으로 이해하면 좋을 것 같다.

향기는 한 곳에 머무르지 않고 계속해서 이동한다. 기독교 박해가 막을 내리고, 476년 서로마제국의 붕괴로 팍스로마나(Pax Romana, 로마의 평화)가 끝이 나자 지중해에는 큰 혼란이 왔다. 그리고 기독교가 본격적으로 파급되면서, 많은 로마의 의사와 향료상들은 의학과 향에 관한 책을 들고 콘스탄티노플로 떠났다. 그래서 그레코로만(Greco-Roman)의 향기가 본격적으로 아랍세계에 알려지게 되었던 것이다.

9. 영혼의 물을 담은 오브제(objet)

"볼 수 없는 향의 세계를 시각화하고 향의 메시지를 전달하는 메신저라야 한다고 생각한다. 소중한 것을 담은 용기인 만큼 아름다워야 하고, 액체인 향수와 긴밀한 조화를 이루어야 하며 투명성이 보장되어야 한다. 향수에 대한 첫인상을 결정짓는 것은 다름 아닌 향수병이니까."

용기 디자이너인 세르주 망소(Serge Mansau)의 말이다. 향수에 있어서 용기는 또 다른 것이 아닌 하나의 작품이다.

퍼시 캉프의 소설 『머스크(Musk)』에서는 용기와 포장에 따라 향의 냄새가 관련이 있다는 것을 보여준다.

"내게서…… 다른 냄새가 난다고?" 종업원이 가고 나자 그가 물었다.

"네, 내 생각에는 그래요. 같은 냄새면서도 약간 달라요." 그녀는 심호흡을 하면서 말했다.

"나는 변함없이 같은 향수를 쓰고 있어." 그러고 나서 그는 다시 냄새를 맡았다. 이번에는 좀 더 확신을 가지고.

"나는 40년 전부터 같은 향수를 쓰고 있지." 그는 자부심을 가지고 덧붙였다.

"그러면 바뀐 것은 당신의 살 냄새군요." 이브는 화제를 바꾸고 싶어서 이렇게 둘러댔다.

"난 방금 전에 향수를 다시 샀어. 똑같은 것으로…… 포장하고 용기만 바뀌었더군."

"그러면 그 용기 때문이에요."

"뭐라고? 용기가 어째서?"

"향수의 후각적 형태가 포장의 영향을 받는대요. 내가 예술가들을 가르치니까 알잖아요. 그 모양이 매우 중요하다는군요."

"단순한 병 모양이 어떻게 향수처럼 고도의 기술이 필요한 공정에 영향을 준단 말이지?"

엠므 씨는 믿으려 하지 않았다.

"플라스틱 병은 향수의 후각적 형태에 영향을 주고 그것이 발산되는 방법을 부분적으로 결정짓는대요. 외부 온도, 기압, 그리고 물론 향수를 쓰는 사람과 같은 여러 가지 요인들과 마찬가지로. 여기서 우리가 문제 삼고 있는 것은, 다른 요인들이 아무 것도 바뀌지 않았는데 다만 향수병만 달라졌다는 점이에요." 이브가 말했다.

"두 사람이 같은 향수를 썼을 때는 다른 냄새가 날 수 있지, 물론. 그러나 같은 사람이 같은 향수를 썼는데도 향수병 모양에 따라 냄새가 달라진다는 말은 나로서는 믿기 어려워." 불안해진

엠므 씨가 말했다.

"그렇지만 사실인걸요. 한 양조통에서 제조된 포도주라도 어떤 잔으로 마시느냐에 따라 맛이 달라질 수 있어요. 음악도 마찬가지예요. 같은 피아니스트가 같은 곡을 연주하더라도 어떤 피아노로 치는지에 따라 음색이 달라질 수 있어요."

새 병의 내용물을 헌 병에 완전히 다 옮길 수가 없었다. 병 바깥쪽과 엠므 씨의 손에 상당량의 향수가 묻었다. 엠므 씨에게는 내용물보다 그릇이 더 중요했으므로 그 정도의 손해는 감수해야 한다고 생각했다.

엠므 씨는 뚜껑을 닫아서 벽장 속에 고이 모셔두었다. 다시는 함부로 버리는 일이 없도록. 그에게는 이제 구하기 힘든 향수병이 다시 채워 넣을 수 있는 내용물보다 더 중요하게 여겨졌다.

엠므 씨가 성직자라면, 그 벽장은 제단이고 향수병의 자리는 성막 같다고 말할 수도 있지 않을까. 그리고 화체(化體)[37]가 진행 중이라고. 이제 효과가 나타날 때까지 얼마간 시간이 필요하고, 향수병의 형태가 향수의 냄새를 변형시키는 일은 그의 몫이 아니다.[38]

"내게서…… 다른 냄새가 난다고?" 애인으로부터 들은 이 한마디가 그의 인생을 송두리째 바꿔놓는다. 용기 때문에 냄새가 달라진 것은 아니었다. 다만 그가 젊은 시절부터 사용해왔던 그만의 향수 '머스크'는 천연 머스크로 만들어졌던 것이고, 이제는 그 천연향료

---

[37] 성찬의 빵과 포도주가 예수의 살과 피로 실체적으로 변함을 뜻한다.
[38] 퍼시 캄프(Percy Kemp), 『머스크』, 용경식 역, 끌레마, 2008, pp20-23, 31-32.

- 40년 동안 그가 사용해왔던 - 를 사용하여 더 이상 향수를 만들지 않는다는 사실을 알게 되었다. 최고의 조향사가 만든 합성 머스크 향수가 있지만, 엠므 씨에게 그것은 자신만의 머스크가 아니었다. 한순간에 그의 젊음이 사라져버린 것 같은 느낌에 엠므 씨는 좌절한다. 그리고 자살을 하며 남은 천연 머스크를 사용해서 시신을 처리해달라는 말을 남긴다. 사실 그의 향수 머스크는 단순히 향수가 아니었고, 그의 허영심과 자신감이었으며, 젊음 자체였던 것이다.

물론 천연 머스크의 향기가 향수의 냄새를 결정적으로 변화시키기는 했지만, 용기와 포장에서 느껴지는 향취도 무시할 수는 없을 것 같다.

머스크는 엠므만 좋아한 것은 아니었다. 알렉산더 대왕의 여성 편력은 그가 머스크 향기를 적절히 사용함으로써 이루어졌으며, 헨리 3세는 극도로 머스크를 좋아해서 그가 만진 모든 것이 머스크 향을 풍길 정도였다. 나폴레옹의 아내 조제핀 또한 도취적인 사향을 선호하여, 그녀의 드레싱 룸에는 과다할 만큼 많은 향이 있었는데, 향이 너무 강해 나폴레옹이 이를 매우 못마땅하게 여겼다고 한다. 그녀가 죽고 난 후에도 기거했던 파리의 말메종 아파트는 오랫동안 사향의 냄새가 배어 있었다고 하니 얼마나 머스크 향을 좋아했는지 짐작할 수가 있다.

꽃이 부드러움과 밝음, 달콤함의 절정으로 여자의 아름다움을 향상시킨다면 동물 향, 특히 머스크는 그 자체가 자신을 위한 하나의 도구였다. 밝음보다는 어둠, 낮보다는 밤, 화이트보다는 블랙이 어울리는 머스크는 생명력과 활력을 강조함으로써 몸을 아름답게 한 것이다.

　오늘날의 조향사들은 이러한 머스크의 매력에 빠져, 지하실의 서늘한 어둠 속에서 퍼져 나오는 향의 통로를 따라서 적절한 머스크의 양을 알아내 대부분의 향수에 사용하여, 좋았던 느낌을 재구성하고 있다.

　고대의 향수 용기는 단순히 향료를 담는 목적으로 쓰였을 뿐만 아니라 예술적 영감을 불어넣은 작품으로 인식되었다.
　도자기나 금속으로 만들어진 용기는 고체 상태의 향고(ointment), 천연 꽃잎이나 나무껍질, 수지 등을 저장하는 데 사용되었다. 뒤에 액체 상태의 향유가 만들어지자 도자기나 금속으로 만든 용기는 변색 또는 증발되기 쉽다는 것이 밝혀져 이를 대체할 새로운 용기의 필요성이 절실하였다.
　이때 나타난 것이 유리이다. 유리는 변색이나 향료의 증발을 막을 수 있고, 아름다운 색과 모양으로 제작할 수 있었으므로 향수를 담는 용기로서 절대적인 위치를 차지하게 되었다. 지금까지 남아 있는 이집트의 향수 용기 중에 초기 유물은 방해석(설화석고)과 얼룩 마노석을 파내서 만든 것이며, 그 이후 대부분의 이집트 향수 용기는 터키식 플라콩(Flacon, 병)과 같은 불투명한 유리로 만들어졌다.
　지금과 같은 알코올로 용해된 향수는 중세 연금술사들이 모든 물질을 금으로 환원시키는 물질인 엘릭시르(Elixer)[39]를 만드는 과정에서 금을 만들어내는 데는 실패했지만 향수 발전의 밑거름이 된 알

---

[39] Elixir: 원래의 뜻은 약 또는 건조한 가루를 말하며, 화학에서는 액체액, 약학에서는 추출이나 유화액을 의미한다. 전해져오는 연금술 이론에 따르면 전설적인 기적의 만병통치약으로 알려져 있으며, 이로부터 현자의 돌이 얻어진다고 한다.

코올을 만듦으로써, 원료로만 머물던 향료를 향수로 거듭나게 할 수 있었다.

산업혁명 이전의 유리 용기는 향수와는 별도로 독자적인 예술과 산업의 영역이었다. 향수와 용기의 생산 조합(길드)이 달랐기 때문에, 향수는 약병에 담겨져 향수 가게나 약방에서 팔았고, 용기는 별도로 구매해서 사용하였다. 고급 향수병은 왕족이나 귀족들의 전유물로 일반인들은 쉽게 구할 수가 없었다. 중세 유리의 화려한 등장은 문화사조와 무관할 수 없었다. 르네상스, 바로크시대 등을 거치며 예술문화와 용기 산업은 함께하였던 것이다. 체코 프라하를 중심으로 한 보헤미안 글라스, 이탈리아 베네치아의 무라노섬의 무라노 글라스, 프랑스 파리를 중심으로 랄리크, 바카라, 생 루이 글라스 등은 아직도 그 맥을 잇고 있다.

13세기에 이르러 많은 유리 공장이 이탈리아 베네치아의 무라노섬으로 옮겨 갔으며, 이 섬에서 만든 제품이 유럽 유리의 주종을 이루었다. 15세기경 베네치아에서 향에 관한 관심이 일어났을 무렵, 유럽의 향수 용기는 대부분이 이탈리아산이었다. 이곳에서 만든 것은 무채색의 엷은 빛을 띠고 우아한 장식이 있으며, 자그마한 꽃들이 무수히 핀 것 같은 밀레피오리[40] 기법을 사용하였으며, 피렌체 유리 세공사들은 수정을 깎아 향수병을 만들었다. 이러한 이탈리아산 향수병들은 앙리 2세의 왕비인 이탈리아인 카트린느 메디치에 의해 프랑스에 유입되었다. 생제르맹 엥 라에(Saint Germain en Laye)에 유리 공장을 짓고 본격적으로 생산에 들어갔지만, 초기 제

---

40) Millefiori: 1천 개의 꽃이라는 뜻.

품은 이탈리아산을 능가할 수는 없었다.

17세기 후반 부르주아의 향수 애용이 본격화되면서 보다 싼 향수병의 생산이 더 많이 필요하게 되었다. 이 같은 수요는 지금껏 사용해온 세공 유리병이 아닌 주형을 불어넣어서 만든 유리병을 탄생시켰으며, 이후 이 유리병은 유리가 두껍고 깊은 색조의 붉은빛을 띠며 양각 무늬로 장식되었는데 대부분 로코코양식의 소용돌이무늬와 19세기 고딕양식 부흥기의 아치 모양, 트릴포일41) 등을 모방하고 있다.

그 밖의 유리병들은 그냥 불어서(blow-pipe 기법) 만든 것이었다. 향수 유리병 생산은 제국주의의 바람과 비더마이어 양식 붐이 일었던 19세기 초반에 이르러 절정에 달했으며, 채색이 대규모로 유행하였고 정교한 세공, 도색이 이루어졌다. 빛은 향수의 질을 급격히 저하시키므로 채색된 유리병은 색이 없는 유리병에 비해 향수 보관에 많은 이점이 있기 때문이다. 이 같은 색을 내기 위해 금속성분이 유리에 첨가되었다.

산업혁명은 향수 산업에 있어서 획기적인 전환점이 되었다. 유리병과 향수 길드가 하나로 합쳐지면서 오늘날의 향수가 탄생했기 때문이다. 향수의 대중화를 겨냥한 본격적인 향수 회사가 생기기 시작하였고, 새로운 예술사조인 아르누보(Art nouveau)42)와 아르데코(Art deco)43)는 향수 용기의 혁명을 가져다주었다.

1900년 월드 페어의 놀라운 일 중의 하나는 르네 랄리크(Rene

---

41) Trilfoil: 교회 건축에 쓰이는 아치로 큰 아치 밑에 작은 아치 세 개가 배열되어 있다.
42) 19세기 말에서 20세기 초에 걸쳐 유럽에서 일어난 건축 공예의 새로운 양식. 자연에서 얻은 유동적인 곡선을 사용한 것이 특징.
43) 1910년에서 1930년에 걸쳐 프랑스 파리를 중심으로 서유럽에서 유행한 장식미술.

Lalique)의 출현이었다. 현대 향수 용기와 유리공예의 전설적인 인물로 평가되는 랄리크는 상상할 수 있는 가장 아름다운 향수 용기들을 창조했다. 랄리크가 다양한 소재를 이용해 용기를 고안해내기 시작한 시기에 향수는 본격적인 현대 향수의 시기에 접어들었다고 할 수 있다. 향수 용기가 일개 제품이 아니라 유리공예가의 영혼을 불어넣은 예술품으로 대접받기 시작했기 때문이다.

아르데코의 영향 아래 장식은 명확하고 조화로운 환경의 창조물로 인식되었고, 패션디자이너 폴 푸와레(Paul Poiret)는 이 움직임의 중요성을 처음으로 이해한 사람이었다. 샤넬에 앞서 1911년에 향수 회사 로진(Les Parfums de Rosine)을 만들었다. 유리, 크리스털, 직물, 금속 등 새로운 재료를 향수 용기에 접목함으로 향수 용기의 재료에 더는 제한이 없다는 것을 증명하였다.

샤넬은 No. 5의 극도로 단순화된 디자인의 향수 용기와 이목구비가 뚜렷한 뚜껑을 선보여 패션디자이너의 창작품으로 손색이 없었고, 1925년 레이몽 게를랭(Raymond Guerlain)에 의해 디자인된 샬리마(Shalimar)44)는 아르데코의 뛰어난 작품 중 하나였다. 미드나이트 블루의 뚜껑과 함께 스리랑카 정원의 느낌을 불러일으키는 이 용기는 바카라 크리스털에서 한정 생산된 아름다운 예술품으로 인정받고 있다.

여전히 아르데코 시대인 1927년 아르망 로토(Armand Rateau)는 랑방(Lanvin)의 아르페주(Arpege, Arpeggio)45)를 위한 검은색 원형 용기를 디자인했다. 금으로 장식되었고 라즈베리 모양의 뚜껑을 가진

---

44) 자크 게를랭에 의해 창조된 오리엔탈 계열의 향수(1925). 샬리마는 산스크리스트어로 '사랑의 사원' 이라는 뜻이며, 인도의 타지마할 궁전을 의미한다. 송인갑, 『향수(The Story of Perfume)』, 한길사, 2004, p94.

이 용기는 패션디자이너의 그림으로 꾸며졌다. 평화를 상징하는 두 마리의 비둘기가 장식된 레르 뒤 탕(L' Air du Temps)46)은 로베르 리치에 의해 세상에 나온 향수이다. 이 향수의 용기는 1947년 랄리크의 아들인 마르크 랄리크에 의해 디자인되었으며, 영원한 여성스러움과 로맨티시즘의 회귀를 상징했다. 전시 중에 잠시 비둘기 장식이 하나로 줄어 평화를 기원하기도 하였지만 다시 두 마리로 재결합시킨 재미있는 디자인 중 하나이다.

2차 세계대전이 끝난 1950년부터 향수 산업에 대한 개념은 근본적으로 수정되기 시작하였다. 대량 판매의 시대가 도래했던 것이다. 그때부터 모든 향수 회사는 누가 그들의 고객이 되고 그들에게 어떻게 접근해야 하는지를 자문해야 했다.

우선적으로 향수 용기는 새로운 투자가치를 인정받게 되었고, 경제적인 요구와 더불어 심미안적인 질과 연결되었다. 전문적인 용기 디자이너의 필요성을 절감하게 되면서, 용기 디자이너들은 심미적이고 기술적인 면의 훈련과 숙달에 힘썼고, 끊임없이 한계에 도전하며 예술품을 만들고자 하였던 것이다.

하나의 향수 용기를 만들기 위해서는 향기를 맡고 이해하며, 그 향기의 느낌을 가장 잘 표현할 수 있어야 한다. 영혼의 액체를 공간에 가두어둠으로써 공간을 싸고 있는 용기가 그 역할을 해야 하기 때문이다.

---

45) 아르망 로토가 디자인한 검고 둥근 용기의 향수(1927). 처음에는 60여 종의 향을 내다가 마지막에 아이리스와 바닐라향의 여운으로 마무리된다. 이 향수는 잔느 랑뱅이 음악가였던 그의 딸 마리 블랑슈를 위해 아르페주로 이름 지었다. Ibid., p130.
46) '시간의 흐름'을 뜻하는 플라워리 스파이시 계열의 향수(1948). 랄리크에 의해 디자인된 향수 용기의 뚜껑은 두 마리의 비둘기가 장식되어 있지만 2차 세계대전 때 잠시 한 마리로 줄기도 했다. 평화를 바라는 마음에서. Ibid., p111.

랑콤의 포엠(Poeme)47) 용기를 만든 파비앙 바롱(Fabien Baron)은 이렇게 말했다.

"포엠의 용기는 한 줄기 빛이 프리즘을 통해 보다 화려하고 아름답게 바뀌는 것을 보여준다. 시를 통하여 현실세계가 다원화되고 보다 아름답게 바뀌는 것처럼 말이다. 원래 시란 한 가지 결론으로 이끌어낼 수 없는 형이상학적인 존재가 아닌가."

시를 향기로 표현하고 또 용기로 그 느낌을 전하였으며, 곡선과 직선이 입체적으로 만난 황금색 투명 용기에 빛은 화사하게 통과한다. 기하학적이면서도 부드러운 느낌의 이 용기는 빛의 프리즘을 통해 화려하게 분사되는 임팩트로 포엠을 잘 표현하고 있다. 그는 빛으로 시를 표현한 것이다.

샤넬의 용기 디자이너 자크 엘루(Jacque Helleu)는 향수 알뤼르(Allure)48)에서 우아함, 개성, 지성, 신비, 투명함, 세련됨을 세로가 길고 직사각형인 투명한 병과 작은 뚜껑과 프레시한 느낌의 로고로 표현하였다.

서양과 동양의 사랑이 하나가 되어 이룬 겐조 향수49)에 얽힌 일화를 보자. 겐조와 용기 디자이너 세르주 망소가 함께 길을 걷던 중 겐조가 말없이 손바닥에 조약돌 하나를 얹어 망소에게 보여주자 망소 또한 말없이 그 돌 위에 길거리에 피어 있는 꽃 한 송이를 얹어 보여주었다. 그 둘은 이미 하나의 형상에 예술적 영감이 교차되었음을 알았다. 바로 그 모습이 나중에 겐조 향수병의 디자인이 되었음은

---

47) '시' 라는 뜻의 여성 향수로 플로럴 계열의 따뜻하고 동시에 신선한 향을 지녔다. Ibid., p133.
48) 알뤼르: 탑, 미들, 베이스노트의 전통적인 3원 구성을 탈피한 6가지 파세트(facette: 결정면)의 플로럴 향수(1996). 나이와 인종을 초월해 모든 여성에게 잘 맞으며, 잔향이 오래 남는다는 특징이 있다. 송인갑, 『향수(The Story of Perfume)』, 한길사, 2004, p180.
49) 겐조 파르 데테(Kenzo Parfum D' Ete)를 말하는 것이며, 촉촉하고 싱그러운 푸른 잎의 향기를 주제로 한 우디 계열의 향수이다(1992). Ibid., p96.

두말할 필요가 없다.

　향수 용기는 시대와 나라마다 선호하는 디자인에 차이를 보인다. 중동에서는 화려하고 비싼 재료로 만들어진 것에 거부감을 느끼고, 일본인들은 단순하고 자연스러운 형태를 좋아한다. 1970년대에는 주로 기하학적 형태와 새로운 소재를 사용한 것이 인기를 끌었고, 1990년대에는 고전적인 형태로서 새롭게 개발된 재료와 색채의 사용으로 비전을 제시함과 동시에 소비자가 제품과 동일시되는 느낌이 들도록 했다. 아마도 21세기에는 '테크놀로지'를 추구하는 디지털 형태와 환경과 자연을 중요시하는 '내추럴리즘'에 근거한 용기 디자인이 주류를 이룰 것 같다.
　향수가 성공하기 위해서는 향과 디자인, 용기, 론칭에 관련된 사람들 그리고 투자가 한 공간에 모아져야 한다. 지금 우리에겐 서양의 향수만 있고 우리의 것은 없다. 이제 많은 이들이 향과 용기, 그 예술품에 대한 관심을 가져봄이 어떨지, 이것은 나만의 바람일까?

10. 인생은 아름다워

〈인생은 아름다워〉라는 영화가 있다. 이 영화의 배경은 1930년대 말에서 시작된다. 1943년 9월 8일 전까지는 적어도 이탈리아와 독일은 동맹국으로 서로 우호적이었지만, 무솔리니 제거 후 이탈리아가 연합군과 동맹을 맺음으로 서로 적대국이 되었다. 그로 인해 독일이 이탈리아를 정복하였고, 나치는 이탈리아에 살던 유태인을 학살하기 시작하였다. 마침내 1945년 4월 독일이 항복함으로써 이 영화는 끝이 난다.

수많은 유태인 학살에 대한 영화가 있었지만 〈인생은 아름다워〉는 다른 영화와는 달리 제목부터 특이하다. 철저히 반어적으로 만들어진 이 영화는 유태인 학살의 이야기를 다른 각도에서 본 것인지, 인생의 아름다움을 보여주기 위해 극단적인 유태인 학살의 이야기를 도입한 것인지 의견이 다를 수 있다. 하지만 한 가지 분명한 것은 러시아의 혁명가 트로츠키(Leon Trotskii)가 암살당하기 직전에 남긴 글처럼 "그래도 인생은 아름답다"는 사실이다.

많은 영화 비평가들은 영화의 개봉을 앞두고 인류의 최대 불행이라는 유태인 학살을 코미디 영화로 만들었다는 점에 대해 우려를 표했다. 그러나 그들의 불만과 우려는 영화의 개봉과 함께 베니니에 대한 찬사로 이어졌다. 인류사 최대의 비극 중 하나인 '나치의 유태인 학살'을 오히려 유머러스하게 묘사함으로써, 비인간적인 상황을 더욱 강조하고 동시에 살아남은 어린 아이를 통해 베니니가 주장하려던 '그래도 인생은 아름답다'는 희망을 보여준 것이다.

이 영화는 1930년 말부터 1945년 4월 나치의 항복 때까지를 다루고 있다. 이탈리아의 무솔리니는 독일과 동맹국으로 지냈지만 그가 축출되면서 이탈리아가 연합군과 동맹을 맺고, 나치는 1943년 9월 이탈리아를 점령한다. 이탈리아의 유태인 학살은 그 서막을 올리게 된 것이다.

그렇다면 히틀러는 왜 유태인을 미워하고 대학살을 자행하였을까?

첫째 이유는 종교적인 것으로, 기독교 문명을 앞세운 유럽 세계는 예수를 못 박아 죽인 주체인 유태인을 멸시하는 풍조가 만연했다. 특히 인종 혼합주의와 엘리트 기득권을 유지하는 유태인에 대한 견제와 시기가 극심했다.

둘째, 우수민족과 열등민족 등을 구분하는 생리학적 인종주의의 일환으로, 유태인의 우수성을 말살하고 게르만과 아리안족의 우수성을 높이기 위해서이다. 이 내용은 영화의 주인공 귀도의 가짜 장학사 연설 중 아리안족의 우수성을 설명하는 페이소스적 장면에 잘 나타나 있다.

셋째, 히틀러의 정치적 집권을 위한 반사회주의, 반유태주의, 반공산주의의 기치 아래 자행된 정치수단의 한 방법이다.

마지막으로 경제적 이유로, 유럽의 경제권을 쥐고 있는 유태인에 대한 보복 심리 때문이다.

나치는 유태인의 탈무드식 삶의 방법과 유럽을 휩쓴 페스트에도 살아남은 그들만의 공간(게토)에 모여 살며 청결함을 유지하는 생활에 대한 모독으로, 특히 히틀러는 냄새에 관한 인종차별적 정치론을 통해 유태인에게 악취의 혐의를 뒤집어씌우고 이 악취를 육체적·도덕적 타락과 연관시킴으로써, 유태인을 혐오스럽고 사회에 위험한 자들로 낙인찍고자 하였다. 가난하고, 무지하고, 도덕적으로 타락한 자들은 악취가 난다는 사회적 관념을 히틀러는 유태인의 주거환경을 통한 삶의 한 방식에서 찾아냈던 것이다.50)

아우슈비츠를 포함한 유태인 포로수용소들의 후각적 환경은 짐승의 우리, 도축장과 같았다. 그들은 자신의 배설물과 함께 생활하고, 씻지 못해 몸에서 냄새가 났고, 시체를 태우는 냄새에 스스로 무너져버리고 자기 비하에 빠져버렸다. 나치는 많은 것을 숨기고 비공개화했지만, 냄새만은 막을 수 없었다. 냄새는 담을 넘어 경계를 지나 끝없이 흘러갔다.

히틀러는 『나의 투쟁』에서 유태인의 냄새를 다음과 같은 말로 표현하였다.

"도덕적인 면과 또 다른 측면에서 유태인을 정화하는 것은 당연한 일이라고 말하지 않을 수 없다. 그들의 겉모습만 보아도 그들이 물과 친하지 않다는 것을 알 수 있었으며, 괴롭게도 종종 눈을 감고도

---

50) 콘스탄스 클라센, 데이비드 하위즈, 앤소니 시노트저, 『아로마 냄새의 문화사』, 김진옥 역, 현실문화연구, 2002, p228.

그 사실을 알 수 있었다. 나중에 나는 카프탄을 입고 있는 사람들의 냄새만 맡아도 메스꺼움을 느끼게 되었다. (중략) 이 모든 것은 결코 매력적이라고 할 수 없다. 그런데, 육체적 불결함에 덧붙여 이들 '선민'들의 도덕적 오점을 발견하고 나자, 단연코 혐오감을 갖지 않을 수 없었다."51)

지독한 냄새에 길들여지면, 인간은 그것으로부터 절대 벗어날 수 없게 된다. 스스로 포기하게 되는 것이다. 극한의 삶 속에서.

삶의 의미는 늘 변할지 모르지만 절대로 사라지지 않는다. 이것이 바로 로고테라피의 중심 명제다.

로고테라피(의미요법)에서는 세 가지 다른 방식으로 삶에서 의미를 발견할 수 있다고 본다. 첫째는 무엇인가를 창조하거나 어떤 행위를 함으로써, 둘째는 무엇을 경험하거나 누군가를 만남으로써, 셋째는 회피할 수 없는 어떤 고통에 대해서 우리가 취하게 되는 태도에 의해서이다.

우리가 자기 인생의 드러나지 않은 의미를 깨달아야 한다고 자꾸만 되뇌는 이유는, 삶의 참다운 의미는 고립된 개인의 내면에서가 아니라 이 세상 안에서만 발견할 수 있다는 사실을 강조하기 위해서이다. 이런 자세를 일컬어 '인간 존재의 자기초월'이라고 부른다. 어쩌면 냄새도 자기초월을 통하여 진정한 내면을 볼 수 있는 것이다.

자기 아닌 무엇 혹은 타인 - 그것은 충족시켜야 할 의미일 수도 있고 내가 만나는 타인일 수도 있는데 - 에 대해 관심을 기울일 때

---

51) Ibid., p228.

에만 나도 인간다워질 수 있다는 역설이 여기 숨어 있다. 불의에 맞서는 사회 운동에 뛰어들거나, 누군가와의 사랑에 빠져 자신을 망각하게 되면 될수록 그는 더 인간다워지고 더 큰 성취감을 맛보게 된다. 자기실현이라는 것은 손으로 움켜잡을 수 있는 표적이 아니다. 갈구하면 갈구할수록 그것은 자꾸 멀리 달아나기만 한다. 요컨대 자기실현은 자기초월의 부산물로서만 나타나는 것이다.52)

냄새도 그것을 맡는 인간의 후각 없이는 자신을 스스로 충족시킬 수 없다. 결국 냄새의 자기실현은 인간의 후각을 통해 사라짐으로써 기억하게 되는 부산물로 충분한 것이다. 사실 냄새는 스스로 존재하는 것 같지만 그 주체인 사람의 후각 없이는 존재할 가치가 없다. 요컨대 냄새는 인간의 삶과 감성의 충족을 위한 후각의 객체라는 것이다.

"저는 세상에 있는 냄새를 전부 알아요. 파리에 있는 모든 냄새를요. 이름을 모르는 것들이 좀 있기는 하지만요. 그러나 그 이름들도 배울 수 있어요. 이름이 있는 냄새는 전부 다 말입니다. 그건 그렇게 많지 않거든요. 기껏해야 수천 개 정도지요. 저는 이제부터 그걸 전부 배우겠습니다. 여기 이 향유의 이름을 결코 잊어버리지 않을 겁니다. 안식향이라고 했죠. 안식향, 안식향……."53)

세상의 냄새에 모두 이름이 있는 것은 아니다. 오히려 이름 붙여

---

52) 빅터 프랭클, 『죽음의 수용소에서』, 이시형 역, 청아출판사, 2012.
53) 파트리크 쥐스킨트, 『향수』, 강명순 역, (주)열린책들, 2009.

지지 않은 것이 훨씬 많을 것이다. 냄새에는 언어나 기호로 표현할 수 없는 그 무엇이 있어서, 하나의 이름으로 짓거나 설명할 수 없다. 맡는 사람마다 다르게 느끼기 때문이다.

빅터 프랭클 박사는 유태인으로서 나치 치하의 강제수용소 삶을 3년이나 체험했다. 강제수용소에서는 죄수가 자신을 지탱할 힘을 모두 상실하도록 모든 상황이 꾸며진다. 삶에서 친숙했던 모든 목표를 빼앗겨버린 것이다. 이제 그에게 남아 있는 것은 인간으로서의 마지막 자유, 자신의 태도를 선택할 수 있는 능력뿐이다. 고통 속에서도 고통의 의미를 찾고 살아남고자 노력하거나, 또는 보다 쉬운 죽음을 선택하는 것이다.

강제수용소에서 아주 훌륭한 사람이나 연약한 사람은 살아남지 못했다. 그러나 프랭클 박사를 비롯한 평범한 보통 사람들은 이런 죽음의 고난 속에서, 자신의 고통의 가치를 선택함으로써 죽음의 운명에서 벗어날 수 있었다. 이 사실은 매우 주목할 만한 일이다. 초인도 아니고 영웅도 아닌 평범한 사람들이 죽음과 삶의 경계선에서, 굶주림과 혹독한 노동 속에서도 웃을 수 있었고, 감사했으며, 심지어 문화까지 향유할 수 있었다. 이 평범한 사람들이 절망 가운데에서 살아남기 위해 최선을 다하고 또 생존할 수 있었다는 것은 참으로 놀라운 일이다.

이 절망은 후각에 이르러 극에 달한다. 숨을 쉬지 않고 살 수 없기에 후각은 공간에 남겨진 모든 것을 받아들여야 한다. 생존을 위해 끝없이 호흡하는 그들에게 수용소는 마치 지옥의 냄새 같은 악취를 풍기고 있었던 것이다. 하지만 그들은 그 냄새를 선택할 수밖에 없었고, 일종의 유희처럼 즐겼는지도 모른다. 스스로 변화시킬 수 없는 환경이었기에 말이다.

'금발의 천사'로 알려졌던 나치 장교, 이르마 그리제라는 여성이 있었다. 그녀는 유태인 포로수용소를 방문할 때에 늘 진한 향수를 뿌렸다. 그녀는 어디를 가든지 귀한 향수 냄새를 동반했다. 머리에는 관심을 끌게 하는 향기를 고루 갖추어 뿌렸으며, 때론 자신만의 향수를 조제하기도 하였다. 거리낌 없이 향수를 쓰는 것은, 아마도 그녀의 잔인성의 정수라고 할 것이다. 그녀가 나타나면 건강이 악화될 대로 악화된 포로들은 기쁜 마음으로 그녀의 향수 냄새를 들이마셨다. 그러나 그녀가 떠나고 나면, 수용소 전체를 마치 담요처럼 덮고 있는 곰팡내 나고 구역질나는 육신의 냄새가 다시 찾아들고, 주위 환경은 전보다 훨씬 더 견딜 수 없는 지경이 되었다.[54]

그녀의 향기는 포로들을 고문하는 것이었지만, 사실은 냄새를 통해 그들과 구별하려는 혹은 자신만의 독자적인 후각의 정체성을 유지하려는 수단이 아니었나 하는 생각이 든다.

학살의 망각도 학살의 일부다. 왜냐하면 학살의 망각은 또한 기억의 학살이며, 역사의 학살이고, 사회적인 것들의 학살이기 때문이다. 이 망각은 우리에게는 그의 진실 속에서 찾아질 수 없고, 접근할 수도 없는 것이다.[55] 결국 냄새의 망각 또한 학살의 일부라는 말이다.

나치는 종말이 오자 그들이 저질렀던 수용소의 모든 불법과 악행

---

[54] 콘스탄스 클라센, 데이비드 하위즈, 앤소니 시노트저, 『아로마, 냄새의 문화사』, 김진옥 역, 현실문화연구, 2002, p231.
[55] 장 보드리야르, 『시뮬라시옹(Simulacres et Simulation)』, 하태환 역, 민음사, 2002, p102.

을 묻기에 급급했다. 시체를 없애고, 모든 시설을 파괴하고 문서를 소각했다. 나치의 학살에 냄새도 예외일 수 없었다. 하지만 냄새만은 지울 수가 없었다. 그것은 지나간 슬픈 추억의 잔재로 후각의 기억 속에 영원히 망각되지 않은 채 남아 있기 때문이다.

  이 영화는 반어적이다. 즐거움과 아름다움 속에서 진정한 추함과 죽음을 경험한다. 우리는 죽음 속에서 삶을 바라본다. 또한 삶 속에서 진정한 죽음을 알게 된다. 나치의 만행에 의한 유태인의 더러운 냄새에서 인간의 참다운 향기를 맡을 수 있는 것이다. 조수아는 말한다. "그래도 인생은 아름답다. 아버지의 희생으로 나에게 준 선물." 그것은 바로 냄새였다.

제2부
공간과 향

중국 전국시대의 사상가 장자(莊子)의 우화 중 열자(列子)의 자유에 대하여 언급한 것이 있다.
어느 날 열자는 스승 장자에게 자신이 바람을 이용하여 자유롭게 다닐 수 있음을 자랑하였다. 장자는 제자를 꾸짖으며 무엇이 진정한 자유인지 말하였다.

"바람을 타고 주유한다는 열자 역시 완전한 자유를 누리지는 못한다. 바람에 의지하여 날아다 닐 수 있으니 자기 자신은 편안하겠지만 바람을 이용한 까닭이다. 바람은 바람대로 있고, 열자는 열자대로 있어야 한다. 열자가 바람을 탄다는 것은 본래대로 있는 것이 아니다. 본래의 모습을 간직하면서 변화에 응해야 노닐 수 있다. 서로 노닐 수 있다면 구태여 무엇에 의존할 필요가 있는가? 본연대로 서로 노니는 것이 자유 그 자체인 것이다."

사람과 향기가 한 공간에서 서로 노니는 것이 진정한 자유란다.
향에 있어서 공간은 바로 그런 것이다.

1. 공유지의 비극

공유지(Common Pool Resource)란, 인간이 공동으로 소유한 땅, 즉 지하자원, 바다, 하늘, 공기 등을 말한다. 여기서 최대한도로 이익을 얻는 것이 합당한 것이며 그렇게 할 수 있는 자유가 있다고 한다면, 우리는 과연 무엇을 얻게 될 것인가? 그 대답은 '공유지의 비극(The Tragedy of the Commons)' 56)이다.

결국 인구가 늘어남에 따라 이 공유지에 가해지는 부담이 늘어나고, 개인의 합리적 최대화는 전체의 파국으로 이어지게 된다. 공유지의 비극은 이렇게 시작되는 것이다. 공유지의 자유는 곧 모든 사람에게 파멸을 가져온다는 것을 의미한다.

이 논문은 공동체의 모두가 사용해야 할 공공자원을, 사적 이익을 주장하는 시장의 기능에 맡겨두면 남용하게 되고, 그로 인해 자원이 고갈될 위험이 있다는 내용을 담고 있다. 따라서 이것은 시장 실패의 요인이 되며 이러한 자원에 대해서는 국가의 관여가 필요하다는 것이다.

---

56) UCSB 생물학과 교수인 가렛 하딘(G. J, Hardin)이 1968년 12월 13일 사이언스지에 실은 논문.

이 해결책은 강제의 필요성을 수용하는 것이며, 아니면 이해 당사자가 모여 일정한 합의를 통해 이용권을 제한하는 제도를 형성해야 한다는 것이다.

예를 들면 100마리의 양을 기를 수 있는 제한된 공유지에서, 100마리 이상의 양을 기르면 결국 목초지는 과도하게 풀이 뜯겨 재생산되지 못하고 점차로 황폐해진다는 것이다. 축산업자들은 너도 나도 공유지를 이용할 것이고, 자신의 부담이 들지 않는 공짜이기 때문에, 공유지에 양을 계속 풀어놓기만 하고 줄이지는 않을 것이다. 결국 풀이 없어진 초지에는 양을 기를 수 없어 축산업자들 전체가 손해를 보게 된다. 결국 개인들의 이익 추구에 의해 전체의 이익이 파괴되어 공멸을 자초한다는 개념을 말하였다.[57]

하딘이 논문을 발표하기에 앞서, 어업경제학자인 고돈(Gordon)이 1954년에 해양자원을 예로 '공유자원'의 남획이 발생되는 메커니즘을 지적하였다.[58] 이 시나리오는 하딘의 목초지 사례와 기본적으로 같은 맥락이지만, 중세 유럽의 삼포제[59]는 하딘이 제시한 사례와는 맞지 않음을 밝히고 있다.

하딘이 지적한 공유의 비극론은 그 후 20년간 전개된 조사 연구를 통해서 크게 수정되었고, 이 연구는 퓌니(Feeny)의 논문[60]에 의해

---

57) 위키 백과, http://ko.wikipedia.org/
58) 공해상의 어업자원은 사류돕게 뉴영하는 존재이므로 특정 개인과 어업단체, 국가에 속하는 것이 아니다. 누구의 것도 아니므로 어업자가 마음대로 어획한다. 어획에 대한 압력이 있을 때는 괜찮지만 초과해서 계속 잡게 되면 그 자원은 고갈이 된다는 것이다. 아키미치 토모야, 『자연은 누구의 것인가』, 이선애 역, 새로운사람들, 2007, p30.
59) 중세의 개방 경지 제도에 있어서 농지 경작법의 한 형태이다. 대개 8세기에서 19세기에 이르기까지 전 유럽에 걸쳐 지배적이었던 경작 제도로, 이 제도는 곡초식 농법과 달라 개방 경지에서만 볼 수 있는 현상이다. 그 특징은 동곡과 춘곡과의 윤작과 정기적인 휴경(목초지)을 결합시켰고, 경작지 전체를 대략 3등분하여 순환시켜 목초지(휴경지)를 방목지로서 공동으로 이용하였다.
60) 1990년 〈휴먼 에컬러지(Human Ecology)〉지에 게재된 '22년 후의 공유의 비극론'이라는 논문.

집대성되었다. 여기에서 하딘이 제시한 사례는 현실적으로 일어나지 않으며, 다만 하딘의 사례가 일어나려면 '전혀 관리가 되지 않는 공유지라면' 이라는 전제가 필요하다는 것이다.[61]

냄새의 공유지는 공기이고, 하늘이며, 우리가 살고 있는 공간 모두를 포함한다.

냄새는 공유지에서 발생하더라도 공유지에만 한정되지 않는다. 냄새는 한 곳에 머물지 않으며 끊임없이 바람을 통해 공간과 공간으로 이동하기 때문이다. 그것은 사유지에서 공유지로, 공유지에서 사유지로 어디든지 상관없이 자유롭게 이동하며 사람의 후각을 깨운다.

하지만 공유지의 남용과 오용으로 인한 비극은 곧 냄새 비극으로 이어질 것이고, 그 상황은 생각하기조차 싫을 정도다. 냄새도 환경이라는 측면에서 본다면 이 심각성은 상상을 초월하는 매우 위험한 것인데도, 사람들은 냄새에 대하여 매우 관대하다.

봄이 오면 용인에 있는 놀이공원에서 상쾌한 봄바람과 자연의 냄새를 만끽하고자 하지만, 건너편 산에서 흘러오는 바람은 즉각 후각의 상상을 깨뜨려버린다. 향기가 아니라 악취였다. 왜냐하면 그곳에는 돼지를 키우는 양돈장이 있기 때문이다. 분당-수서 간 도로의 복정동 구간에 이르면 옆 사람의 눈치가 보인다. 혹 방귀 냄새가 아닌가 하는 오해를 받을 수 있기 때문이다. 도산공원 인근에 스파게티를 아주 맛있게 만드는 집이 있다. 그런데 뒤편의 주방 환풍기 쪽을 지나가면, 말로 형언할 수 없을 정도의 악취, 토마토 썩은 냄새가 난

---

61) 아키미치 토모야, 『자연은 누구의 것인가』, 이선애 역, 새로운사람들, 2007, p31.

다. 옆집에서 삼겹살 파티를 하나 보다. 묘한 고기 기름과 고기 타는 냄새는 시리도록 허기진 배를 자극한다. 그래도 그들은 붙잡혀 가지 않는다. 화학공장에서 나는 냄새로 인근 아파트 주민이 어지러움을 호소하고, 냄새 때문에 창문을 열 수 없다고 한다. 미국의 한 유학생이 김치와 오징어를 먹다가 이웃집의 신고로 경찰이 출동하였다는 기사가 나왔다. 남한강 인근의 음식점에서 버려진 오물 때문에 강물에서 악취가 진동한다. 우리는 그 물을 마신다.

"유럽의 도시들은 대체로 지저분했다. 특히 수로는 대부분 뚜껑 없는 하수구에 지나지 않다는 것은 놀라운 사실이 아니다. 특히 런던의 플리트 강은 악취로 악명이 높았다. 인근 카르멜의 수사들은 플리트 강의 악취가 지독해서 제단에 피우는 유향 냄새를 덮어버리고, 심지어 수사들의 죽음까지도 유발한다고 주장했다."[62]

공간에서의 악취는 인간을 포함한 생물의 배설물이나, 부패해서 생기는 냄새, 그리고 공장이나 공업제품에서 발생하는 냄새 등을 말한다.

특히 도시의 악취는 어제오늘의 이야기가 아니다. 인류가 도시화되기 시작하면서 자연은 파괴되고, 점차 도시의 냄새는 오염되었다. 문명의 발전이 인간을 좀 더 살기 좋게 만들어주었지만 사실은 인간의 감성 퇴화를 촉진시키고, 자연의 혜택인 치유로부터 멀어지게 한 것이다.

---

[62] 콘스탄스 클라센, 데이비드 하위즈, 앤소니 시노트저, 『아로마, 냄새의 문화사』, 김진옥 역, 현실문화연구, 2002, p79.

이미 선진국에서 시행하고 있는 '냄새도 환경'이라는 주제를 이해한다면, 우리가 얼마나 냄새에 대하여 무지했는가를 알 것이다.

프랑스에서는 자동차의 배기가스는 줄일 수 없지만, 자동차 연료에 향기를 첨가하여 배기가스의 냄새를 없애는 마스킹(masking)[63]을 하며, 지하철 객차의 바닥에 향기 왁스를 입혀 승객들이 움직일 때마다 바닥의 마이크로캡슐 향기를 터트려 객차 안의 나쁜 냄새를 중화시키기도 한다.

최근 우리나라에서도 저급 중국산 가정용 보일러 기름에 향기를 넣어 싼 기름의 악취를 제거하고 있으며, 화장실이나 악취가 심한 공간에 발향기기를 이용하여 악취를 줄이고 있다.

이제 사람들은 냄새를 구별하기 시작했으며, 좋은 냄새의 가치를 알게 되었다. 향수의 사용으로 자기의 냄새를 감추고, 사적인 공간에서 아름다운 향기를 드러냈으며, 차량이나 가정에서 그리고 실내의 공간에서 자신들이 원하는 냄새를 가지게 된 것이다.

하지만 이러한 냄새는 당장은 도움이 되겠지만 근본적인 문제의 해결책이 될 수는 없다.

그렇다면 이것을 해결할 수 있는 방법은 무엇일까?

맑은 공기, 좋은 냄새, 그리고 편안한 호흡…… 그 답은 숲과 공원이다. 숲은 공기를 정화하고 좋은 냄새를 끊임없이 인간에게 공급해 준다. 만일 이 지구상에 숲이 존재하지 않는다면 우리는 이미 나쁜 냄새로 인해 호흡이 어려워지고 결국 죽게 될 것이다. 도시의 냄새가 좋지 않은 것도 도시 곳곳에 냄새를 정화시키는 숲이 없기 때문

---

63) 어떤 향기로 다른 물질의 악취를 느끼지 못하게 하는 것으로, 냄새를 조율하여 좋게 만드는 방법.

이다. 숲만이 도시의 냄새를 다시 회복시킬 수 있을 것이다. 그래서 숲이 살아 있는 '도시의 공원화'가 절실해진다.

길가메시 서사시64)에서 길가메시는 도시를 건설하기 위해서 남부 메소포타미아의 백향목 숲을 파괴했다. 수메르의 최고신으로 땅의 안녕을 영원히 돌보아야 할 엔릴은 침입자들로부터 숲을 보호하기 위하여 반신반인인 훔바바를 보냈다. 하지만 전사 길가메시가 훔바바를 죽이고 숲을 쓸어버린다. 엔릴은 나무들을 잘라낸 이들에게 저주를 내린다. '너희들이 먹을 양식을 불이 삼킬지어다. 너희들이 마실 물을 불이 들이킬지어다.' 이 이야기는 신화에 불과하지만 여전히 저주는 오늘날까지 이어오고 있음이다.65)

성경에서 말하고 있는 가나안 땅인 레바논의 백향목도 사라진 지 오래다. 사람들의 필요에 의해 나무가 모조리 베어져 지금은 국기에만 쓸쓸히 남아 있을 뿐이다.

오늘날에도 길가메시는 계속해서 탄생하고 있다. 아마존의 원시림과 아프리카, 아시아 곳곳의 숲이 파괴되고 있다. 숲은 반이 넘게 사라졌다. 90% 이상이 없어져 버린 곳도 있다. 이 땅에도 주택, 골프장 건설과 산업자재를 위하여 숲은 이제 우리의 기억 속에만 남아 있을 뿐이다.

나 자신이 환경주의자나 생태주의자임을 말하는 것이 아니다. 다만 숲을 통히여 나쁜 냄새를 정화하고 좋은 냄새를 호흡함으로써 생명의 소중함을 일깨우자는 것이다. 결국 공유지에서 냄새의 새로운

---

64) 길가메시 서사시는 B.C. 3천 년경부터 구전되던 신화이다. 이 작품은 19세기에 와서야 비로소 고고학자들에 의해 발견, 해독되었다. 역사적 가치뿐 아니라 원형적 영웅서사시로서 문학적인 가치도 뛰어나다. 메소포타미아의 도시국가 우룩을 통치하던 왕으로 3분의 2는 신이고, 3분의 1은 사람인 비극적 영웅이다.
65) 데릭 젠슨, 조지 드래펀, 『약탈자들』, 김시현 역, (주)실천문학, 2007, pp22-23.

해석과 관리는 더 이상 냄새의 비극을 가져오지 않을 것이기 때문이다.

미국의 한 학자가 외쳤던 숲에 대한 진정성에서 우리가 가야 할 분명한 길을 보여주고 있다.

"숲을 위해 싸웠고, 지금도 싸우고 있는 이 전쟁은 옳고 그름 사이에서 영원히 계속될 투쟁이다. 우리는 나무를 지키기 위해 두 눈을 부릅떠야 하고, 추구해야 할 가치가 있는 선하고 고귀한 것들을 언제나 기쁘게 찾아가야 한다."[66]

창조주의 뜻을 어겨 에덴동산에서 쫓겨난 아담처럼, 우리에게 맡긴 이 땅을 우리의 이익만을 추구하다가 황폐하게 만들어버리는 것은 아닌지, 그래서 이 땅에서마저 쫓겨나지 않을까 하는 두려움은 나만이 느끼는 것은 아닐 것이다.

---

[66] 존 무어가 한 말. 그는 미국의 박물학자로, 미국의 삼림보호를 최초로 주장(1895.11.23)하였다. 데릭 젠슨, 조지 드래편, 『약탈자들』, 김시현 역, (주)실천문학, 2007, p123.

2. 공간, 향기 디자인

　미국의 한 건축가가 어느 대학으로부터 도서관 설계를 의뢰받았다. 그는 지금껏 누구도 생각하지 못했던 것을 설계에 반영시키고자 하였다. 그에게 빛이나 소리 등은 더는 건축에서 새로운 것이 아니었다. 그가 중요하게 여긴 것은 냄새였다. 도서관의 어느 곳에서든지 책 냄새를 맡을 수 있도록 하는 것이다. 책 냄새는 그 공간이 실존해야 하는 이유를 규명해주며, 이용자에게 분명한 공간의 의미를 가져다주기 때문이다.

　공간에서 냄새는 그 어느 것보다 우선한다. 냄새는 공간의 존재를 가장 빠르고 정확하게 전달해주는 매개체이기 때문이다. 그러나 아쉽게도 현실은 감각적인 후각의 영역은 체계화되거나 일상화되지 못하고 있다.

　냄새의 발전에는 동서양의 분명한 차이가 있다.
　일찍부터 도시화가 이루어진 서구에서는 육식 중심의 식문화와 닫힌 주거 공간 등으로 몸이나 주변이 늘 좋지 못한 냄새로 가득해,

그들은 나쁜 냄새에 향기를 덧입혀 좋은 냄새를 나게 하였다. 당연히 사람의 냄새에 관심을 가지게 되었고, 에센스오일을 추출하는 기술과 합성 향료를 만들어내는 기술이 발전하면서, 그 기술들을 체계적인 향료·향수 산업으로 승화시켰다. 이를 문화 예술과 함께 새로운 삶의 방식으로 정착시켜왔다. 다시 말하면 서양의 향 문화는 개인적인 필요로부터 시작된 것이다.

 동양의 경우, 향의 애용이 서구에 비해 결코 뒤떨어지지는 않았으나, 자연 그대로의 냄새를 중히 여기 정신의 세계에 치중함으로써 산업화의 과정을 밟지는 못했다. 특히 우리나라에서는 농경 중심의 트인 공간과 초식 중심의 식문화로 인하여 몸에서 나는 냄새가 서구보다는 덜 심각했기에 – 물론 일부 왕족과 귀족들을 제외하고 – 개인적인 냄새에 대해서 그다지 관심이 없었던 것 같다. 오히려 향과 사람이 하나의 공간에서 섞이지 않고 함께 어울리기를 원하여 주로 공간을 중요시하는 선향(線香)을 즐긴 것이다.

 오래전 일이다. 서울예술대학에서 학생들을 위하여 향기를 가르쳐달라는 의뢰가 들어왔다. 실내디자인학과에서 공간과 향에 대해서 강의를 해달라는 것이었다.

 강의가 시작되면 학생들에게 그룹 과제를 제시하고, 끝날 때쯤 발표를 시킨다. 확실하게 공간에 있어서 냄새와 향기의 개념을 이해하려면 직접 디자인해보아야 하기 때문이다.

 공간에서 냄새의 기본이 되는 것은 나쁜 냄새는 없애고, 좋은 냄새는 공간에 남겨두어야 하는 것이다. 물론 좋은 냄새가 존재하지 않으면 인위적으로 냄새를 넣어주는 다양한 방법을 가르치기도 한다. 보통 과제는 우리 주변에 있는 공간을 철저히 조사하여 그곳에 맞는 향기와 발향방법을 연구하는 것이다.

냄새는 바람, 습도, 온도에 따라 발향속도와 영역이 결정된다. 온도가 높을수록, 습도가 낮을수록 발향이 잘되며, 향기의 영역은 바람의 세기에 비례한다. 하지만 지속력은 오브제(소재)가 무엇이냐에 따라 차이가 심하게 나며, 그중에서도 한지를 으뜸으로 친다. 향을 잘 간직하는 오브제는 주로 나무, 천, 종이 등이고 유리, 금속, 플라스틱은 향을 잘 빨아들이지 못한다. 그러나 반드시 그런 것은 아닌데 예를 들면, 코팅된 종이나 천은 냄새를 배척하고, 나무도 수종에 따라 그 차이가 천차만별이다. 물론 금속 중에서 향기를 잘 빨아들이는 것도 있으니 이것들은 사전에 테스트를 거쳐 사용하면 된다.

학생들의 발표는 나를 항상 들뜨게 한다. 때로는 그들의 작품이 나의 생각을 뛰어넘기도 하고, 당장 적용해도 가능한 것들이기 때문이다.

몇몇 학생들의 작품을 통해서 공간에서 향기를 어떻게 활용하는지를 살펴보기로 한다. 아직은 부족한 것이 많고, 결과는 실제 제작해보아야 알 수 있지만, 그 가능성과 참신한 아이디어를 높이 사고 싶기에 여기에 게재한다.

1) 경복궁, 향을 품다 (강관구, 이성한, 장원석, 정건호)

눈앞에 펼쳐진 웅장한 궁의 모습, 그것을 둘러싼 주위의 산들과 담 너머에 보이는 고층 빌딩과 크레인, 과거와 현재가 공존하는 그곳에 향기는 시공(時空)을 넘나들며 새로운 숨을 불어넣어 잠들어 있던 역사를 깨우는 것이 이 프로젝트의 핵심이다. 역사의 향기를 맡으면서 도심은 숲의 향으로 치유될 것을 말하고 있다.

스토리는 광화문을 시작으로 궁의 내전과 외전을 일상으로 두고, 궁의 희로애락이 있는 경회루 그리고 마지막 휴식인 향원정으로 이어진다. 향기는 서울의 향기인 천연 솔향으로 정하였고, 치유와 휴식을 주며 과거와 미래를 이어주는 향으로 콘셉트를 잡았다. 이 향은 여기에만 머무르지 않고 북촌마을로 계속 흘러간다.

발향은 안내책자에 향기페이퍼로, 처마에 걸린 등의 열로, 그리고 문 입구에 사람들이 발판을 밟음으로써 분출되는 압력분사센스를 통해 향기를 발산시킨다는 계획이다.

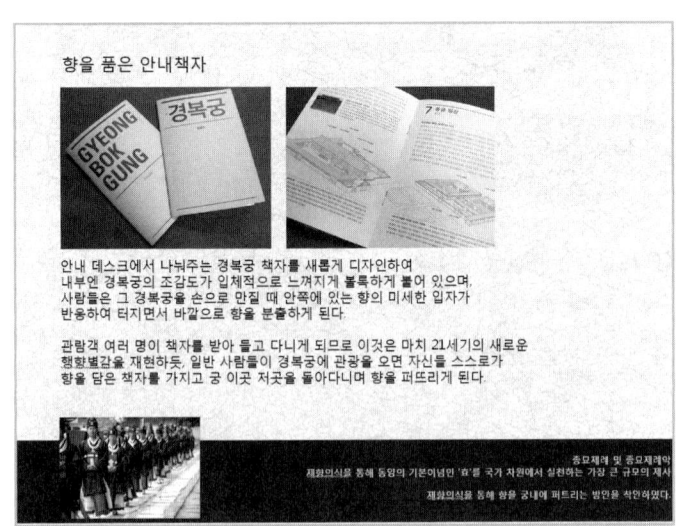

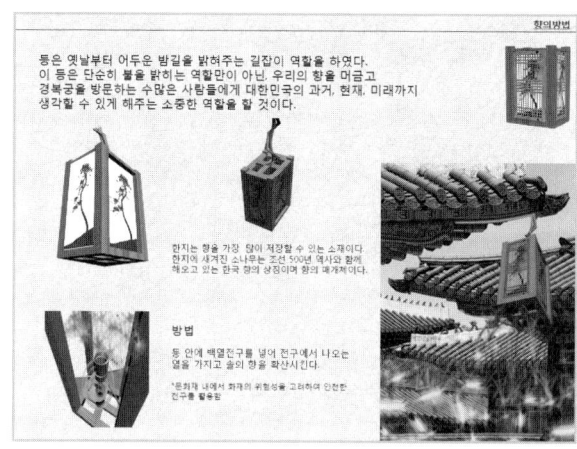

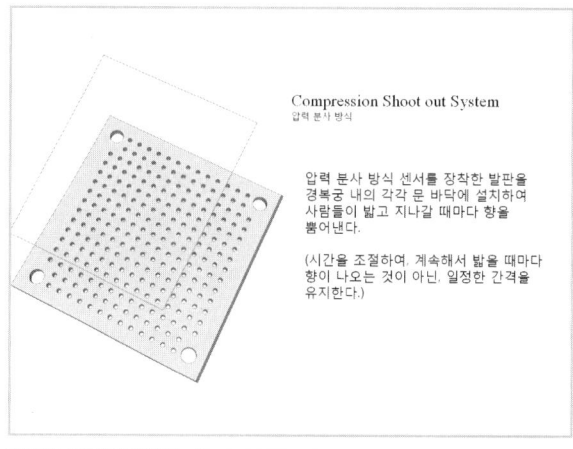

3D view

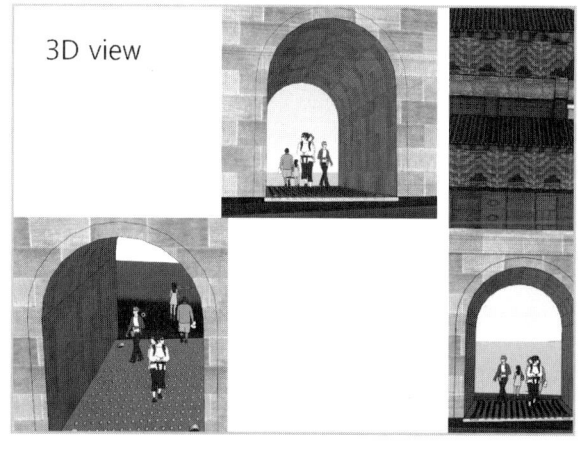

제 2부 공간과 향

2) 법원의 향기 (정희수, 조용민, 임중훈)

 법원의 엄숙함이 줄어들고 소란스럽기까지 한 오늘의 법정이, 향기를 통해 법의 공정성이 유지되고, 국민의 권리와 의무가 보장되는 공간으로 거듭나게 하고자 기획한 것이다.
 먼저 발향 시스템은 목소리의 강약에 따라 스피커의 떨림으로 향을 발산시키는 것이다.
 향기는 허브 향을 사용하여 마음을 가라앉히고, 부드러운 분위기를 창출하고자 한다.

2. 개선 방안
2-2 스피커 원리 스터디

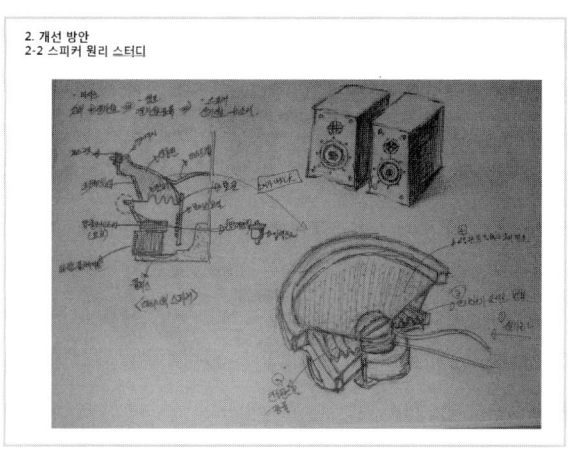

2. 개선 방안
2-3 스피커에서 울려나오는 소리신호와 신호에 반응해서 작동하는 향 시스템

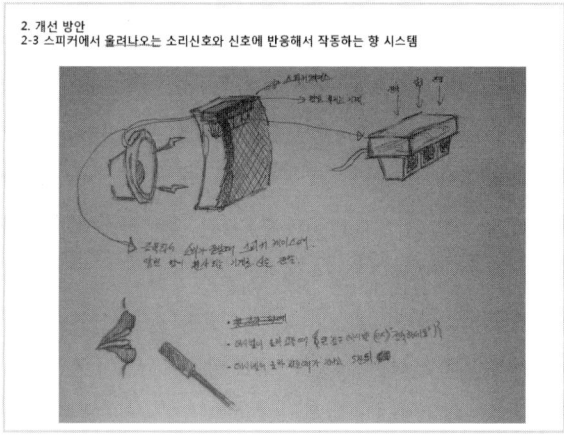

3. 적용 이미지
3-1 벽면 부착 방향기

3) 도심 속에 향기를 불어넣다 (김주비, 박소영, 권정아, 김이나)

- 사업명 : 도심 속에 향기를 불어넣다
- SITE : 청계천(CHEONGGYECHEON)
- 대지 위치 : 서울특별시 종로구 창신동
- 대지 면적 : 길이 10.84km, 유역면적 59.83㎢

청계천의 물을 정화시켜 청계천의 이미지를 개선한다. 청계천에서 나는 물 냄새와 사람들이 먹는 음식물 냄새를 정화시켜 불쾌감을 없앤다. 시각적으로 눈길을 끄는 조명을 설치해 어두운 곳에서의 사고를 덜어주고, 분위기는 더해주어 감성을 높인다. 이는 빛과 냄새의 이중적 사용으로 시너지 효과를 내며, 온수 시스템을 이용하여 그 열로 향기를 내는 장치이다. 겨울에는 난방의 효과까지 기대할 수 있다. 다만 여름철에는 문제가 되는데, 이 부분은 바람을 이용한 발향시스템으로 변조 가능하게 만든다면 냉방의 효과를 더할 수 있을 것 같다. 향기는 물 냄새가 좋은 아쿠아 향으로 선택하였다.

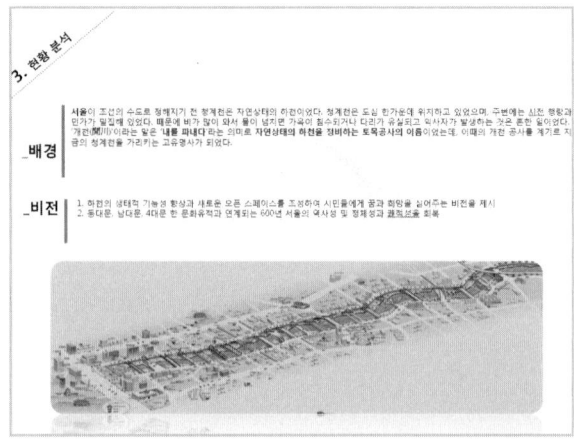

3. 현황 분석

IMAGE

[청계천의 이미지]
- 벌레가 많다.
- 여유로움과 바쁨이 공존한다.
- 인공적이다.
- 도심 속의 휴식공간

[개선 이미지]
- 냄새
- 청계천의 오염된 바닥

SMELL

[청계천의 냄새]
- 물 냄새 (특히 여름과 밤에 심하다.)
- 비린내 (방류시킨 물고기를 시체 썩은 내)
- 쓰레기 냄새
- 주위의 음식점 냄새

Roll

- 광장 역할
- 휴식처 역할
- 소통의 공간
- 열 섬 현상 해소
- 지역 간 균형 발전
- 역사문화 공간의 회복
- 생태환경의 회복

USER

[청계천을 이용하는 사람]
- 회사원
- 국내, 국외 관광객
- 연인
- 가족
- 친구

[청계천을 이용하는 이유, 목적]
- 점심시간을 이용한 산책
- 연인과의 데이트
- 운동
- 지나가는 통로로 이용
- 관광
- 페스티벌, 축제 등

3. 현황 분석

[이용자가 많은 장소 분석]

앉을 수 있는 공간
(벤치, 물가 주변, 다리 아래 인공적으로 만들어놓은 공간)

이목을 끌 만한 공간
(사진이나 그림 전시를 할 수 있는 공간, HISTORY가 있는 공간)

사진을 찍을 수 있는 공간
(분수대나 물다리, 나무다리)

조명이 밝은 공간에

[가장 냄새가 많이 나는 곳]

다리 밑

물가 주변

▼

이용객이 많으면서, 안 좋은 냄새가 많이 나는 곳을 선정하여 향기를 불어넣어서,
그 장소에 있으면 감성과 치유를 느낄 수 있는 공간으로 making 할 예정.

5. 공간 컨셉트 및 연출방안

빼고(-)
물 비린내

EM 효소
_EM 효소를 이용하여, 청계천 강물에 방류하여서 물에서 나는 악취를 제거하고, 수질을 정화시켜주는 역할을 해줄 것이다.

더하다(+)
아쿠아 향

아쿠아 향
_식물을 의미하는 피톤
         +
살균력을 의미하는 치드
자연향을 더해주어서, 악취를 정화해주고, 좋은 향을 더해준다.

➡ _청계천에서 가장 불쾌한 냄새가 많이 나는 곳을 추려내어서, 그곳에서의 악취가 사라지고, 상쾌한 향기로 마음까지 정화시켜 줄 수 있는 공간을 만들려고 한다.

6. 공간연출방안 아이템

더하다(+)
_아쿠아 향

공간 research -현재

현재 다리 밑 계단 부분에서는 사람들이 많이 앉을 수 있고, 실제로도 많이 앉아 있는데, 물 냄새와 더불어 사람들의 음식물 냄새, 하수구 냄새가 나기도 한다. 다리 밑에서는 전시도 해서 사람들의 이용이 많은데, 개선이 필요한 것 같았다.

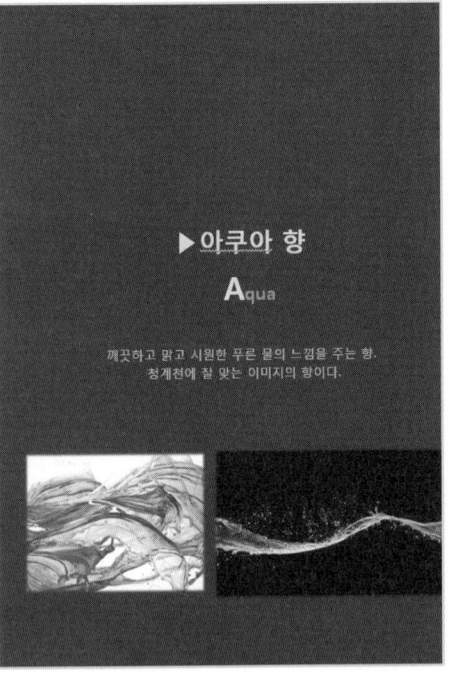

▶아쿠아 향

Aqua

깨끗하고 맑고 시원한 푸른 물의 느낌을 주는 향.
청계천에 잘 맞는 이미지의 향이다.

후각을 열다

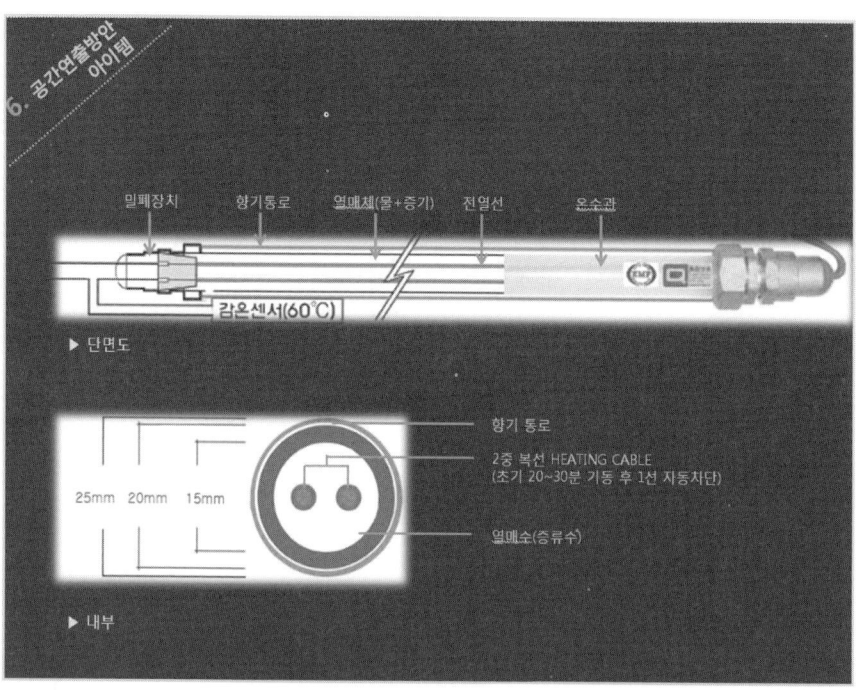

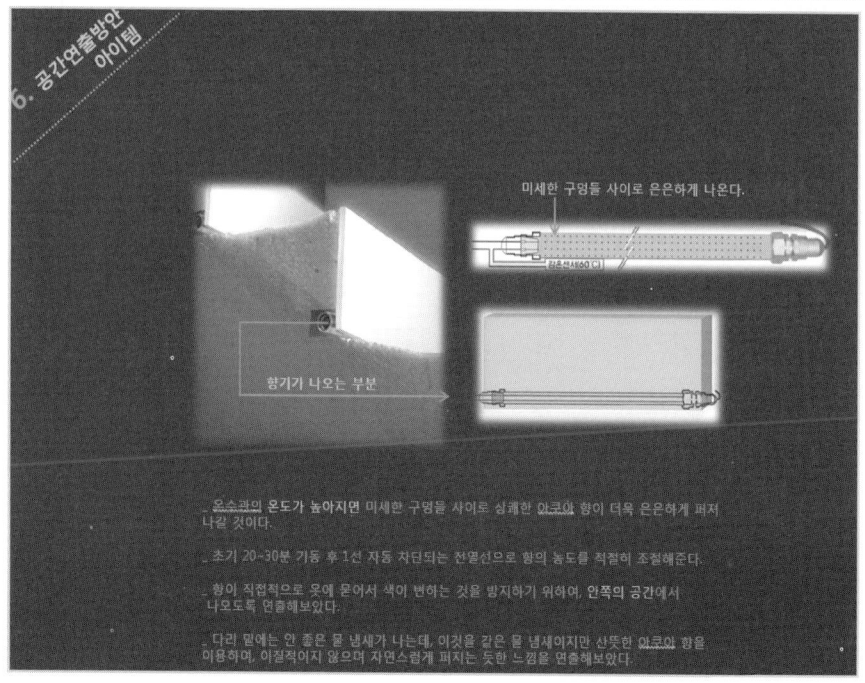

- 온수관의 온도가 높아지면 미세한 구멍들 사이로 상쾌한 아로마 향이 더욱 은은하게 퍼져 나갈 것이다.
- 초기 20~30분 가동 후 1선 자동 차단되는 전열선으로 향의 농도를 적절히 조절해준다.
- 향이 직접적으로 옷에 묻어서 색이 변하는 것을 방지하기 위하여, 안쪽의 공간에서 나오도록 연출해보았다.
- 다리 밑에는 안 좋은 물 냄새가 나는데, 이것을 같은 물 냄새이지만 산뜻한 아로마 향을 이용하며, 이질적이지 않으며 자연스럽게 퍼지는 듯한 느낌을 연출해보았다.

제 2 부 공간과 향

4) 예술의 전당 (김해강, 한명섭, 김창회, 김영준)

음악당에서 연주회를 감상한 뒤 얼마 지나지 않아 그 감동을 잊어버리게 된다. 이 부분에 향을 더하여 관람객에게 소리에 대한 고유의 향을 각인시킴으로써, 후에 그 향을 맡게 될 때 당시의 감정을 떠올릴 수 있도록 한다. 공연이 끝난 후 외부에서 그 음악 고유의 향을 팔아 다시 그 향을 맡아봄으로써 음악당에서의 감동을 느낄 수 있게 한다.

스피커에 발향장치를 부착하고 울림의 고저를 이용하여 스피커 내부의 진동에 따라 향기를 분출한다. 다만 소리에 맞는 고유의 향을 찾아야 하는 것과, 소리와 소리 사이의 향기 분출에 따른 강제적인 향기 배출이 필수적이다.

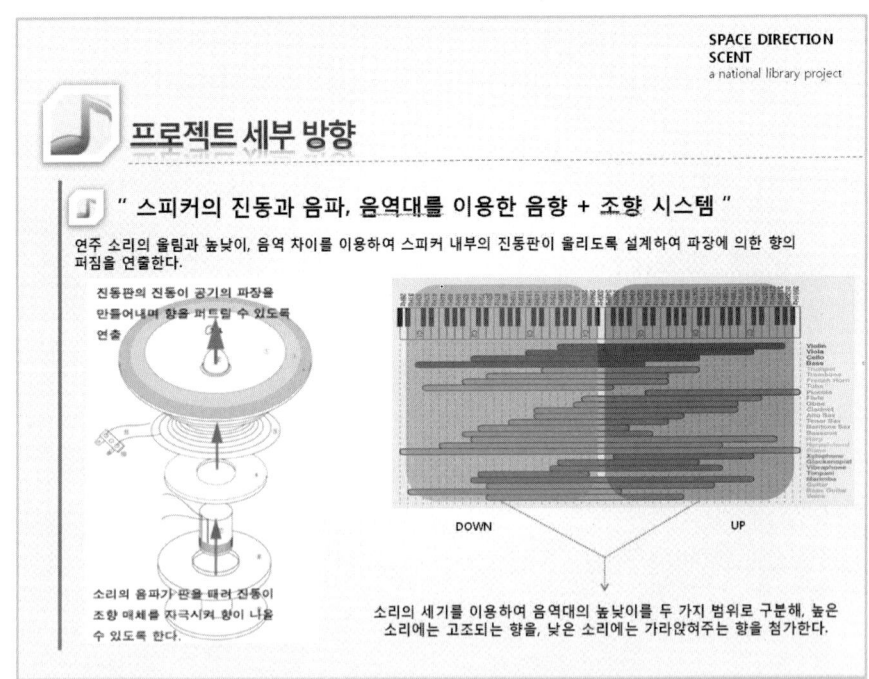

SPACE DIRECTION
SCENT
a national library project

프로젝트 세부 방향

♪ " 스피커의 진동과 음파, 음역대를 이용한 음향 + 조향 시스템 "

연주 소리의 울림과 높낮이, 음역 차이를 이용하여 스피커 내부의 진동판이 울리도록 설계하여 파장에 의한 향의 퍼짐을 연출한다.

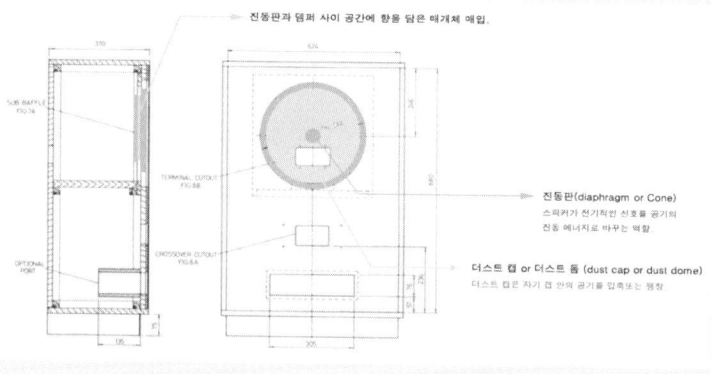

SPACE DIRECTION
SCENT
a national library project

연출 방법 및 이미지

제 2부 공간과 향

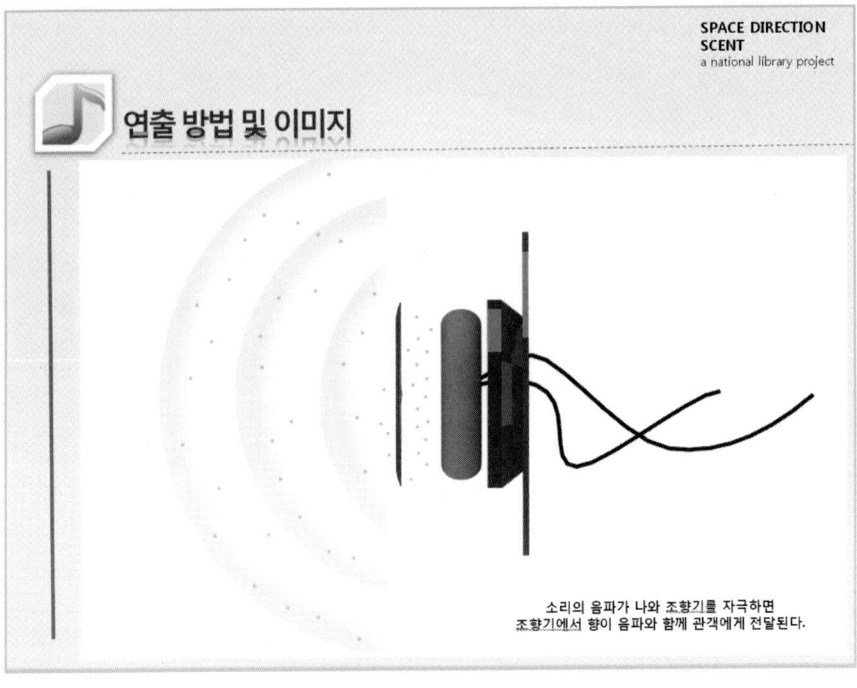

5) 서울역 환승센터 (김현진, 고상윤, 최종학)

서울역은 교통 체증과 매연으로 공기오염도가 높아, 사람들이 불쾌함을 호소하는 교통의 중심지이다.

향기는 따로 있는 것이 아니라, 오감을 자극할 때 비로소 빛이 난다. 여기서의 초점은 여름과 겨울로 나눈다는 것이다. 겨울에는 에어커튼을, 여름에는 에어커튼과 워터스크린을 동시에 사용하여 발향시키는 것이다. 그 외에 다른 특별한 장치가 필요한 것은 아니다. 여름에 사용하는 에어커튼은 냉방장치로 사용할 수도 있으며, 겨울에는 난방장치를 겸한다.

시간과 계절에 따라 녹차, 솔, 유자, 허브 향 등 서로 다른 향기를 사용하여 승객들에게 단순히 좋은 냄새뿐만 아니라 공기 정화와 스트레스 해소와 편안함을 제공해주는 환승센터의 역할을 하게 한다. 야간에는 '워터스크린을 활용한 빛과 향'이라는 주제로 광고나 이벤트의 효과를 더하면 더욱 좋을 것이다.

▶ 봄,여름철(밤)

▶ 가을 겨울철

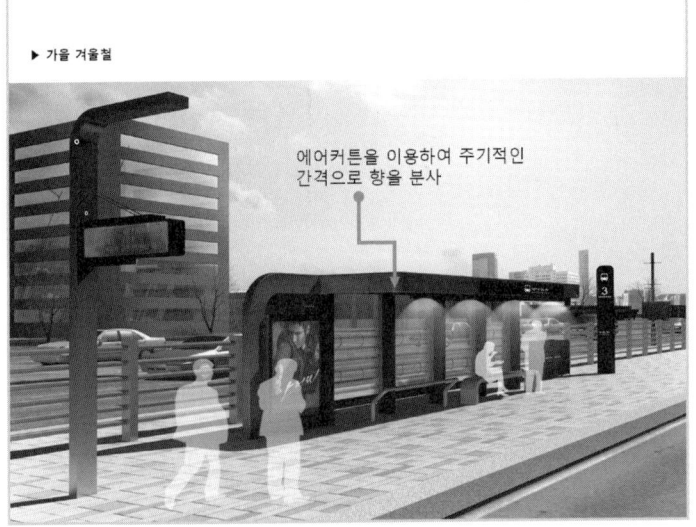

3. 후각의 시네마

"시각과 청각으로 감상할 수 있었던 영화에 촉각요소까지 추가된 '센스 라운드'의 탄생으로 영화 메커니즘은 또 한 번 탈바꿈했다. 한발 더 앞선 시청각에 후각요소까지 추가된 영화는 안 될까?

거짓말 같은 얘기지만, 사실은 냄새 나는 영화가 잠깐 등장한 적이 있다. 1960년 '스멜로비전(Smell-O-Vision)'이라 해서 첫선을 보였던 것이 후각영화이다. 스멜로비전이란 후각(smell)+시각(vision)의 합성어로 명명된 것이었다. 이 영화가 처음 공개될 때 주최 측의 선전은 그야말로 대단했다. 영화사상 일찍이 없었던 가장 큰 업적이 될 것은 물론 시·청·후각을 동시에 느낄 수 있는 관객은 완전히 영화에 몰입될 것이라고 장담했다. 스멜로비전 방식은 미리 준비된 향기를 화면에 맞추어 객석으로 뿜도록 객석 요소요소에 파이프를 설치, 압착공기로 냄새를 도출하는 것이었다.

공개시사회에서 상영된 스멜로비전 영화의 주인공은 예쁜 소녀였다. 이 소녀가 장미꽃 만발한 꽃밭에 나타났을 때 객석에서는 감격의 탄성이 터져 나왔다. 장미 향기가 장내를 엄습한 것이었다. 한데 이 감격도 잠시뿐, 오래 지속되지 못했다. 소녀가 꽃밭을 지나 방으로 들어가 코피(절대 코피가 아니다. 커피를 그 당시에는 그렇게 불렀다)를 마시게 되면서, 감격은 서서히 불평으로 바뀌어갔다. 장미 향기 뒤에 풍겨 나온 코피 냄새가, 미처 사라지지 않은 장미 향과 범벅이 되어 묘한 냄새로 변했고, 뒤이어 풍긴 요리 냄새까지 추가되어 큰 비용인 200만 불만 날리고, '수종의 냄새가 뒤섞이면 악취가 난다'는 평범한 사실을 재확인하는 것으로 끝맺고 말았다."[67]

아주 오래전 신문 기사이다. 이 기사는 놀랍게도 50년 전의 후각 영화를 말하고 있다. 그러나 과학의 발전이 반드시 인간의 삶에 유익한 것을 가져다주는 것이 아니라는 실례를 이 영화는 단적으로 보여주고 있다. 하지 말아야 할 것과 해야 할 것이 있는데, 가상 냄새의 현실화는 분명히 하지 말아야 했던 발명이었다.

이런 실패에도 불구하고 인간은 끊임없이 진화하려고 한다. 그래서 지금은 4D영화가 초기 단계지만 상영되고 있고, 머지않아 마치 진짜 같은 후각을 느끼는 영화관이 생길 것이며, 우리는 그런 영화 속에 빠져들 것이다.

분명 영화의 세계는 TV와는 다르다. 텔레비전의 차가운 빛이 우리의 상상에 아무런 영향을 미치지 못했나 하는 것은, 이것이 더 이

---

[67] 1975. 2. 3 경향신문 기사.

상 이미지가 아니라는 간단한 이유 때문이다. 텔레비전은 아무것도 환기하지 않고, 단지 화면만을 자화하고, 하나의 화면일 따름이거나, 사실은 머릿속에 즉각적으로 축소된 말단부이다. 그것은 우리 머릿속에 기억된 하나의 테이프이지, 이미지가 아니다. 하지만 영화는 여전히 이미지이기 때문에, 단순한 화면과 시각적 형태일 뿐만 아니라 하나의 신화로 존재한다. 그곳에는 복사, 환상, 거울, 꿈 등의 성격을 아직도 띠고 있는 것을 볼 수 있다.68)

그런데 이 이미지에 냄새를 넣는다는 것은 이미지의 변형을 초래할 수 있는 것이다. 아니, TV와 다름이 없이 되어버리는 것을 의미한다. 그동안 영화는 고유의 이미지에 자기 자신을 투영시켜 자신만의 스토리와 환상을 만들어주었다. 만약 영화에 가상의 냄새를 이입시킨다면 영화는 전혀 다른 이미지를 제공하게 될 것이고, 우리는 변조된 이미지를 받아들여야 하는 것이다.

TV는 연출이다. 한 가족의 일상을 다루는 다큐를 보자. 카메라 혹은 타인의 시선이 현장에 없었던 듯이 하여야 등장인물은 허식을 부리지 않고 평상시대로 생활한다. 그래야만 사실대로 보여질 것이고, 사실 그대로 옮겨지면 바로 당신이 실제로 거기 있었던 듯이 보여질 수 있기 때문이다. 없음과 있음이 등가로 되는 현상이다.69)

이러한 TV적 요소가 영화에 침투되면 우리는 마치 영화 속의 자리에 있었던 것처럼 착각에 빠져들게 될 것이고, 우리의 상상력은 줄어들게 된다. 그리고 만들어진 가상현실 속에 빠져버리고 말 것이다.

다음에 나오는 프루스트의 글을 영화로 만들었다고 하자. 그리고

---

68) 장 보드리야르, 『시뮬라시옹(Simulacres et Simulation)』, 하태환 역, 민음사, 2002, p74.
69) 장 보드리야르, 『시뮬라시옹(Simulacres et Simulation)』, 하태환 역, 민음사, 2002, p66.

상황에 어울리게 향기를 우리의 후각에 접근시켰다면, 과연 어떤 현상이 일어날 것인지 매우 궁금해진다.

"나의 고모는 사실상 인접한 두 개의 방에서 살고 있었다…. 그것은 시골 방이었다…. 무수한 냄새로 우리를 황홀하게 하는 방이었다. 또한 그 냄새는 자연의 냄새, 이웃 시골의 냄새와 마찬가지로 그 철의 풍물이기는 하지만, 그것이 그대로 게으르게 눌러앉아서 인간과 어울리고 떠날 줄을 모르는 그런 냄새다. 다시 말해, 그 냄새는 과수원에서 찬장으로 옮겨진 그 해의 모든 맛있는 젤리, 잘 익은 맛있는 젤리. 철따라 변하지만, 세간과 하녀처럼 그 집의 특유한 냄새, 따끈한 빵의 보드라움으로 서리의 짜릿함을 조절하는 냄새, 마을의 큰 시계처럼 한가로우나 시각을 어기지 않는 꼼꼼한 냄새, 빈둥거리고 있는 것 같으면서도 질서 있는 냄새…. 붉은 파이를 구울 때처럼 구미를 돋우는 냄새를 풍겨, 이 냄새 때문에 방 안의 공기는 완전히 응결되었다. 그리고 그 냄새는 화창한 아침의 상쾌한 습기로 이미 반죽이 되어 부풀었고, 붉은 그런 냄새를 풍기는 이 반죽을 잎 모양으로 부푼 과자로 만들고, 거기에 달걀노른자를 바르고, 구김살을 내고 부풀게 하여, 눈에는 보이지 않으나 촉지할 수 있는 시골과자… 그러한 냄새 속에서, 벽장이나 찬장이나 지엽 무늬가 있는 벽지가 풍기는 바싹바싹한, 보다 이름이 난 그러나 동시에 보다 메마를 향기를 맡으면, 나는 즉시, 꽃무늬 있는 침대보의 중간적인, 끈적끈적하고 맛이 간, 소화가 안 되는 풋내 나는 올리브유 같은 냄새 속으로, 말 못 할 탐욕과 더불어 끈끈이에 붙어 버린 듯이 되돌아가기가 일쑤였다."70)

물론 커피나 꽃, 바다와 익히 알고 있는 냄새의 표준화는 가능할 수도 있겠지만, 그것마저도 각자가 느끼는 냄새의 이미지와 후각기억은 다른 것이다.

하물며 시골 방, 이웃 시골의 냄새, 집의 특유한 냄새, 따끈한 빵의 보드라움으로 서리의 짜릿함을 조절하는 냄새, 메마를 향기, 침대보의 풋내 나는 올리브유 같은 냄새, 선견지명이 있는 냄새, 아침 일찍 일어나는 냄새, 신앙심의 냄새, 평안을 즐기는 냄새, 산문적인 것밖에 즐기지 못하는 냄새 등은 어떻게 향기로 표현할 것인가. 사람마다 다르게 느끼는 공간과 사물의 냄새를 하나의 이미지로 통합할 것인가는 매우 중요하고 심각한 문제다. 만약 이 문제가 해결되어 상상과 생각으로만 존재하는 냄새를 현실화시켰다고 하자. 그다음엔 우리의 후각기억과 이미지, 환상은 어떻게 될 것인지 불 보듯 뻔하다. 결국 영화의 후각화는 영화를 TV화하여 우리에게 더는 꿈과 환상을 가져다주지 못하게 할 것이다. 이것은 마치 우리의 생각과 기억을 표준화하여 각 개인의 자유로운 꿈을 하나의 이미지로 통합한다는 것을 의미한다.

후각영화는 마치 우리에게 즐거움과 현실감을 주는 새로운 세상을 열어줄 것이라고 믿게 하겠지만, 그 새로운 세상은 우리의 정신을 약탈하여 바보로 만들어버리고는 마침내 가상의 세계로 우리를 내동댕이쳐버릴 것이다.

---

70) 마르셀 프루스트, 『잃어버린 시간을 찾아서-스완네 집 쪽으로 1』, 김창석 역, (주)국일출판사, 2006, pp72-74

4. 대통령의 향기

　옛날 중국의 전설에 의하면 십주기 취굴주에 커다란 나무가 있었는데, 단풍나무와 비슷하다고 한다. 잎의 향은 수백 리 밖에서도 맡을 수 있어 반혼수라고 부르고, 옥가마에 끓이면 즙이 엿과 같아서 경정향 또는 진령향, 반생향 혹은 마정향, 각사향이라 불리었다. 한 종류에 다섯 가지 이름을 가진 영물이라, 향을 수백 리 밖에서 맡아도 시신이 땅속에서 살아났다고 한다.

　현재 대부분의 마케팅은 청각과 시각에 의존하고 있다. 이렇게 시청각에만 의존하는 마케팅은 이미 널리 행해지고 있기 때문에 이것만 가지고는 소비자의 관심을 끄는 것은 역부족일 수 있다.
　광고 홍수 시대에 기업들은 소비자 접근에 있어 일상적인 시각·청각에의 요구 이외에도 촉각·미각·후각에까지 영향을 미칠 수 있어야 한다. 소비자들은 품질뿐만 아니라 점점 디자인이나 다른 특별한 점을 찾고 있다.
　이것은 소비자들이 이성보다는 점점 감성에 끌려 결정한다는 것을 의미한다. 그렇기 때문에 마케팅도 이성보다는 감성에 더 많은 호소를 하는 방법을 사용해야 한다는 것이다.

감성마케팅 중에서도 특히 후각을 이용한 마케팅은 많은 효과를 가지고 있는데, 후각은 사람들의 기억과 느낌을 가장 직접적으로 불러일으키는 감각이기 때문이다.

"대선 막바지에 달한 요즘 이명박 한나라당 대선 후보가 가는 자리에선 독특한 향이 풍겨난다. 처음엔 톡 쏘는 듯한 라벤더 향이 나다가 조금 지나면 부드럽고 달콤한 느낌으로 바뀐다. 한데 당 안팎의 공식, 비공식 행사장에선 물론이고 유세 차량에서 응원단이 깃발을 흔들며 춤출 때도 이 향이 난다. 캠프 관계자 중엔 "거참 향이 좋네"라며 알아차리는 사람도 있다. 바로 '그레이트 코리아(Great Korea)' 라는 향수다.

이것은 판매용이 아니라 선거 캠페인용으로 자체 제작됐다. 이명박 후보 캠프가 지난 8월 중순 한나라당 경선 이후, 비밀리에 추진해오고 있는 '향기 프로젝트'의 일환이다. 캠프 내에선 '대통령의 향기'라 부른다. 이 프로젝트는 후각을 자극해 후보의 긍정적 이미지를 만들겠다는 취지로 시작됐다. 몸에 직접 뿌리는 향수라기보다 대중 장소에 맞게 제작된 향기에 가깝다.

캠프에선 이 후보의 비서실 소속 김해수 부실장이 총괄하고 있다. 아이디어를 처음 내놓은 사람은 광고기획자 출신인 오치우 문화예술팀 기획국장이다. 오치우 기획국장은 "선거관련법은 인쇄 홍보물, 영상 홍보물은 물론 유세 차량의 스피커 볼륨 크기, 포스터 사이즈와 부수까지 모두 규제한다"며 "현행법상

규제 대상이 아닌 후각이 시각이나 청각보다 강렬한 효과를 가질 수도 있다"고 했다. 그는 "이 후보가 청계천을 뜯어고치고 삽질만 잘하는 불도저 스타일이 아니라, CEO 출신으로서 향기 같은 기발한 아이디어로 문제를 접근할 수 있는 사람이란 걸 보여주고 싶었다"고 했다.

'대통령의 향기' 팀은 그간 비밀에 부쳐온 이 프로젝트를 이제부터 입소문을 낸 뒤 대선 투표 당일 현장에서 이 향기를 뿌릴 예정이다."71)

이명박 한나라당 대선후보자 캠프의 '향기 프로젝트' 팀에서 '대통령의 향기' 아이디어가 나온 뒤 이 후보의 이미지에 맞는 향수 제작이 시작되었다. 프랑스의 세계적 조향사들로부터 수학한 조향사가 '희망' '승리' '열정'이라는 키워드에 맞는 향수 원액을 만들었다. 200㎖짜리 1,000개가 제작된 뒤 후보자의 방문지 곳곳에 뿌려졌다.

하지만 이 향기는 의도와는 달리 일반 유권자에게 알려지지 않았고, 하나의 해프닝으로 끝이 났다. 물론 당선이 되었기에 이 프로젝트도 한몫을 했다고 한다면 할 말은 없지만 성공했다고는 결코 말할 수 없는 일이다.

필자는 우연한 기회에 대선 캠프에서 일했던 한 사람이 가지고 있는 이 향기를 맡을 기회가 있었다. 그 냄새는 동물 향이 강한 남성 향이었다. 후보자의 강한 이미지를 나타내기 위한 것인지는 몰라도

---

71) 황성혜 기자 coby0729@chosun.com (WEEKLY 조선).

이 대통령의 이미지와는 사뭇 달랐다. 오히려 역겹게 느껴질 수 있는 냄새였다.

캠프에서는 향기를 선거의 홍보에 사용한다는 기발한 발상에만 초점을 맞추었지, 냄새에 숨은 내면의 세계를 이해하지 못한 것이다. 하드웨어에 집착해서 소프트웨어의 중요성을 몰랐다고 할까? 아니, 그들은 애초부터 소프트웨어 자체를 몰랐던 것이다.

당시 선거 시기는 겨울이었다. 겨울에는 온도와 습도가 낮아 향기 발산이 더디며, 냄새의 영역이 좁아진다. 그러므로 단순히 스프레이를 이용한 분사 방식으로는 기대하는 효과를 낼 수 없다. 짧은 시간에 넓은 영역을 향기화하기 위해서는 바람을 이용해야 한다는 아주 단순한 기법도 알지 못했다는 것은, 우리가 얼마나 냄새에 대해 무지한가를 보여준다.

이것은 향기이미지 통합(FI: Fragrance Identity)의 한 예다.

기업이나 단체 또는 기관에서 조직의 이미지를 통일하여 외부에 알리고, 내부조직의 일체감을 유도하기 위하여 기업이미지 통합 작업을 한다. 이때 흔히 쓰는 기법으로 CI(Corporate Identity)나 BI(Brand Identity)를 널리 쓰고 있다. 그러나 그동안 이러한 이미지 통합은 제품의 로고, 디자인, CM song 등으로 주로 시각과 청각을 이용하는 방법을 사용하였다. 그러나 이 기법만으로는 차별화가 어렵고 홍보 효과를 극대화하기 쉽지 않기에, 보다 강렬하고 거부할 수 없는 어떤 방법이 필요했던 것이다.

그래서 그들은 감각적으로 가장 효과적인 후각을 이용해 이미지를 통합하고자 하였다. 기업이나 단체의 이미지를 고유의 냄새로 표현하여, 그들의 제품이나 광고 그리고 고객을 위한 공간에서 맡을 수 있는 향기를 만들어 그 기업의 이미지를 무의식적으로 각인시키며, 고객에 대한 서비스와 홍보를 병행하였다.

이미 유럽에서는 '센트 아이덴티티(Scent Identity)' 라는 이름으로 기업이나 단체의 향기를 만들어주고 있다. 이는 후각의 기억이 가져다주는 효과를 활용한 것이다. 특히 사람이 기억하고 있는 냄새를 다시 맡았을 때 무의식적으로 그 이미지가 떠오른다는 점을 마케팅에 이용한 것이다.

이러한 후각의 이미지는 중세에 왕족이나 영주들이 사용했던 향수에서 시작되었다고 볼 수 있다. 그들은 가문의 문장과 아울러 사적인 향 제조자를 두고, 자신만 사용하는 향수를 만들어 사용하였던 것이다. 향기로 자신의 권위와 권력을 상징화하며 통치의 수단으로 활용하였음은 물론이다.

렉서스 자동차의 고객 라운지에는 초콜릿칩 쿠키 향을 가득 채워 집과 같은 편안함을 느낄 수 있도록 하였으며, 소니는 미국 내 매장(37개)에 시트러스와 바닐라 그리고 소니만의 비밀 재료를 이용해 맞춤 향기를 만들어 고객들에게 기억할 수 있는 인상을 제공하였다. 미국 뉴욕의 유명 백화점 블루밍데일은 유아의류 코너에 베이비파우더 향, 속옷 매장에 라일락 향이 나도록 하는 전략을 사용하여 고객들의 호의적인 반응을 얻고 있다.

삼성전자는 가전 업체로서 편안한 이미지를 강조하기 위해 뉴욕 맨해튼의 삼성 체험관에 편안함을 느낄 수 있는 삼성 브랜드 향을 적용하였다. 영화관 CGV는 전국 상영관에서 편백나무 향을 이용한

'산림욕 공조 시스템'을 운영하고 있다. 밀폐된 공간이라는 제한된 조건을 극복하기 위해 심신에 좋은 향기를 뿌려주면서 고객들이 CGV에 들어오면 숲에 들어와 있는 듯 편안함을 느낄 수 있게 한다.

LG생활건강은 지난해 2월 업계 처음으로 향 전문연구소 '센 베리 퍼퓸 하우스'를 만들었다. 이곳에는 7천여 가지의 향이 저장돼 있다. 실제로 LG전자의 초콜릿 폰 1천만 대 판매 대박 신화 뒤에는 초콜릿 향기가 한몫했었다.

금호타이어가 선보인 타이어 '엑스타 DX 아로마'는 타이어에 들어가는 카본블랙 성분 때문에 나는 고무 타는 냄새 대신 라벤더 향을 맡을 수 있다.

베스킨라빈스 매장에서는 고객들이 더 많은 구매욕을 느끼게 하는 것을 목표로 향기 마케팅을 도입하였다. 시험은 2차에 걸쳐 행해졌고 1차에서는 코코아 쵸콜릿을, 2차에서는 페퍼민트 향을 사용하였다. 도입 후 평균 1일 매상이 40% 증가하였다.

음향기기 메이커인 인켈이 전국 매장을 향기 매장으로 전격 교체해 주목을 끌었는데, 인켈은 은은한 과수원 향을 통해 매출 증대는 물론 매장의 품격을 높이고 있다.

이제 냄새는 감각의 일부로만 존재하지 않는다. 삶의 질 향상과 심신의 안정에 대한 욕구, 쾌적한 환경에서 근무하고자 하는 욕구의 충족까지도 고려하게 되었다. 특히 기업이나 단체는 냄새를 감성마케팅의 일종으로 인식해 '후각마케팅'이라는 용어를 쓰면서 고객에게 접근하고 있다.

은행에서는 통장과 매장에서 지속적으로 나는 고유의 향기는 사람을 편안하게 해주고, 자연스럽게 은행의 이미지를 각인시켜 어디서든 이 향기를 맡으면 그 은행을 떠올리고 가고 싶게 만들고 있다.

  한 가지 우려되는 것은 혹시 우리가 그런 향기에 길들여져 사육되어가는 것이 아닐까 하는 것이다. 그래서 그 향기가 천연의 향기로 사람들을 편안하게 하며 휴식을 취할 수 있는 좋은 냄새이기를 바라는 마음이 간절하다.

5. 숨겨진 냄새들

"크사비에르 신부는 심호흡을 하며 냄새를 흠뻑 들이마셨다. 그에게 제2의 고향이나 마찬가지인 스페인 카스티야 지방에서는 9월 초가 되면 한여름의 열기로 인해 한껏 부풀어오른 바람에 메마른 초목 냄새, 먼지 냄새, 바위 냄새 등이 실려 왔다. 그런데 이 보헤미아 지방 깊숙한 곳, 프라하 성벽 앞에서는 베어낸 풀 냄새, 햇빛에 말린 건초 냄새, 기름진 대지의 냄새, 프라하를 둘러싸고 있는 숲의 향긋한 냄새가 밀려왔다. 그런데 그 냄새들 사이에는 어유, 그을음, 불에 탄 지방, 곰팡내 나는 습한 강물, 가정용 연료, 난방용 토탄, 황과 육즙 소스, 배설물과 관상용 나무들, 땀, 향수, 향연과 약초의 냄새도 뒤섞여 있었다."[72]

"오랫동안 씻지 않은 몸뚱어리에 배어 있는 악취, 뜨거운 부엌에서 급하게 치른 성교에서 남은 정액 냄새, 공포로 인해 약

---

72) 리하르트 뒤벨, 『악마의 성경』, 강명순 역, 대산출판사, 2008, p218.

한 방광에서 새어나온 오줌의 지린내가 그와 함께 남아 있었다."73)

냄새는 독자적인 하나의 모습으로만 우리에게 다가오지 않는다. 다양하고 현란하게 후각을 적시는 것이다. 하지만 우리는 수많은 냄새를 하나로 이미지화시켜 기억하는 단순함을 좋아한다.

만약 모든 냄새를 각기 구별하여 맡을 수 있다면 복잡한 삶이 될 것이다. 물론 냄새를 직업으로 하는 사람은 예외가 되겠지만 말이다. 물질에서 냄새가 생성되고 우리에게 접근해오면 후각은 대표적인 강한 냄새를 우선으로 기억하게 된다. 그래서 실제 발생하는 냄새는 인간에게 모두 전달되지 못하고 숨어버리게 되는 것이다.

앞의 소설에서 보듯이 작가는 모든 냄새를 구별하여 표현하고 있다. 과연 소설이 아닌 현실에서 어유와 그을음, 땀, 약초 등의 냄새를 낱낱이 맡을 수 있을까 하는 의문이 남는다.

그런데 이것이 가능할 수도 있다. 후각이 인간보다 발달한 짐승들

---

73) Ibid., p276.
    13세기 초 남부 보헤미아의 포들라쉬츠에 있는 베네딕트 수도원에서 있었던 코덱스 기가스(악마의 성경)에 대한 비밀을 소설화한 책. 코덱스 기가스(Codex Gigas)는 세계에서 가장 방대한 필사본 중 하나이다. 코덱스(Codex)는 성경이나 고전의 사본(寫本)을 의미하는 책을 말하며, '기가스(Gigas)'는 그리스어로 '거인(giant)'을 뜻한다. 이 필사본은 내부에 있는 거대한 악마의 그림 때문에 종종 '사탄의 성경' 또는 '악마의 성서(Devil's Bible)'라고도 한다.
    코덱스 기가스(Codex Gigas)는 나무로 된 겉표지를 가죽으로 싸고 금속장식을 하고 있다. 50cm×92cm×22cm에 달하는 이 중세 필사본은 본래 320장의 페이지로 구성되어 있지만, 이 중 베네딕트 수도원의 규율이 포함되어 있을 것으로 추정되는 8장이 어떤 의도에서인지 뜯겨나간 상태이다.
    코덱스 기가스의 무게는 거의 75kg에 달하며, 책의 낱장을 구성하는 피지는 160마리의 당나귀 가죽으로 만들어진 것이다.
    전설에 따르면 코덱스 기가스(Codex Gigas)는 수도원 규율을 어기고 독방에 갇힌 한 수도사에 의해서 만들어졌다고 한다. 자신의 죄를 회개한 수도사는 지은 죄를 면책 받고 수도원의 영광을 높이기 위해 하룻밤 만에 책을 만들 생각을 하게 되었고, 그 속에 인간의 모든 지식을 담고자 하였다. 그러나 한밤중이 가깝도록 혼자 힘으로는 도저히 작업을 진행할 수 없다는 것을 깨달은 수도사는 악마에게 영혼을 팔아 도움을 청했으며, 악마는 그를 도와 책을 완성시켰으며, 수도사는 그의 도움에 대한 보답으로 악마의 그림을 그려 삽입하였다는 것이다.

은 – 예를 들면 마약견 같은 – 멀리서도 냄새를 맡고 구별한다. 그러나 분명한 것은 경험하지 못한 냄새는 구별하기 어렵다는 것이다.

맑고 청아한 깨끗한 냄새를 맡고 살아온 사람은 냄새의 현재를 통해 과거와 미래를 맡는다. 다소 생소하고 어렵겠지만, 삼국지에서의 제갈공명을 떠올려보자. 그는 오감에 통(通)한 인물이다. 그래서 일기(日氣)의 냄새를 맡고 비가 올지 날씨가 맑을지를 알았다. 그가 시대를 앞서는 뛰어난 지략가가 된 것은 타고난 지혜와 감각의 달인이었기에 가능한 것이었다.

외국 영화에서 특수 훈련을 시키는 교관이나 사냥꾼들은 자연에 남겨진 냄새의 잔재만으로 짐승과 사람의 위치와 지나간 시간을 예측한다. 그것은 숨겨진 냄새를 맡을 수 있기 때문이다.

하도 오래되어서 책 제목이 기억나지는 않지만, 냄새에 관한 독특한 시각으로 쓴 글이기에 기억 속에 남아 있는 한 부분을 떠올려본다.

몹시 가난한 연인이 한 호텔에 근무하고 있었는데, 그들은 너무나 가난하여 결혼할 수가 없었다. 어느 날 돈 많은 노인 부부가 호텔에 머물게 되고, 그들은 각기 노인을 유혹할 것을 공모하였다. 노인의 돈을 빼앗아 결혼할 것을 약속하며 각자의 길로 향했다.

남자는 할머니를 유혹하여 돈을 갖게 되었고, 연인에게 연락하지만 끝내 여인은 남자에게 돌아오지 않았다. 여자는 할아버지를 유혹하여 잠자리를 갖게 되었는데, 7때 그의 몸에서 났던 사과 향 같은 묘한 냄새가 할아버지에게서 떠날 수 없게 만든 것이었다.

결말은 잘 기억나지 않지만, 아마도 그렇게 끝난 것이 아닐까 생각한다. 한 번도 맡아보지 못했던 매혹적인 은밀한 냄새가 나이를 극복하고 그를 사랑하게 하였는지, 아니면 너무나 아름다운 향기가 그녀의 후각기억을 깨운 것인지는 알 수 없지만, 영원히 떠날 수가 없었다는 것은 틀림이 없다.

부자는 숨겨진 금광의 냄새를 맡고, 거지는 밥 짓는 냄새를 맡는다고 한다. 아마도 냄새조차 사람이 원하고 필요로 하는 것을 아는가 보다.

자연에도 질서가 있다. 그 질서는 공유와 배척을 반복하여 새로운 질서를 만든다.

예술가들은 자연에 존재하는 것들을 자신의 창작물 속에 녹여 넣었다. 예술과 과학에서 진보의 과정은 그 진보에 대한 진정한 이해가 형성되기까지 충돌과 급격한 전진, 그리고 때때로 이에 역행하는 퇴보 등 많은 변화가 수반된다. 또한 과학과 예술이 영감과 창조성이라는 측면에서 유사점을 공유한다고는 해도 이들 사이에는 명백한 차이점들 역시 존재한다.[74]

특히 냄새에 있어서는 과학과 예술의 공유가 쉽지 않을 것 같다. 만약 화가의 그림에 어울리는 냄새를 넣는다면 좀 더 사실적이며 작품의 가치를 높일 수 있는 것인가 자문해본다. 적어도 사람이 가지는 느낌과 정서는 획일화할 수 없다는 것이다. 단순히 그림에 향기를 넣었다고 하여 그 그림이 인간의 감성을 불러일으키지는 않으니까 말이다.

경기도립 물향기수목원은 오산미술협회 초대전 '향기 나는 그림'

---

74) 뷜렌트 아탈레이, 『다빈치의 유산』, 채은진 역, 말글빛냄, 2008, p38.

전시회를 열어 물향기수목원의 풍경을 작가 나름대로 형상화시켜 화폭에 담은 그림으로 서양화 14점, 한국화 2점, 문인화 2점, 서예 2점, 조각 1점, 공예 1점 등 총 22점을 선보였다. 도민에게 물향기수목원의 아름다운 자연 속에서 보다 편안하게 미술작품을 감상하고, 소중한 삶과 마음을 되돌아볼 수 있는 기회를 제공하기 위해 기획 전시회를 준비했다는 것이다.

　한편 인사동의 한 갤러리에서는 '향기로 말하다' 라는 그림 전시회가 열렸다. 이 전시회는 화가와 조향자들이 함께 작품을 만들어 전시한 일종의 퍼포먼스였다. 그림을 전시하고 그 앞에 걸맞은 향기를 놓아두어 동시에 시각과 후각의 예술을 느끼도록 한 것이다.

　어느 것이 좋다는 말은 하지 않겠다. 다만 감각의 공유는 표준화·획일화할 수 없다는 것과, 그 공유에 대한 깊은 고민 없이 쉽게 재미로 만들어서는 안 된다는 것이다. 왜냐하면 그림 속에 숨겨진 냄새를 찾기란 쉽지 않기 때문이다.

6. 향기 마을을 꿈꾸며

지자체에서는 수많은 테마파크를 만들고, 마을 단위의 새로운 테마를 제시하여 지역을 변화시켜보려고 하지만 제대로 이루어지지는 않고 있다. 그 이유는 전문성과 아이디어의 부재에 따른 것으로, 있는 그대로를 이용하지 않고 좀 더 새로운 것을 원한다는 것이 문제다. 그래서 필자는 우리와 늘 함께하는 향기를 중심으로 한 '향기 테마마을'을 구상해보았다.

한 국가나 도시 이미지는 아주 작은 곳에서부터 나온다. 특히 새로운 문화의 창출은 다른 어떤 것보다 그 도시의 이미지를 상승시키고 시민들에게 자부심을 느끼게 한다.

그래서 기획한 이 '향기마을'은 기존의 평범한 마을을 향기, 즉 후각이라는 테마를 가지고 미래지향적이며 친환경·친자연적인 모습으로 재탄생시키고자 한 것이다. 사람들은 그곳으로 찾아들고, 머물며, 가꿀 것이다. 또한 그 속에서 쉬면서 즐기며 소통하고 치유하는 감성적인 문화·예술 마을로서의 새로운 랜드마크(Land Mark)가 되며, 나아가 한국의 미래형 주거·문화·예술의 복합마을로 자리매김

하여 세계적으로 새로운 패러다임을 제시하게 될 것이다.

다만 이러한 마을을 만들기 위해서는 주변의 자연환경과 지역민의 관심, 그리고 투자가 이루어져야 할 것이다.

인공의 향으로 물든 아이들에게 나무와 꽃과 숲의 자연에서 오는 냄새를 맡게 해야 한다. 아이들은 자연의 순담한 냄새로 옳고 그름을 배우며, 후각을 통해 세상 살아가는 법도 배우게 될 것이다.

후각과 마을의 길 그리고 문화 예술을 접목시키는 향기가 나는 아름다운 마을을 만들고 싶다.

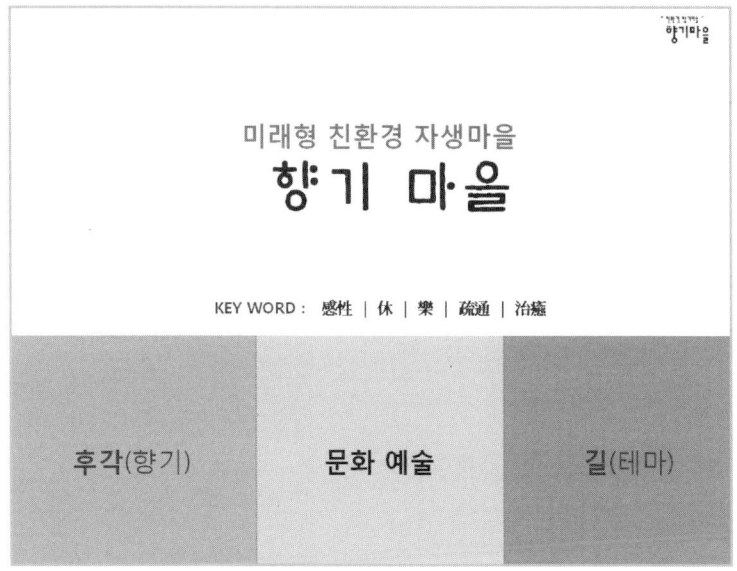

향기마을

파주에 인위적인 '헤이리' 예술마을이 있다면
? 에는 미래형 친환경 마을 "향기테마마을"이 있다.

'향기 = 문화' 향기 마을 (예 : 인사동, 헤이리, 삼청동, 신사동 가로수길)
자연, 향기, 문화·예술 자생마을로 리모델링
벤치마킹 : 영국 파운드베리
　　'어반빌리지 - 1980년대 말 영국에서 생겨난 마을 수준의 신도시 개념
　　　보행이 중심이 되고 이웃관계가 활성화되도록 도시를 설계
일본 세타가야구
　　'마치즈쿠리 - 주거환경을 개선하기 위해 1970년대부터 시작된 일본의 대표적인
　　　주민참여형 마을 개선사업
일본 나가이케 지구
　　'N-City – Nature(자연), Neighborhood(이웃), Nagaike(나가이케 지구)
　　　자연과 이웃을 중시하는 나가이케 지구라는 의미

오감 문화의 장 + 기존 문화인 거주 활용 + 자연

상업적 난개발 조심 (뮤캐슬, 아치울힐 타운하우스 개발계획)

7. 공간 향과 시스템

향기는 인간의 감성을 이끌어내는 중요한 요소의 하나로, 향기는 감성의 조화와 균형을 제공한다. 우리는 친숙한 장소에서 마음이 안정되는 것처럼, 친숙한 향기에서도 안정감을 느낀다. 마치 아이에게 엄마의 향이 배어 있는 이불을 덮어주면 편안히 잠들듯이 말이다.

사람의 마음을 자극하는 향과 안정시키는 향은 서로 미묘한 충돌로 인해 실제로 사람의 기분에 유익한 효과를 준다고 한다. 사실 어떤 향은 우리를 좀 더 외향적으로, 또 어떤 향은 움츠러들게 하는 경향이 있는데 이러한 요소들을 테라피로 혹은 집단 향기치료로 활용하는 것이다.

향기는 공간을 쉬지 않고 이동한다. 악취는 더 많은 곳을 배회한다는 것을 감지한다.

이제까지 우리는 주변에서 좋지 않은 냄새가 나도 코를 막거나 숨을 참으며 그 좋지 않은 냄새가 나는 것을 당연시하고 어쩔 수 없는 생활의 일부분으로 인내하고 있었다. 하수구나 오수종말처리장 주위에서 심한 악취로 인해 여러 가지 사회적인 문제가 발생하여도 그 악취 제거 기능을 고려하지 않고 그대로 설계·시공하여 운용하고 있었다. 이제는 냄새 또한 환경의 일부분으로 인정하고 이를 적극적으로 개선해나가야 한다.

악취도 공기라는 매개체를 타고 우리에게 전달되는 것이다. 악취를 제거하기 위해 화학적·물리적 방법 등이 동원되고 있다. 그러나 이 방법만으로는 완전하게 탈취가 되지 않는다. 그러므로 여기에 공간에 대한 향기의 사용이 필요한 것이다. 실내에서 좋지 않은 냄새나 담배 냄새 등을 없애거나 냄새를 덮어버리는 기능도 공간 향으로 할 수 있다.

향의 이용은 일반적으로 병원, 지하도, 공항, 철도, 비행기 같은 심적 부담이 있는 장소에서 좋은 효과를 얻을 수 있고, 사람을 편안하게 만들 수 있다.

치료를 목적으로 하는 아로마테라피는 향과 직접적으로 관련되어 있다. 라벤더는 휴식을 주고, 패출리와 베티베르는 흥분을, 통가콩은 기쁨을, 장미와 바이올렛은 격동을 준다. 메그놀리아와 시클라멘은 현기증을 덜어주고, 재스민과 튜베로즈, 은방울꽃은 심적 자극을 통해 우울함을 줄여준다.

이러한 향의 탁월한 효능은 점차 모든 산업에 접목되어 갖가지 제품들이 등장하고 있다. 섬유 회사는 향기 나는 옷을 선보이고, 빌딩 등 각종 영업장들은 향기를 분사하여 일의 능률을 향상시키고 매장으로 손님을 끌어 모은다. 또 천연향료를 이용하여 병을 치료하는 아로마테라피라 불리는 대체 의학이 활성화되고 있다.

이미 많은 대형빌딩과 다중시설에는 공조시스템을 이용하여 주기적으로 향을 공급함으로써, 근로자들의 스트레스 감소와 작업의 능률과 생산성을 증가시키고 있다.

공간 향에서 가장 기본이 되는 것은 향과 그 향을 발향시키는 시스템이다. 향은 전달하는 매개체가 없으면 공간에서 무용지물이 된다.

인간의 오감(五感) 중에서 후각 즉, 냄새와 관련된 문화나 기술 또는 산업이 가장 뒤떨어져 있음을 누구나 공감할 것이다. 그러나 후각은 가장 본능적으로 작용하는 매우 중요한 감각이다.

다른 감각은 감각기관을 통해 감지한 정보를 뇌에 전달하고, 그 정보를 뇌가 분석하여 각 기관에 명령하여 행동하게 하는, 통제되는 감각기관이다. 그러나 후각은 감지된 정보가 뇌에 전달되기 전에 다른 기관이 반응하는, 본능적이고 통제할 수 없는 감각기관이다. 맛있는 음식 냄새를 맡으면 입에 침이 고이고 배에서 꼬르륵하는 소리가 나는 것이, 후각이 뇌의 통제가 안 되는 본능적인 것임을 말해준다.

이렇게 본능적으로 사람의 마음을 움직이는 냄새와 관련된 학술, 문화, 기술, 산업 등이 낙후되어 있다는 것은 불행한 일이다.

고대로부터 지금까지 좋은 냄새를 느끼기 위해 공간에서 공기를 매개체로 향기를 전달하고 있는데, 이것이 공간 향이다.

이러한 종래의 소극적인 공간 향 개념을 적극적인 공간 향의 개념으로 발전시킨 것이 오늘날의 공간 향이다. 이것은 부분적인 공간을 이용하는 것이 아니라, 목적하는 공간 전체를 향기로 채워 마치 빛이나 음향을 공간 전체에 깔듯이 향기가 나게 하는 것이다. 또한 필요에 따라 공간 전체가 아닌 부분적인 곳에만 향기를 보내는 것을 부분 공간 향(Spot perfuming)이라 한다.

공간 향을 계획하고 실행하기 위해서는 공간과 그 공간을 채우고 있는 향기를 발향체로부터 우리의 후각으로 전달하는 역할을 하는 공기의 상태를 알아야 한다.

그런데 우리가 주로 생활하는 공간 내부의 공기는 공간 외부의 자연 상태의 공기가 아닌, 인위적으로 조작되고 재가공되는 공기이다. 특히 빌딩 등 다중시설에서의 공기는 거의 쾌적한 생활환경을 만들기 위해 온도, 습도, 청정도 등을 기계적으로 조절한 것이다. 이러한 실내 공기를 조절하는 장치를 공기조화설비(Air conditioning system)라고 부른다. 이 공기조화설비는 실내 공기의 온도나 습도의 청정도를 조절할 뿐만 아니라, 실내 공기의 분포 및 공기의 흐름을 기계적으로 조절한다.

따라서 공간 향을 실내 공간에 연출하기 위해서는 이 공기조화설비에 적응하는 테크닉이 필요하다. 그렇지 않으면 전혀 예측할 수 없는 결과가 나올 수 있다.

향 공조를 계획하기 위해서는 먼저 건물 전체를 할 것인지 일부분만 할 것인지 또는 개별적으로 구분지어 다르게 할 것인지 등을 목적하는 바에 따라 결정해야 한다. 그런 다음에 향 공조를 하고자 하는 공간의 구조를 살펴 그 면적과 공간의 체적을 계산해야 한다. 이웃한 방이나 층별로 각기 다른 향으로 향 공조를 하는 경우에는 터진 공간인 복도나 계단 또는 에스컬레이터 등으로 인해 향이 섞일 우려가 있다.

또한 공기조화시스템이 어떤 공간을 동일한 공조 시스템으로 커

버하는지도 알아야 한다. 만일 다수의 방이나 층을 동일한 공조시스템이 담당해야 한다면, 시스템 내의 방이나 층은 별개라 하더라도 하나의 향 공조 시스템으로 계획하는 것이 좋다.

발향 시스템은 궁극적으로 적절한 공간에 가장 이상적인 향기를 공급함으로써 공간을 좋은 냄새로 채우고, 사람들에게 편안함을 제공하는 데 그 목적이 있다. 사람은 이 시스템에 대하여 알지도 못하고 알아야 할 필요성도 못 느낀다. 왜냐하면 그들은 향기만 맡을 뿐이기 때문이다. 그래서 향기의 사용이 이 시스템에서 가장 중요하다는 것이다. 천연 향을 쓰는 것이 가장 바람직하며, 공간의 목적에 맞는 향기를 선택하고 개발해야 한다.

21세기 꿈의 산업인 향 산업을 위해서는 향에 대한 교육이 필요하고, 국내에 자생하는 향 식물에 대한 조사와 연구, 대단위 재배가 이루어져야 하며, 향료 회사에 대한 투자를 아끼지 말아야 한다. 디자인 등 다양한 분야의 전문가가 있어야 하며, 그러기 위해서는 그들을 양성할 수 있는 교육 기관이 필요하다. 우리의 향 역사를 찾아내고 정리하여 이러한 문화를 사람들에게 알리는 것 또한 중요하다고 할 수 있다.

미래의 공간 향은 개별적으로 시스템화하지 않을 것 같다. 도시가스를 공급하듯이 향기 스테이션에서 집중하여 각 가정이나 빌딩에 보내게 될 것이다. 공간에 필요할 경우 사용하고, 향기 선택도 가능한 중앙집중식 향기 스테이션 시스템이 만들어질 것이라는 말이다.

1) 지역별 향 공급 장치

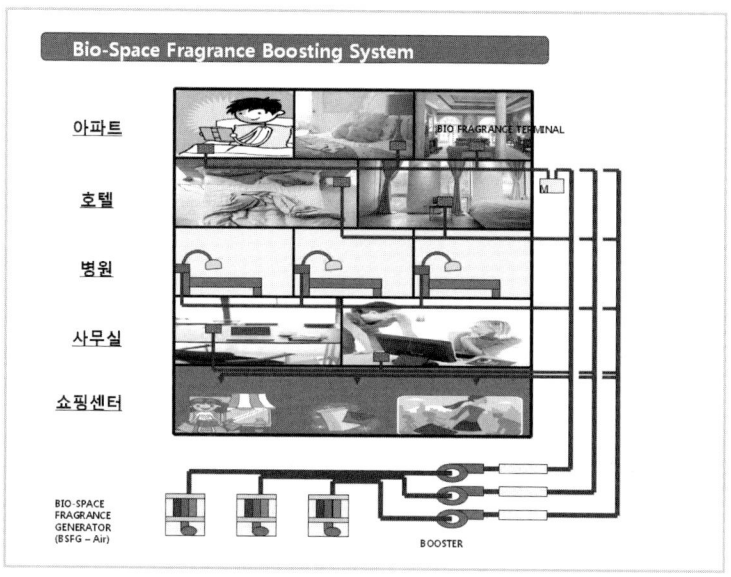

2) 중앙집중식 향 공조 설비

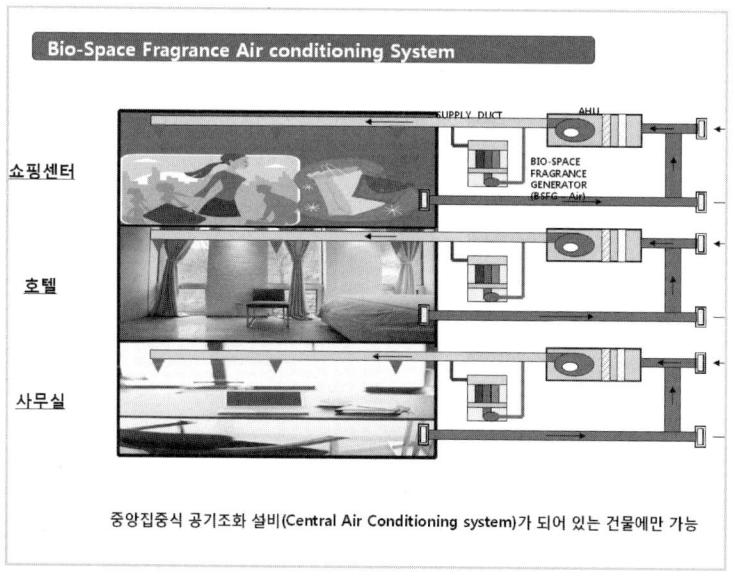

8. 향기박물관에 대한 작은 상상

　한국적 향기박물관을 만들고 싶다. 일상과 역사, 그리고 감성을 담아놓은 향 박물관 말이다.
　그곳은 인간과 공간과 시간을 향으로 조화시켜 만든 곳이다. 그리고 그곳에는 향기만 있는 것이 아니라 유리 크리스털이 밖을 지키고 있다. 냄새를 교육하고 체험하며, 후각이 우리 삶에 얼마나 소중한 것인가를 가르치고 체험할 수 있는 공간이다.
　고조선에서 이어져오는 우리의 역사에 담겨 있는 향기를 맡고 배우며, 미래를 설계하는 시간을 가지게 하고 싶다. 아이에서는 꿈과 미래를, 청장년에게는 현실을 그리고 노인에게는 과거를 느끼게 하는 소통의 장소로 만들고 싶은 마음을 나의 작은 상상으로 대신해 본다.

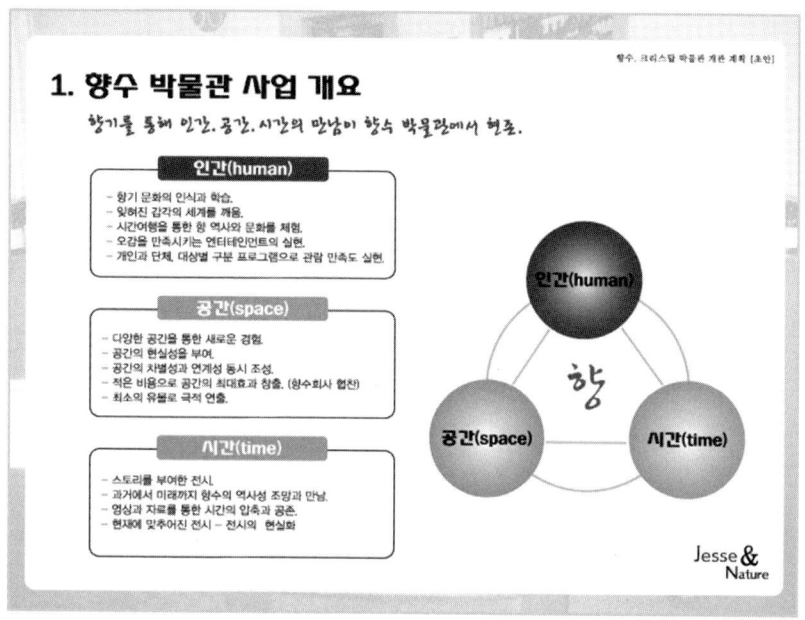

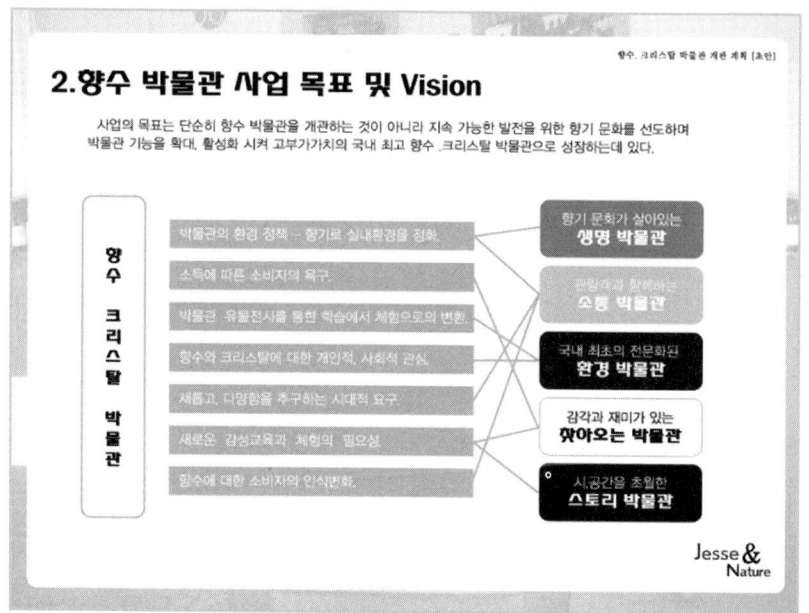

제 2 부 공간과 향

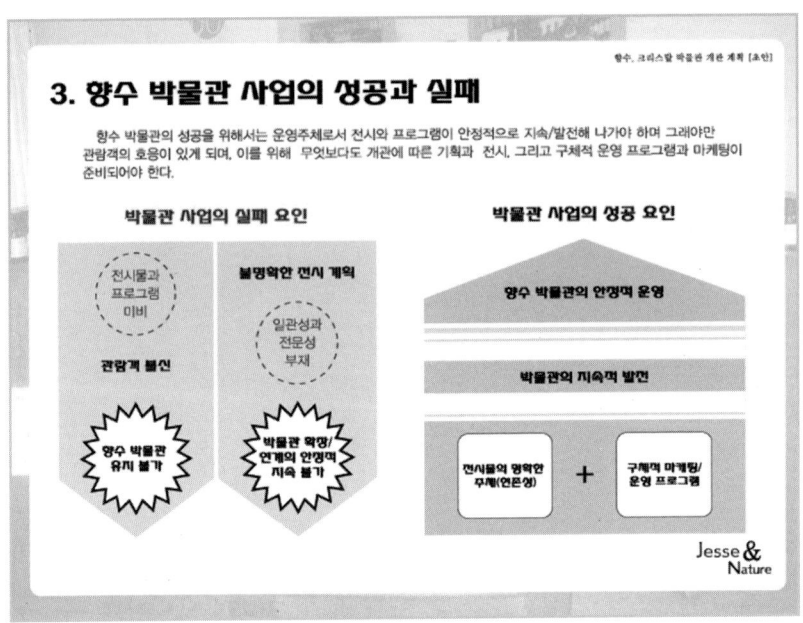
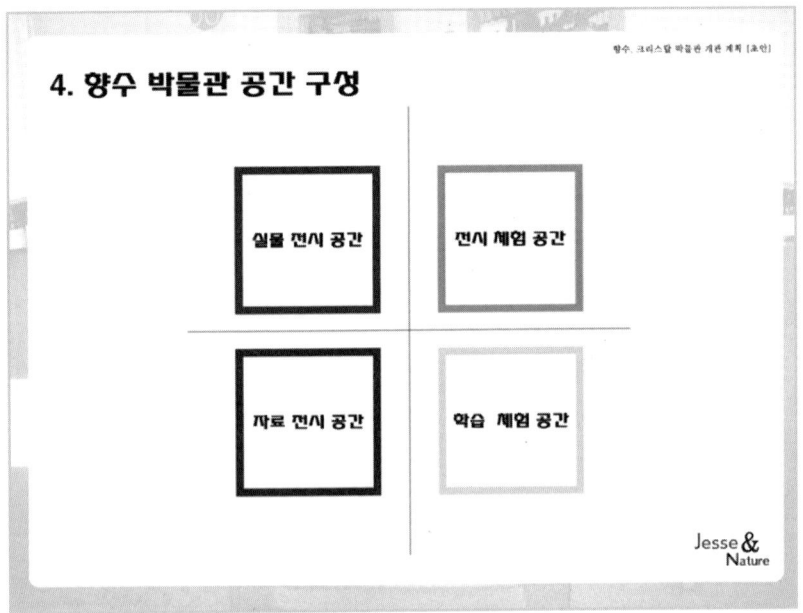

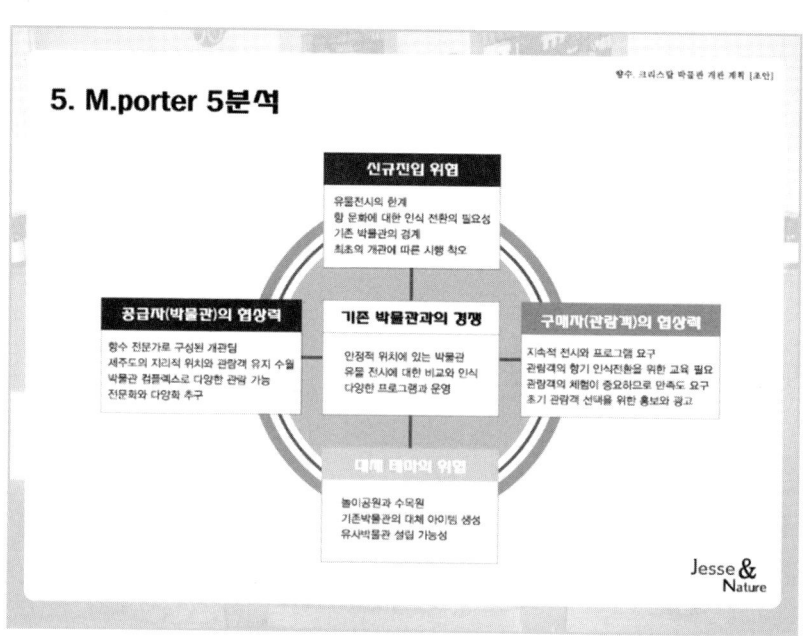

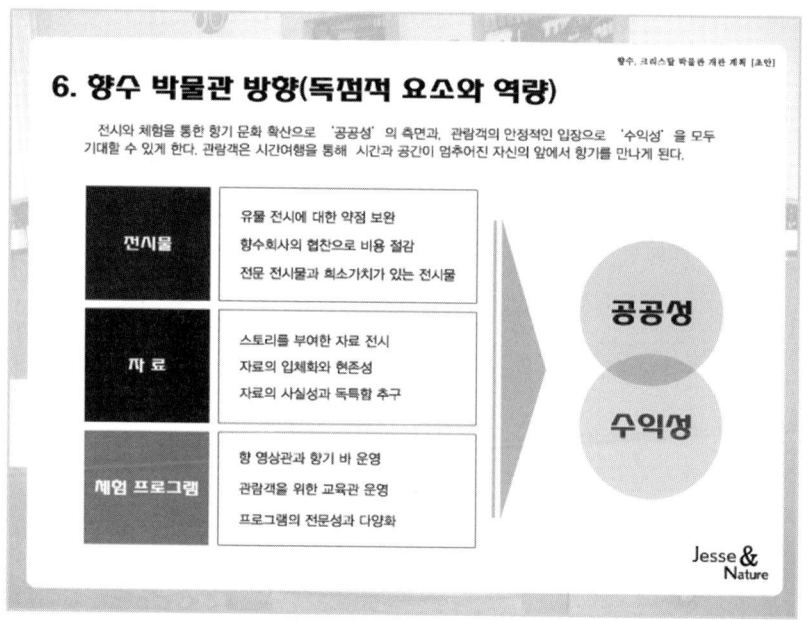

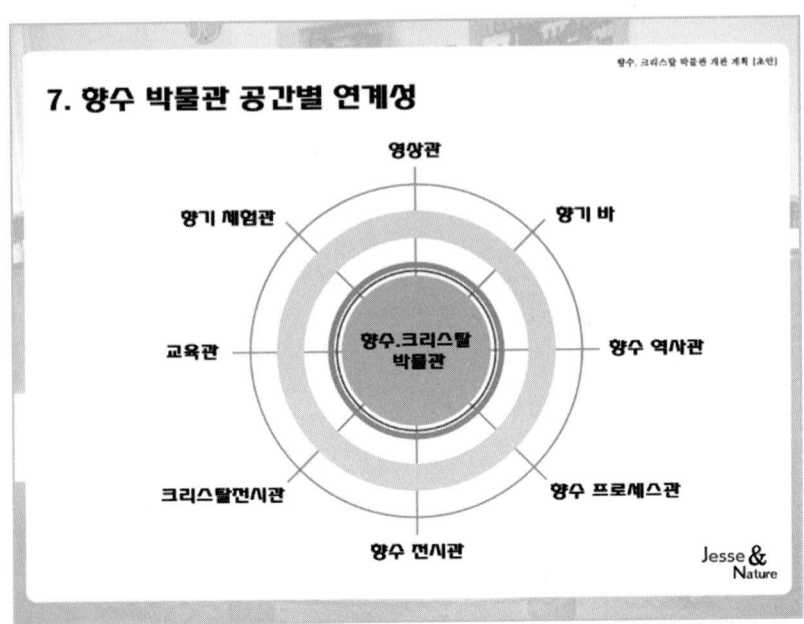

제3부
향기여행

오랫동안 향을 찾아다녔다.
물명(物名)이나 지역에 따라 향기는 추억이 되어 내 코끝에 머문다.
아름다운 우리 강산, 그곳에는 언제나 깊은 그리움과 사랑이 묻어 있다.
향기는 소리가 되어 내 귓가에 속삭인다.
삶은 결과가 아니라 하나의 과정임을.

1. 소지(小地)

지리산을 일컬어 백두산의 산맥이 뻗어 내렸다 해서 '두류산(頭流山)'이라 하고, 남해 바다에 이르기 전에 잠시 멈추었다고 하여 '두류산(頭留山)'이라고도 한다.

태조 이성계가 조선을 창건하기 전에 명산을 찾아 기도를 올렸는데, 유독 지리산에서만 소지(燒紙)가 오르지 않았다고 하여 '불복산(不伏山)'이라 불리며, 지혜로운 이인(異人)이 많이 사는 산이라는 뜻으로 '지리산(智異山)'이라 부르기도 한다.

지리산, 나는 그곳에 갔다. 7월의 끝은 찌는 듯한 더위와 까만 태양이 모든 것을 태우고 있었다. 나의 살갗 역시 허물을 벗으며, 7월에 그곳에 다녀왔다는 흔적을 아직도 남기고 있다. 나는 그곳에 왜 이끌리듯 갔을까? 그곳에 이르며, 아무런 생각을 할 겨를도 없이 '최한기 선생과의 150년 전쯤의 약속이 아닐까?' 하는 생각이 그야말로 갑자기 들었다.

신라시대, 박혁거세의 어머니인 선도성모의 제사를 지내던 곳이라 해서 명명되었다는 노고단(老姑壇). 다큐멘터리 촬영진과 함께 그곳으로 가기 위한 길은 결코 쉽지 않았다. 맑았던 날씨가 산 중턱에 다다르자 운해(雲海)가 몰려와 끈적거리는 물 냄새를 코끝에 흩뿌리며 지나갔다. 일기가 좋지 않으려는 것일까? 산이 우리를 받아들이지 않는 것인지도 모르겠다.

그러나 1,507미터의 노고단 정상에 가까이 다가서자, 거짓말같이 구름이 없어지고 정상이 반갑게 맞는다. 정상은 더 이상의 훼손을 막고 생태계 보존을 위해 일반인의 출입을 통제하고 있었다. 다만 그 아래에 인위적인 작은 단을 만들어 서운함을 달래줄 뿐이었다. 그러나 나는 운 좋게도 통제를 풀고 정상에 오를 수 있었다. 지금은 사전 예약을 하면 들어가 볼 수 있으니 참으로 다행한 일이다.

굳게 잠겨 있던 철문을 열고 한 걸음을 내디디니 숨이 턱 막혀온다. 30만 평의 초원에 노란 원추리 꽃과 보랏빛의 비비추 그리고 색색의 이름 모를 야생화가 캔버스에 그린 그림 같다. 단 한 번도 옷깃을 열지 않은 그 비경에 그저 숨이 막힐 뿐이었다는 것은 어쩌면 부족한 표현일지도 모르겠다.

눈부신 빛과 어우러진 운해는 내 코끝을 감싸오는 향기와 함께 아름다움이 무엇인가를 실감나게 해준다. 전혀 예측할 수 없었던 처녀지의 아름다움 속에서 나는 숨이 막혀오는 감동을 느끼며 아이처럼 뛰어다닐 수밖에 없었다. '뛰어놀다' 라는 의미가 어떤 것인지 다시 알게 된 듯했다.

뽀얀 운해는 손에 잡힐 듯, 구름이 되어 산을 감싸 안고 서서히 집어삼켰다. 그러나 내게 정작 중요했던 것은, 지리산의 빼어난 풍광도, 노고단 정상의 예상치 못했던 아름다움도 아니었다. 내가 아직도 생생히 기억하고 있는 것은, 나의 인생에 향기를 불어넣어준 계기가 된, 정상의 바위틈에 있는 작은 땅이었다.

푸른 이끼와 보라색의 이름 모를 야생화가 새치름하게 피어 있는 그 작은 땅은, 작열하는 태양 아래에서도 촉촉이 젖은 모습으로 수줍은 듯 나를 응시하고 있었다. 왜 마음이 뭉클해졌던 것일까. 나는 시간의 흐름 따위는 잊어버린 채, 싸한 물 냄새가 가득한 작은 땅에서 지난 시간을 쫓고 있었다.

향기가 있는 땅…….
왜 그런 생각이 들었는지 정확하게 설명할 수는 없다
하지만 그런 것 따위는 중요하다고 생각하지 않는다. 그 작은 땅을 통해 나를 돌아보게 되었고, 나에게로 돌아올 수 있었다는 것, 그것이 중요하다고 생각한다. 나는 그 땅을 내 마음대로 '소지(小地)'라고 부르기로 했다. 소지는 나를 우리 향에 더욱 가까이 다가서게 했고, 나를 거듭나게 하는 의미를 던져주었다.

나는 오랜 젊음의 시간을 향기 속에서 보냈다. 더 정확하게 말하면, 향수 속에서 보냈다. 때로는 베네치아의 물과 유리 속에 있었고, 파리의 향수 회사에 드나들기도 했다.

아직도 기억이 생생하다. 베르사유에 있는 향수 학교에서 장 파투의 조향사인 쟝 케를레오를 만났을 때이다. 그는 흰 눈이 내린 것처럼 하얗게 센 머리카락, 가녀린 손과 맑은 영혼이 담긴 눈을 가졌다. "진정한 조향사가 되기 위해서는 30년 이상 향과 함께 살아야 한다."는 말을 남겼던 그는 자신의 삶이 바로 하나의 예술작품을 완성해가는 과정에 있었다. 장 케를레오의 향은 그의 영혼이 담겨 있는 또 하나의 자신이었던 것이다.

향수는 서양에서 연금술사에 의해 알코올이 발명된 이래, 서양 사람들의 특유한 냄새를 없애기 위해, 인위적으로 향을 추출하고 또 그것들을 합쳐 만든 사치품이었다. 20세기에 들어서면서부터 향수는 대량으로 생산되고 이를 널리 이용함으로써 더 이상 귀한 사치품이 아니게 되었다.

"눈이 한 예술이 미술이고, 귀가 한 예술이 음악이라면, 코가 한 예술은 향수이다."라는 말만으로도, 이제 향수는 단순한 사치품이 아니며, 그 기능이나 향으로만 논하지 않는다. 향이라는 독특한 이미지와 특유한 문화의 산물로서 그 가치를 창조하고 있기 때문이다.

우리에게 향수는 어떠한 것일까. 1872년 국내에 처음 알코올로 만들어진 향수가 들어온 이래 100년이 훨씬 지난 지금, 그 질과 모양이 다양한 각종 향수들이 쏟아져 나왔고, 이에 대한 소비량도 크게 늘었다.

그러나 우리에게는 다만 소비만 있을 뿐이다. 즉, 문화는 없는 현실이라는 말이다. 분명 우리에게도 향의 역사와 문화는 있었다. 일제 강점기와 6·25 전쟁 등을 거치며 잊혀지고, 사라졌을 뿐이다. 향수는 사치와 쾌락의 상품으로, 예술이 아닌 사치품으로만 잘못 인식되고 있는 것이 사실이다.

역사를 거슬러 올라가면 동양의 향의 역사 또한 서양 못지않음을 알게 된다. 물론 향수 제조 기술 그 자체로는 동서양의 문화적 차이와 산업적 이유로 동양이 아직도 많이 뒤떨어져 있지만, 향으로만 판단한다면 오히려 체계적이며, 다양한 원료와 기술을 지녔다고 할 수 있다.

동양의 향 문화는 정신과 마음을 중시하였기로, 자연 그대로의 향을 즐겼으며, 사람과 향이 어우러지는 것을 원하였다. 일본의 경우, 전통적인 향과 현대적인 향수 산업을 공존시켜왔다. 향사를 정리하고 향 제조 방법을 전수했으며, 또한 서양의 향수를 받아들여 일본인 특유의 상인 정신으로 향료 회사와 향수 회사, 그리고 향을 담아낼 수 있는 각종 용기 제작과 다양한 디자인 산업까지 국가와 기업, 학교가 하나가 되어 향 문화를 발전시켜왔던 것이다.

한 예로, 그들은 세계 시장에 진출하기 위해 철저한 변신을 꾀하고 있다. 아직도 동양의 향수를 인정하지 않는 세계 시장의 흐름에 대응하기 위해, 일본의 유명 화장품 회사인 시세이도는 프랑스 현지에 BPI(Beaute Prestige Int' l)사를 1990년 설립하였다. 이브 생 로랑 향수의 부사장인 샹탈 루스(Chantal-Roos)를 영입하고, 이세이 미야케와 장 폴 고띠에 브랜드를 도입하여 1992년 5월 이세이 미야케의 첫 향수 '로디 세이(L' eau d' issey)'[75]를 발매하게 되지만, 그 누구도 이것을 일본의 작품이라고는 생각하지 않았다. 세계 시장은 오직 그 브랜드와 그것이 프랑스제라는 사실만을 기억하고 있을 뿐이다.

향수는 하루아침에 만들어지는 것이 아니다. 수많은 전문가들이 모여 하나의 작품을 이루어낸다. 그들은 단순히 향을 만들고 그것을 담아낼 용기를 만드는 기술자가 아니며, 오랜 경험과 영감이 있어야

---

75) 플로럴, 사향, 우디의 조화로 이루어진 오서닉 플로럴 계열의 향수(1992).

하기에 예술가라고 불러야 할 것이다.

오피움[76], 이터니티[77], XS[78] 등 수많은 향수 용기를 디자인한 피에르 프랑수와 디낭의 말이 떠오른다. 그는 향수가 성공하기 위해서는 다섯 가지의 요소가 필요하다고 했다.

"향(The Essence), 디자인, 용기, 론칭에 관련된 사람들, 그리고 거기에 필요한 투자가 하나의 공간에서 모아져야 한다."

사람들은 누구나 자기가 맡은 냄새를 기억할 수 있는 후각기억장치(Olfactory Memory)를 뇌 속에 지니고 있다. 다만 후천적으로 개발하지 않았기 때문에 발전되지 않았을 뿐이다.

물론 사람마다 개인적인 차이는 있으나, 자신에게 맞는 향수를 쓴다는 것도 마찬가지이다.

내가 지리산에 다녀오고 꼭 일주일 후에 큰비가 내렸다. 당분간 지리산에 가도 원추리, 비비추, 숲패랭이꽃 등 아름답고 향기로운 초원의 야생화를 볼 수 없을 것 같다. 하지만 그 작은 땅에 피어 있는 이끼와 이름 모를 꽃은 그대로 있을 것만 같다. 그리고 언젠가 노고단의 초원은 다시 생기를 찾을 것이며, 꽃이 만발하게 될 것이다. 그래서 그 향기가 한반도를 감싸 안을 때쯤이면 우리도 우리의 아름다운 향기를 만들 수 있을 것이다.

---

76) 이브 생 로랑의 Opium, 오리엔탈의 온화함과 프루티, 스파이시향이 조화를 이룬 향수(1977).
77) 플로럴 계열의 캘빈 클라인 여성 향수(1988).
78) 파코라반 제품으로 정열적이고 달콤한 플로럴 우디 계열의 향수(1993).

2. 450년을 이어온 사랑

작은 땅의 그윽한 향기가 아무런 미동 없는 의식의 장벽을 무너뜨린다. 향기는 빛이 되고 소리가 되어 나를 일으키며, 새벽의 여명이 채 가시지 않은 거리로 나를 내몬다. 스쳐가는 잿빛 냄새는 묻혀 있던 아픈 기억의 문밖으로 나를 데려간다.

푸른빛이 감도는 어둠의 한쪽에서 누군가 울고 있다. 예사롭지 않다. 상투를 틀고 앉아 있는 모습이 낯설게 느껴지지 않는다. 가까이 다가가자 그가 들고 있는 주머니 속의 향기가 코를 찌른다. 향은 서서히 어둠의 공간을 메워가고 있다. 약간은 쓰고 비릿하며, 아침 이슬을 머금은 이끼 냄새가 감도는 그 향은, 잘 정돈되어 있지는 않았으나 슬픔이 배어 있는 듯한 느낌만은 떨쳐버릴 수가 없었다.

빛이 향이 되어 소리로 내게 말한다. "내가 사랑하는 여인을 위한 향일세. 아직은 완성된 것이 아니지만, 먼 훗날 많은 이들이 이 향을 맡으며 나를 기억할 때 비로소 완성될 것일세." 나는 아무 말도 할 수 없었다.

"시간은 언제나 우릴 늙어가게 만들지. 나이가 들어간다는 것은 많은 것을 잃어버리는 거라고 생각하기 쉽다네. 하지만 그렇지 않네. 사실은 잃어버린 그 무엇을 다시 찾을 수 있는 때가 왔음을 말하는 것일세. 그것은 한 여인에게 바치는 나의 사랑이네."

　소리는 향이 되고, 다시 빛으로 변하여 사라져버렸다. 어둠이 걷히고, 차창 밖에 아침의 빛이 쏟아져 내린다. 꿈이었나, 생생히 기억되는 모든 것을 떠올리며 내 몸은 경북 안동으로 향하고 있다.

　450년 전 묻혔던 한 할머니의 시신이 미라로 발견되면서 세상 사람들의 관심을 불러일으켰던 안동 그곳으로 가는 길이다. 폭우가 쏟아진 후라 도로는 찢긴 상처를 드러내놓으며 쉽게 길을 열어주지 않았다. 겨우 정오 무렵이 되어서야 안동시 정산동에 도착할 수 있었다.
　어느 식당 앞에서 한 할아버지를 만나기로 하였다. 어쩌면 그가 무덤의 수수께끼를 풀어줄 유일한 인물일지도 모른다. 5척 단구의 깡마른 체격을 가진 그의 팔자걸음을 보고, 한눈에 양반의 후예임을 알 수 있었다.
　이도행 할아버지, 그는 조선시대 초기의 학자 이광의 18대손이며, 미라의 주인공인 일성 문씨는 그의 16대 조모이기도 하다. 또 다른 동행인은 발굴 당시 참여하였던 안동대 조규복 학예 연구사였다.
　무덤으로 가는 길은 택지 개발 중이어서 곳곳이 파헤쳐져 있었고, 비가 온 뒤여서 차로 가기가 쉽지 않았다. 산 중턱에 차를 세워놓고 한참 걸어 올라가 겨우 무덤 입구에 도착할 수 있었다. 이미 많은 이늘이 다녀간 후여서, 무덤은 휑하니 파헤쳐져 물만 잔뜩 고여 있는 볼품없는 모습을 드러내고 있었다.
　할아버지는 "왜 지금 와서 그 일을 알고자 하느냐?" 하고 매스컴에 지친 지난 시간에 대해 푸념을 한 뒤, 그 얘기를 풀어놓았다.

이광의 손자며느리 '일성 문씨'의 부군은 전의감(典醫監)79)이었으며, 그녀의 시아버지도 전의감이었다고 했다. 2대에 걸친 전의감, 그것은 내게 큰 의문을 던져주었다.

조선시대 때는 궁중의 내의원에 향장이 – 지금의 조향사에 가깝다 – 4명, 상의원에 2명, 도합 6명이 있었다고 문헌에 전한다. 그렇다면 조선시대의 향은 한의학과 밀접한 관계가 있지 않았을까? 나의 의문은 조 연구사의 발굴 당시 상황 설명을 들으면서 더욱 더 커져갔다.

관의 뚜껑을 열었을 때, 여느 무덤과 달리 향기가 진동하였다고 한다. 할머니의 모습은 중년 여인의 아름다움을 그대로 간직하고 있었으며, 옷이 200벌이나 나왔다. 그 향이 허리춤에 있는 향주머니에서 나는 것 같아 열어 보니 까맣게 된 나팔꽃 모양의 열매가 100여 개 들어 있었다고 한다. 도대체 이 열매가 무엇이기에 450년 동안이나 향기를 간직하고 있었을까? 자연의 열매, 아니면 전의감에 의해 인위적으로 만들어진 것인가? 나는 당장 그 열매를 보지 않고는 궁금증을 풀 수 없어, 유물을 소장하고 있는 안동대 박물관으로 발길을 돌리지 않을 수 없었다.

하지만 박물관에서 볼 수 있었던 것은 열매를 담았던 향주머니뿐, 열매는 볼 수 없었다. 비단으로 만들어진 복주머니 모양인 향낭은 색이 누렇게 변해버렸고, 450년 전의 향기는 오간 데 없이 사라지고 특유의 비릿하고 퀴퀴한 냄새가 나는 평범한 것이었다. 열매는 성분

---

79) 조선시대 궁정에서 쓰는 의약의 공급 및 임금이 하사하는 의약에 관한 일을 맡아 보던 관청이며, 이곳에서 일하던 궁중의사 또는 약사를 일컫는 말이다.

분석을 의뢰하였으므로 보여줄 수 없으며, 또한 그것을 향주머니라고 부르는 것조차 꺼려했다. 왜냐하면, 전의감의 부인이기에 집 안에 있었던 단순한 한약재이거나 개인 장식품이라고 추정하기 때문이라고 했다. 특히 미라가 된 원인이 석관이나 향낭 때문이라는 언론의 섣부른 결론에 상당히 불만을 가지고 있는 듯했다. 아니면 열매에 대한 정확한 분석을 할 수 없었기에 쉬쉬하는지도 몰랐다.

 답답했다. 어찌 사학자나 고고학자가 향을 알 수 있겠는가? 사실 직접 보지는 않았지만, 그것은 분명히 향 열매일 것이다. 우리의 향사와 중국, 일본 등의 향사를 살펴보면, 식물과 한약재를 모르고는 향을 만들 수 없었던 명백한 사실이 있지 않은가! 투탕카멘의 무덤에서 발견된 이집트의 향고[80]는 전문가들에 의해 정확히 밝혀진 것에 비해, 아직도 우리는 권위주의와 배타주의 때문에 향의 역사가 잘못되고, 다시 기억의 저쪽으로 사라지게 하고 있지 않는가. 역사에 대한 정확한 조명은 인류의 미래를 풍요롭게 할 수 있을 터인데…….

 아무튼 나는 쓸쓸한 기분으로 그 자리에서 떠나지 않을 수 없었다. 그때 누군가 내 모습에서 현실의 슬픔을 느꼈는지, 몇 마디 말을 남기고는 바람처럼 사라져갔다.

 "나중에 몇 개의 열매라도 구해드릴게요. 하지만 그 결과를 공개하지는 마세요."

 '안동'이라는 팻말이 보이는 산등성이에서 나는 할아버지가 남긴 마지막 말을 떠올리며 그 향기를 뇌에서 끄집어내본다.

---

[80] 香膏(Ointment): 연고 상태의 향료.

"젊은이, 왜 16대 조부께서는 조모님의 무덤을 꼭꼭 봉하여 생전의 모습을 간직하셨을까? 그리고 450년이 지난 지금에야 그 향기를 세상에 드러내어놓게 하셨을까? 거기에는 분명한 이유가 있을 거요."

이도행 할아버지의 16대 조부께서는 부인을 진실로 사랑하셨는데, 그 부인이 어느 날 깊은 병을 앓아 중년의 나이에 숨을 거두셨을 것이다. 조부께서는 그 사랑하는 부인을 생전의 모습대로 아름답게 꾸미고, 전의감인 자신의 비법으로 무덤을 만들어 향기로 가득 채울 수 있는 열매를 넣은 주머니를 허리춤에 채웠을 것이다. 그리고 후대의 자손들에게, 언제인가 파헤쳐질 무덤의 향기를 통하여 두 분의 사랑을 알려주고 싶었던 것이 아닐까? 그런데 사람들이 모두 두 분의 사랑은 접어둔 채, 드러나 보이는 영생과 비법에만 관심을 가졌기에 나를 이곳에 불렀는지도 모를 일이다.

이집트의 카이로에서 1,000여 킬로미터 떨어진 고대 이집트 제국의 수도 테베(Thebae). 지금은 룩소르라 불리는 그곳은 나일 강을 끼고 고대 문명이 발생하였으며, 향의 역사가 시작된 곳이기도 하다. 룩소르의 서쪽 사막 계곡에 아크로폴리스(왕가의 무덤)라 불리던 곳이 있다.

1922년 영국의 이집트 고고학자 하워드 카터(Howard Carter)에 의해, 이집트 제18대 파라오, 바로 투탕카멘(Tutankhamen)의 능묘가 그곳에서 원형 그대로 발굴되었다. 백합유를 이용한 사그디, 쿠아무이, 몰약과 카네라와 벤 오일을 원료로 한 베토피움, 헤나의 꽃 향유를 이용한 시푸리늄을 섞어 향고를 만들어 담은 아름다운 아라바스터81) 항아리가 이 능묘에서 발견된 것이다.

3천 년이라는 오랜 세월이 지나 발견된 향고는 끈적끈적한 물질로, 손에 묻히면 체온으로 약간 녹는다고 전해지며, 아직 향기가 남아 있었는데, 느끼한 냄새가 마타리과 식물의 냄새를 연상시켰다고 한다. 그것은 어쩌면 감송향의 영향 때문이었는지 모른다. 오늘날까지 보존된 것은, 강한 방부성을 가진 유향이나 보류성이 높은 방향성 수지가 사용되었기 때문이라고 생각된다.

동서양의 무덤에서 신체의 여러 부분을 향기롭게 하고 시체의 부패를 방지하기 위하여 향은 다각적으로 사용되었다. 어쩌면 그것은 영생과 부활의 기원을 뜻했을지도 모른다.

근래에 유럽의 유명 향수 회사에서는 동양의 향료에 대해 새로운 관심을 갖기 시작했다. 몇몇 회사에서는 실론티나 중국의 향을 사용하여 독특한 향수를 만들어 발매했는데, 인기를 끌고 있다.

때로는 우리 것을 찾아 우리의 향기를 만들어봄이 어떨지. 또한 작은 땅의 향기가 450년을 이어온 것처럼, 우리의 사랑도 일시적인 감정이 아닌 영원으로 이어졌으면 하고 간절히 바란다.

---

81) Alabaster: 설화 석고.

3. 황천(潢川)을 지나서

 색은 인류의 역사를 말해주고, 문화를 나타낸다. 또한 색은 단순히 시각적 느낌만을 말하지는 않는다. 색은 사물을 아름답게 만들기도 하고 어둡게 느껴지게도 하는 감각적 산물이며, 어떤 색이냐에 따라 심리뿐만 아니라 영혼을 느끼기도 한다.

 색은 '눈에 보이는 모습과 관련된 빛의 파장 조합을 말하는 일반적인 용어' 또는 '어떤 형체나 물질의 시각적 특성으로서 그 공간적 특성과는 구별되며, 형체나 물질이 방출하거나 반사하는 분광적 합성에 의해 결정되는 것'이라 말한다. 아무튼 색은 어떤 것이라 단정 짓기에는 복잡하고 오묘한, 풀 수 없는 수수께끼 같은 것임에는 틀림이 없다.

 1666년 영국의 물리학자이며 수학자인 아이작 뉴턴은 "빛은 인간이 눈과 마음으로 색의 존재를 인식하는 데 없어서는 안 될 필수 조건이다."라고 하였으나, 그것은 색의 내면을 깊게 이해하지 못한 오류였다.

보통 사람들은 어둠 속에서 색을 인지하기 어렵다. 하지만 시각장애인은 어둠 속에서도 자기만의 색을 읽어낼 수 있다고 한다. 색에는 파장과 진동이 있어서, 눈이 보이지 않는 대신 다른 기관이 더 발달한 시각장애인들은 그 파장과 진동에 의해 색을 감지할 수 있기 때문일 것이다.

모든 냄새에는 후각적 느낌만 있는 것은 아니다. 향에도 파장과 진동이 있기에 각기 고유의 색을 가지고 있으며, 또한 향기를 통해 색을 느낄 수 있다.

내가 황천에 도착한 것은 이른 아침이었다. 약간은 차갑고 상쾌한 공기가 코끝을 스치고 지나갔다. 그 향기는 맑은 회색으로 내게 성큼 다가와, 황천에 살고 있다는 한 사람의 잔상을 남기고 사라졌다. 전직 군인이며 입석리(立石里)에 살고 있다는 그 사람은 내게 작은 땅을 만날 수 있게 해주었던 분이다. 하지만 주어진 시간에 백방으로 수소문해보았지만 결코 그분은 모습을 드러내지 않았다. 다만 내게 회색 이슬 향만 남겼을 뿐이다.

황천(潢川)은 본래 고구려의 횡천(橫川)이며, 오사매(또는 於斯買)라고 불리었다. 신라 때 황천으로 고쳐서 삭주(朔州)의 영현(領縣)으로 정했다가, 고려 때 다시 횡천이라 하여 춘주(春州) 임내에 두었으며, 뒤에 원주(原州)에 붙였다.

조선시대 태종 13년에 현감을 두었고, 14년 갑오에 횡천과 홍천(洪川)의 음이 비슷하므로 지어진 이름이 바로 횡성(橫城)이다. 한반도 대부분의 강은 남북의 종으로 흐르는데, 이곳의 강은 동서의 횡으로 흐르기에 붙여진 이름 횡성, 그곳이 바로 황천이다.

땅이 메마르고 찬 기운이 감돌기는 하지만, 맑은 회색의 향과 작은 땅의 뿌리가 여기에서 시작되었기에 이곳에 오기 전부터 이미 깊이 사랑하고 있었는지도 모른다.

황천을 지나 봉평으로 가는 길은 산허리를 돌아가는 길이라 평탄하지는 않았다. 굽이굽이 휘감은 도로는 차만 드문드문 다닐 뿐, 그저 조용하기만 하다.

큰 산의 허리를 돌자니 왼편에 산 하나가 눈에 들어온다. 예사로운 산이 아니다. 1,261미터의 태기산(泰岐山)이다. 과거에는 덕고산(德高山)이라 불리었던 이곳은 산림이 울창하며 특히 잡목이 많아 가을 경치를 아름답게 수놓는다. 산삼을 캐는 심마니의 초막이 있었다는 것을 보더라도 귀한 약초 등 식물이 많은 향의 보고임에 틀림없다.

짙은 갈색의 약초 냄새가 코를 찌르는 산악 도로에서 벗어나니 따뜻한 햇볕이 차 창가에 길게 드리워지고, 먼 곳의 붉은색 점이 보였다. 봉평(蓬坪)이다. 조선시대 전기의 문인이자 시인이었던 양사언(楊士彦)의 호인 봉래(蓬萊)와 평촌리(坪村里)에서 이름이 비롯된 봉평은, 평창군에 속해 있는데, 면적의 80퍼센트가 고산 임야로 농업이 주종을 이루는 해발 500~600미터의 산간지대이다.

소설가 이효석의 『메밀꽃 필 무렵』을 빌리지 않더라도, 너무나도 유명한 봉평장과 메밀……. 1975년 영동고속도로가 개통되어 더 이상 봉평장에는 허생원과 조선달, 그리고 나귀도 보이지 않는다. 그저 옛 영화만 그리워하며 메밀 막국수 한 그릇으로 마음을 달랠 뿐이다.

봉평면에 가기 전 왼쪽의 흥정 계곡으로 조금 가다 보면, 흰색의 아담한 건물과 시험장이 보인다. 평창 산채 시험장이다. 표고 580미터에 있는 이 산채 시험장은 강원도 내의 산채를 찾아내어 재배·육성하는 곳이다. 특히 봉평은 산림자원이 풍부한 고산지대의 특성 때문에 천연향료 식물의 자연 군락지가 많으며 생육이 적합한 곳으로, 소득이 높아 향료 개발의 가능성을 한층 높여주고 있다.

더덕, 참취, 생강나무, 쥐오줌풀, 광나무, 쑥, 오가피, 더위지기, 산마늘 등 약용과 향료용 식물이 어우러진 자연산 식물의 밀집지역이다. 시험장은 산마늘, 쑥, 고수 등을 향료로 개발하기 위하여 연구 중이라 하였다. 향의 추출이 가능한 자생식물이 많은데, 그동안 연구 개발과 투자를 게을리하였기에 버려지고 묻힌 식물들이 너무나도 많다.

서양의 향이 외적 아름다움을 추구하고 좋은 냄새를 발산한다면, 동양의 향은 내적 정신을 중시하고, 약효로 기를 다스리는 데 그 목적이 있다. 지금이라도 대단위 재배를 위해 정확한 성분 분석을 하고, 재배 방법을 연구하고, 그리고 국민 의식을 높이고, 기업이 투자하는 등, 관·산·학의 열정이 있다면 묻혀 있는 보물을 끄집어낼 수 있을 것 같다.

홍정 계곡으로 들어서는 내게, 안내를 맡은 농업연구사가 "이곳 봉평은 쑥이 많아 쑥대밭이라고 합니다. 아무튼 깔려 있는 것이 모두 쑥이죠."라고 여운을 남기며 다시 만날 것을 기약하였다. 길거리에 깔린 쑥을 보며 한참 계곡을 따라 올라가니 붉은 단풍이 고운 색시처럼 여기저기에서 고개를 내밀고 기웃거린다.

나는 더 이상 갈 수 없었다. 마냥 개울가에 앉아 10월 단풍의 붉은 색에 파묻혀 가을 향기를 실컷 맡고 싶었기 때문이다. 버려진 쑥의 냄새와 색을, 후각과 시각을 통해 오랫동안 나의 가슴에 묻어둘 것이다.

프랑스의 그라스(Grasse)는, 온난한 기후와 비옥한 토지 등 뛰어난 자연조건 덕분에, 향수의 원료가 되는 방향성 식물류의 생육에 아주 좋은 지역이다. 이곳 사람들은 독자적으로 에센스 생산을 발전시키며 언덕마다 오렌지, 재스민, 카네이션, 바이올렛으로 물들여갔다.

자연 소재에서 추출되는 향수의 기본 원료는 오일과 수지, 그리고 앱솔루트인데, 이것들을 세포조직 속에 포함하고 있는 식물은 지구에 존재하는 25만 종의 식물 중에서 약 2천 종이다.

같은 식물에서 추출한 향이라도 나라와 지역, 심지어는 시간에 따라 다른데, 뜨거운 태양 아래에서는 빨리 메말라버리기 때문에 새벽에 채집하기도 한다.

장미는 향수의 중요한 원료 중 하나로, 질 좋은 장미 오일을 추출해내기를 갈망한 많은 향수 제조업자들은 향수용 장미로 불가리아의 장미를 최고로 인정하였는데, 이 장미는 현재에 이르기까지 다른 어떤 것으로도 대체할 수 없는 진품으로 손꼽히고 있다. 그러나 추출된 원액은 투입된 원료에 비해 너무나 미미한 양이기 때문에 천연산 장미 원액은 비쌀 수밖에 없다. 최상품인 경우, 1킬로그램의 국제 시세가 1만 달러를 훨씬 능가하고 있으니, 천연 장미나 재스민 오일을 사용한 향수가 비싼 까닭이 거기에 있는 것이다.

봉평을 뒤로하고 돌아가는 길은 슬픔이 낙엽처럼 가슴에 쌓였다. 진정 나를 사랑하지 않았음에 눈물이 괴어온다. 언젠가 정녕 작은 땅을 사랑하고, 그 향기를 통해 세상에 작은 빛이 되는 날, 나는 다시 황천을 찾아갈 것이다. 그때 비로소, 내게 작은 땅을 만나게 해준 그분이 친히 모습을 드러내, 나를 반갑게 맞이하실 것 같다.

4. 하늘과 바다

　그는 며칠째 먼 바다를 바라보며, 휘몰아치는 파도에 몸을 내맡기고 있었다. 흙과 재가 적당히 섞여 있는 그의 몰골은 흡사, 가마에서 막 끄집어낸 토기처럼 무엇인가 정돈되어 있지 않은 모습이었다. 자리에서 일어나 터벅터벅 걸어가는 그의 뒷모습에서 아련한 추억을, 쓸쓸한 저녁 안개를 느낄 수 있는 것은 을씨년스러운 날씨 탓일까. 한 방울, 두 방울 내리는 비가 금세 큰비가 되어, 그의 온몸을 적시고 대지를 휘감아버린다. 마치 넋이 나간 사람처럼 가마터에 앉아 흙을 만져본다. 그리고 중얼거린다.
　"꿈에 보았던 아름다운 그 색을 다시 볼 수는 없을까? 난 꼭 재현해보고 말 거야."
　장작불이 빨갛게 익어 스러져간다. 그의 의식도 점점 희미해지고 있다. 처마 끝에 물방울이 맺혀, 원을 그리며 대지에 안긴다. 전날 내렸던 비는 멈추고, 화창한 아침이 그를 맞이한다. 그는 습관처럼 바다로 나간다. 하지만 오늘은, 매일 만났던 바다가 아님을 순간 깨닫게 된다. 한동안 바다와 하늘이 만나는 그곳을 바라보다, 소리친다.

"바로 저 색이야! 바로 내가 꿈에서 보았던 색!"

내가 전남 강진을 찾게 된 것은 아주 우연한 일이었다. 내가 우리의 향을 찾고 있다는 사실이 누군가에게 전해져, 그가 강진에 편백향을 만드는 공장이 있다는 연락을 했기 때문이다. 그는 내게 공장 관리인의 이름과 전화번호만 적혀 있는 팩스 한 장을 보내왔을 뿐이어서, 나는 사전 지식도 없이 그저 향을 찾아 먼 길을 나서게 된 것이다.

보성의 율포 해수욕장을 지나 해안 도로로 접어드니, 지금껏 보지 못했던 바다를 만날 수 있었다. 하늘과 바다의 희뿌연 세상을 보게 된 것이다. 한동안 차를 세워놓고 수평선을 찾아보았지만, 하늘과 바다는 하나가 되어 날 그곳으로 데려가 나의 존재를 잊게 할 뿐, 수평선을 찾아야 한다는 의미는 이미 퇴색해버렸다.

칠량면에서 천관산의 허리를 관통하는 도로를 따라가면 주위에 빽빽이 들어선 숲을 만나게 된다. 편백이다. 3백만 주 이상 심어져 있다는 이곳의 편백을 활용하기 위해, 잎과 가지를 쳐서 향유를 만들었다 한다. 하지만 그 공장은 공장이 아니었다.

작은 비닐하우스에 정유시설을 해놓고 오일을 생산했지만, 부족한 시설과 판로 문제 때문에 비닐 문이 굳게 잠겨 있었다. 잠겨 있는 낡은 비닐 문은, 누군가 노력하지만 아무도 알아주지 않는 우리 향 산업의 현실이어서, 먼 길을 달려온 나에게 허탈감과 상실감을 가져다주었다.

이제 돌아가야 하나. 지도를 펴고 되돌아가야 할 길을 살펴보니,

'고려청자 도예지'라고 표기된 한 지점이 눈에 들어왔다. 이곳에서 멀지 않은 곳이다. 찾아보기로 했다.

초가집처럼 묻혀 있다. 강진 청자박물관 1997년 9월에 개관한 청자자료박물관이다. 강진은 9세기부터 14세기까지 고려청자의 80퍼센트 이상을 생산한 곳이어서, 수백 기의 도요지가 흩어져 있다. 하지만 이곳에서 청자의 완성품을 보려 한다면 잘못 찾아온 것이다. 이곳은 다른 박물관과는 달리, 완성된 것을 보여주는 것이 아니라 변천 과정과 역사 장면을 연출해주는 곳이다. 청자 도편과 굽는 방법 등 제조 과정, 청자의 변천사를 한눈에 볼 수 있다.

강진이 청자 제조에 천혜의 조건을 갖추게 된 것은 까닭이 있다. 좋은 바탕흙과 무궁무진한 화목, 그리고 해상을 활용한 무역 – 장보고의 해상 무역과 관련이 있다 – 등이 그것이다.

청자의 색을 비색(翡色), 우후청천색(雨後晴天色)[82]이라 한다. 그것은 오로지 강진의 앞바다와 하늘을 말하고 있다.

유리의 역사를 보면, 처음 인류의 조상은 천연산 유리를 사용했는데, 이 유리는 흑요석(Obsidien)이라 불린다. 인류 최초로 유리를 가공하기 시작한 것은 기원전 5000년경 페르시아에서였다. 유리 가공 기술은 기원전 2000년경 이집트로 전파되면서 본격적으로 사용하게 되었으며, 기원전 100년경 입으로 불어 유리를 성형하는 블로우 파이프(Blow Pipe) – 녹은 유리 물질을 관대(파이프)에 묻혀 입으로 불어 성형하는 방식이다 – 기법이 개발되면서 다양한 유리 제품을 선

---

[82] 비가 갠 하늘의 맑고 푸르른 색을 일컫는 말이다.

보이며, 제조 기술이 급속히 발전했다.

현대의 향수 용기는, 1950년대 디자이너 브랜드 향수가 본격적으로 발매되면서 새로운 가치로 인식되었다. 쇼윈도, 잡지 등에서 소비자의 눈을 유혹해야 했으며, 브랜드 전체의 느낌은 유리 또는 크리스털로 응축되었다. 용기는 진정으로 커뮤니케이션과 일반 소비의 산물이 되었고, 경제적인 요구와 더불어 심미적인 질과 연결되었다.

오늘날 대부분의 용기는 시대와 접목되어야 한다. 항상 유행하는 추세를 반영해야 하기 때문이다. 향수 용기는 디자이너들이 스케치한 수백 개 중 몇 개를 선택해 폼(Form) 또는 플랙시 글래스(아크릴 수지판)로 샘플링한 후, 곧 퍼퓸하우스에 제안되어 선택되며, 이는 다시 글래스 메이커로 넘겨져서 대량으로 생산되는 것이다. 글래스는 단순히 향수를 담는 용기라기보다는, 예술품이라고 하는 것이 옳은 것 같다. 아무튼 용기는 향만큼이나 그 중요성을 지니고 있다는 사실을 부인할 수 없을 것 같다.

청자자료박물관에서 내가 가장 관심 있게 본 것은 청자 향유병이다. 뚜껑은 없어져 알 수 없었지만, 청자는 유약을 발라 굽기 때문에 내부가 유리 같은 성질을 보인다는 것이다. 그렇다면 향수 용기로 개발할 수도 있지 않을까 하는 엉뚱한 생각이 자꾸만 내 발을 잡는다.

강진의 하늘과 바다의 색을 담았던 청자, 그리고 편백의 향, 해상무역을 주름잡던 장보고……. 쓸쓸히 웃음 지으며 차에 오른다.

장흥으로 돌아가는 길목에서 피를 토하며 죽어가는 일몰을 보았다. 적어도 우린 저 태양처럼 죽어가지는 말아야 할 텐데.

작은 땅이 석양이 되어 내게 말한다.

"제 땅의 흙으로 당신의 꿈을 담으세요. 전 모든 것을 기꺼이 드릴 수 있어요. 전 당신의 것이니까요."

5. 잔설(殘雪)

늘 가보고 싶고, 그리운 것이 있다. 많은 이들이 생각은 하고 있지만 무슨 이유든 보러 갈 수 없는 자신만의 핑계를 댄다. 어쩌면 현대인들이 가지고 있는 족쇄가 아닐까? 무엇을 우선으로 하고 사는가 하는 것에 달려 있는데도 말이다.

올해의 크리스마스도 예년과 다름없이 눈이 오지 않는다고 한다. 가보고 싶고 그리운 것을 포기하기에는 너무나 짧은 삶이다. 그가 내게 올 수 없다면 내가 그의 곁으로 가면 될 터인데…….

설악산 국립공원에 도착한 때는 크리스마스의 늦은 오후였다. 세찬 바람이 귓가를 때린다. 흐릿한 하늘과 멀리 보이는 설악의 잔설에 마음을 빼앗긴다. 희끗희끗 보이는 눈! 그것은 이미 내게 어떤 대상이 아닌 그리움으로 다가선다. 내리지 않아도 좋다. 밟지 않아도 상관없다. 그저 보는 것만으로 내 영혼은 화이트 크리스마스를 맞이한다.

케이블카를 타고 공겸 산장으로 가고 싶었는데 이미 표가 매진되었다. 날이 어두워지기 전에, 내가 다녀갔다는 흔적을 남기기 위해 신흥사로 발길을 옮겼다. 하지만 설악의 바람이 쉽게 걸음을 허락하지 않는다. 흔들거리는 겨울의 그리움은 호박엿을 파는 할머니의 주름살에 묻혀 짙게 한숨짓는다.

길가와 산등성이에 길게 뻗은 소나무들이 물끄러미 나를 바라다본다. 그리고 자기의 냄새를 바람에 실어 내게 보낸다. 푸른 솔 향이 금방 하얗게 다가와 코끝에서 부서진다. 언젠가 맡았던 설악 향수의 향기를 기억나게 하면서 말이다. 설악을 뒤로하고 돌아가는 길에, 하루의 마지막 햇살이 차창에 번지며 따스함을 가져다준다.

우리가 생활을 영위하고 있는 것은 자연 속에 있기 때문이다. 자연은 우리에게 여러 종류의 냄새를 부여하는데, 그중에서도 꽃과 초목의 향기를 제일로 하고, 생각하기에 따라서는 그 냄새에 둘러싸여 생활하는 것이 우리가 아닐까 한다. 사람은 이러한 냄새에 둘러싸여 있지 않으면 허전함을 느끼게 된다. 그런 마음가짐이 때때로 뜰에 장미를 심게 하고, 때로는 거실과 책상을 꽃으로 장식하게 하며, 누군가에게 꽃을 선물하게 하는 것이다.

냄새가 없으면 삶의 즐거움이 없을 정도로, 냄새와 인간의 삶은 밀접한 관계를 맺는다. 아무리 춥고 눈이 내린다 할지라도, 어디에선가 꽃향기가 난다면, 그것만으로 음침하고 추운 겨울날은 밝고 따사로운 온기를 지닐 수 있을 것이다.

소나무! 언제나 푸름으로 우리에게 다가온다. 또한 향의 재료로서 무엇과도 비할 수 없을 정도로 훌륭하다. 뿌리, 줄기, 잎, 솔방울뿐만 아니라, 소나무 등걸의 이끼까지도 향재로 사용되기 때문이다.

조선시대에 만들어진 구자향의 제조법에 애눌[83])이 제일 먼저 기록되어 있는 것을 보더라도, 솔 향은 우리의 소중한 향기임에 틀림없는 것 같다.

풍상에 지쳐 잎과 가지가 다 망가져도, 그 뿌리만큼은 튼튼한 생명력을 지켜나가는 설악 작은 땅의 소나무를 보고 있자니, 작은 바람에도 뿌리째 흔들리며 쉽게 변해버리는 작금의 사랑이 더도 말고 소나무만 같았으면 하고 바랄 뿐이다.

향료 애용은 결코 서구 문명에 한정되었던 것은 아니다. 오히려 향을 전파하는 데에는 동양의 역할이 더 크다고 할 정도이다. 중국을 비롯한 동양에서도 향은 일찍부터 신성한 것으로 취급되어왔다.

향료는 사원의 제단에서 분향되었고, 옷에 향 분말을 뿌려 향긋한 냄새를 풍겼으며, 머리에는 사향, 용연향 등의 포마드를 발랐다. 방에는 선향을 피워 냄새를 가득 채웠으며, 향연에는 향을 입힌 종이를 썼다. 그리고 차에는 꽃잎을 띄워 향기를 더하였다.

기록을 보면, 동양이 서양에 여러 가지 향료를 전해준 사실이 나온다. 다만 서양은 그 향료를 상업적인 향수로 발전시켜 상품화했던 것이다. 우리나라 향의 시작은, 삼국유사에 따르면, 신라 19대 눌지왕 때 고구려 스님인 묵호자가 신라 땅에 처음 들여왔다고 했다. 그런데 고구려의 쌍영총 고분벽화에 향료를 든 소녀의 그림이 있는 것을 보면, 훨씬 전인 것으로 추정된다. 벽화에서는 밑이 둥글고 낮은 그릇처럼 생긴 종발 같은 것이 올려진 모양의 향로에서 세 줄기의 향연이 피어오르고 있다.

---

83) 100년 묵은 소나무 등걸에 핀 푸른 이끼.

서양의 향 문화가 향과 사람을 하나로 묶어 새로운 냄새로 발전시키는 향수 문화라 한다면, 동양의 향 문화는 정신적인 내면을 중히 여겨 자연 그대로의 향을 사용하여 사람과 향이 서로 어우러진 냄새를 원하였다고 볼 수 있다.

어둠이 짙게 깔린다.
멀리 수평선 끝 속초의 밤바다에 웬 태양이 있다!
그런데 하나가 아니다. 수십 개의 작은 해가 온 바다를 비추고 있다. 오징어잡이 배다. 때아닌 이상 기온으로, 잡혀야 할 명태는 온데간데없고 온통 오징어뿐이다.
멀리 낙산사에서 불어오는 미풍에 코끝을 가까이 가져가니, 짠 냄새와 함께 해송의 향기가 스친다. 설악의 솔과 낙산의 해송향이 어우러져 난무하며 바다 끝으로 밀려난다. 허전한 것은 마음뿐만 아니라 내 배도 마찬가지인가 보다. 많은 사람이 밝은 불빛이 있는 곳으로 떼를 지어 간다. 어딜까? 속초의 대포항이다.
출출한 배를 채우기 위해 인파 속에 묻혀 스며들어본다. 크리스마스 연휴를 이곳에서 보내려는 타지 사람들이 대부분인 것 같다. 순간, 많이 맡아본 향수의 향기가 이곳저곳에서 나는 비릿한 생선 냄새와 함께 묘한 냄새로 변하여 내 후각을 마비시켜버린다.
그 순간 작은 땅은 비명을 지른다.
"악향은 양향을 구축해요."

6. 아우라지의 한

　태백산맥 가운데에 위치하여 사방이 산에 겹겹이 둘러싸여 겨우 강 연안의 계곡에만 좁고 긴 평지가 있는 척박한 땅. 한때는 사북 탄광촌의 번성으로 인구가 10만이 넘었으나 폐광 때문에 5만 남짓으로 축소되어 약초 캐기와 산나물 캐기 등으로 삶을 지탱하는 곳.
　고구려의 영현이 668년 잉매현(仍買縣)으로 불리다 신라 통일 후 757년(경덕왕 16년)에 비로소 지금의 이름을 가졌던 그곳 정선(旌善)은 참으로 한이 많은 곳이다.
　우리에게는 오로지 '정선아리랑' 외에는 아무것도 떠올릴 수 없는 황량한 그곳을 방문한 것은 팔월 초순이었다. 큰비가 온 뒤여서 도로는 곳곳이 찢겨, 어떻게 수습해야 할지 모를 정도로 엉망진창이 되어 있었다. 구절(九切) 쪽의 송천(松川)과 임계(臨溪), 골지천이 합류되어 어우러진다 히여 이름 붙여진 아우라지. 남한강 일천 리 물길 따라 목재를 서울로 운반하던 유명한 뗏목 터로, 사공들의 아리랑 소리가 끊이지 않던 그윽한 곳이다.
　하지만 뗏목 운반과 행상을 하러 객지로 떠난 임을 애닯게 기다리는 여인과 장마 때문에 불어난 강물을 사이에 두고 사랑을 이루지 못하는 애절한 남녀의 한스러운 곳이기도 하였다. 그래서 그 마음을 적어 읊었던 것이 '정선아리랑'이 아닌가 한다. 애절한 한이 이방인의 첫발을 눈물로 맞이하나 보다.

곡예를 하듯 고개를 넘어, 몇 번을 물어보며 찾아간 곳은 정선군 농업기술센터였다. 하얀 건물이 단정한 것을 보니, 지은 지 얼마 되지 않은 듯하다.

비 온 후, 하오(下午)의 햇빛은 모든 것을 잠시 정지시킨다. 시간, 바람, 사람의 움직임까지도.

눈을 감고 소파에 앉아 있던 최 과장은 내게 농업만이 살길이라며, 진흙땅 길 끝의 연구동으로 나를 안내한다. 생열귀꽃의 약효와 개발 가능성에 관하여 역설하며 그 향기를 보낸다.

향기는 정지된 모든 사물을 살아 숨 쉬게 하며, 내 코끝으로 다가와 달콤하고 화사한 냄새로 폐부 속으로 스며든다.

동양의 향은 주로 고체 상태로 태우는 선향이나 가루 향, 그리고 향환 등 자연 상태 그대로 태우거나 조향한 것이다. 이것들을 통칭하여 인센스(incense)라고 한다.

라틴어 'incensus'에서 온 것으로, 인간의 감성과 감정을 불러일으키는 것이라는 어원에서 출발하여 태울 때 향내를 풍기는 것을 말한다. 그 기원은 성경에 기록되어 있는데, 향유나무에서 추출된 수지나 향료를 아라비아와 소말리아 해변에서 수입하여 종교의식에 사용한 것으로 알려졌다.

그 후 그리스, 로마, 인도에까지 전파되어 종교의식이나 축제에 사용되었고, 중국에서는 의학과 문화로 확장되었으며, 우리나라에서는 불교문화와 궁중 의식 그리고 의학과 예술로 승화되었다.

6세기경 백제를 통해 전파된 일본의 인센스는 문화와 종교의식을 뛰어넘어 놀이로 발전되었으며, 교오(koh)의 섬세한 향은 200년 동안 헤이안 시대 귀족들의 즐거움과 여흥을 위해 사용되었다. 서양의 향수와는 달리, 인센스는 정신적 평화와 안정을 추구하여 정신과 육체에 새로운 세계를 열어놓은 고귀한 예술이다. 환경을 개선하고, 신체를 편하게 하며, 정신을 안정시키고, 피곤한 신경을 달래주는 치료제 역할까지도 마다치 않았던 것이다.

인센스, 우리가 찾아야 할 새로운 예술이자 문화이며 산업인 것이다.

1월의 끝자락, 새벽의 향기를 가르며 두 번째 정선 방문길에 올랐다. 영동고속도로의 새말 톨게이트를 빠져나와 국도를 타고 평창을 거쳐 정선으로 가는 길은 지난여름에 왔을 때와는 사뭇 달랐다. 내와 산이 예사롭지 않았다. 아름다운 겨울 풍경이다. 시간의 흐름은 많은 것을 변화시킨다.

생열귀꽃이 그동안의 연구개발로 상업화의 단계에 접어들었다 한다. 준비된 차를 타고, 산삼과 약초, 산나물로 뒤덮인 1,561미터의 가리왕산으로 향하였다. 산 중턱에 접어드니 온통 눈이다. 사륜구동 차량도 쉽게 오르지 못한다. 길이 험히다. 길을 따라 철책이 쳐 있다. 야생동물이 산 아래로 내려오지 못하게 막아놓았다고 한다.

1,100미터의 팻말이 있는 곳에 차를 세웠다. 눈이 얼어 빙판이 되어버린 산길은, 전혀 예측하지 못한 나의 신발 때문에 자꾸만 나를

밀어내버린다. 안내자가 더 이상 오르지 않고 멈추자, 내 신발도 안도의 숨을 내쉰다.

하얀 눈 사이로 시원하고 톡 쏘는 솔 향과 정향의 냄새가 어우러져 우리 곁으로 다가선다. 눈측백나무에서 나는 냄새다. 1,000미터 이상인 고산지대의 음지에서만 자란다는 눈측백나무가 100그루 정도 군락지를 형성하고 있었다. 그 향기는 계절의 중심을 분해시키며, 고고하게 모습을 드러내어 한동안 우리를 감싸고 돌았다. 약효와 향기가 뛰어나 활용 가능성이 높지만 쉽게 구할 수가 없단다. 이처럼 군락지 형태로 발견된 것은 아주 드문 일이라고 한다.

농업기술센터의 담당자는 측백 씨앗의 조직 배양을 통해 대단위 재배를 하고 싶단다. 성공할 수만 있다면 대단한 일이며, 측백 씨앗은 약재와 향재로 상당한 소득을 가져다줄 것이다.

그와 함께 먹은 점심은 향어 찜이다. 아주 큰 향어 한 마리에 온갖 약초와 강냉이를 넣었다. 먹기도 전에 그 향이, 피곤하던 내 몸에 생기를 불어넣어준다. 일곱 명이 먹어도 남을 만큼 충분한 양이다.

향어의 향기를 먹고 난 후, 그는 이곳을 약초와 향의 마을로 만들고 싶다고 한다. 향 영농조합을 조직하여 농민들의 소득도 높이고, 약초 공원과 축제를 열어 타지의 관광객을 유치하여, 정선을 아리랑만으로 기억하지 않게 하려는 그의 생각은 아름답다.

군민들의 이러한 노력이 아우라지의 한을 풀고, 새로운 정선을 만들어갈 수 있으리라는 확신이 선다. 다만, 사북 탄광촌이 카지노장으로 바뀐 지금, 또 다른 한이 생기지나 않을까 하는 나의 생각은 기우일 뿐일까?

정선을 뒤로하고 돌아오는 길에, 오후의 햇살이 얼어붙은 강가에 투영되어 내 귓가에 소리로 들려온다.

> 아우라지 강가에 수줍은 처녀
> 그리움에 설레어 오늘도 서 있네
> 뗏목 타고 떠난 임 언제 오시나
> 물길 따라 긴 세월 흘러 흘러갔는데
> 아우라지 처녀가 애태우다가
> 아름다운 올동백의 꽃이 되었네

(정공채의 시 중에서)

아침 햇살에 비친 내 책상 한 모퉁이에 있는 작은 나뭇가지 하나가 그때 그 모습으로 환하게 웃는다.

7. 남해(南海), 금산(錦山)을 품다

봄이 왔다. 연못 물과 정원 묘목의 푸름이 하오(下午)의 가벼운 바람에 녹아 흘러간다. 바람이 전과 같지 않다. 나른함이 전해온다. 귀를 기울이면 먼 곳으로부터 아득한 소리가 들려온다.

향을 맡지 않고 듣는다는 표현을 쓴다. 때론 향을 맡지 않고 들음으로써, 향기 그 자체를 넘어 깨달음으로 치달으며, 도의 경지에 이르게 된다는 것이다. 어느새 봄도 듣고 향기도 들으며 남쪽의 끝을 향해 내 몸은 달려가고 있다.

남쪽 바다 한가운데에 자리 잡아 예로부터 남해군이라 이름 지어진 남해. 68개의 크고 작은 섬으로 이루어진 이곳은 길이 660미터, 높이 80미터의 아름다운 현수교인 남해대교가 생기기 전까지는 섬이었다. 하오의 햇살이 먼 바다로 긴 여행을 떠날 무렵, 나는 이 다리를 지나고 있었다.

다리를 지나 시작되는 도로는 굽이굽이 산을 휘돌아 가는 끝없는 길이었다. 벚꽃이 필 때 왔다면 장관이었을 텐데, 금방이라도 부딪

힐 것 같은 산과의 끝없는 조우 탓에 내 속은 울렁거렸고, 어린 시절의 추억이 다시금 떠올랐다. 그때는 이곳에 배를 타고 와서 보이스카우트 야영을 했었다.

남해 공용 터미널에서 그리 멀지 않은 곳에 우리나라에서는 제일 크다는 선향 제조업체가 있다고 하여, 어둡기 전에 그곳으로 향하였다. 논과 밭이 있는 황량한 땅에 선, 약간은 누렇게 변색된 하얀 건물을 볼 수 있었다.

큰 기대를 걸고 사무실을 찾았지만 아무도 없다. 한참 후 사원인 것 같은 한 여인이 들어왔다. 미리 연락해둔 터여서 방문한 목적을 말하니 잠시 기다리라고 하고 나가버린다.

한참을 기다려도 아무도 오지 않는다. 밖은 점차 어두워지고 바닷바람이 세차다. 누구 하나 차 한 잔 건네는 이가 없다. 한참을 기다리니, 어디서 한잔하셨는지 얼굴이 발그스레한, 연세가 꽤 드신 할아버지 한 분이 들어와 내게 손을 내밀더니, 인사도 하기 전에 향에 관한 이야기를 늘어놓기 시작한다. 앉으라는 말도 없고, 차도 건네지 않는다. 오랫동안 방치된 것 같은 연구실도 보여주고, 자재 창고, 생산 공장도 보여주었다. 그리고 만들어진 선향을 맡아보라고 권하지만 내게는 그 향이 와 닿지는 않았다. 선조들의 전통 향을 재현했다지만 그것이 아니었다.

이곳에는 다니는 차가 없어, 불러준 택시로 역한 향과 술 냄새를 뒤로하고 그곳을 떠나야만 했다. 맑고 시원한 바다에 끓어오르는 울분을 실컷 토해야만 했기에.

향에는 향목과 연향의 두 가지가 있는데, 향목은 향나무를 잘게

깎아서 만들어 태웠으며, 연향은 향목을 가루로 만들어 조향하여 여러 가지 모양으로 만들어 피웠다.

동양의 향은 향나무(香木), 백단(白檀), 침향(沈香), 정향(丁香) 등 나무에서 채취한 것, 사향, 용연향(龍涎香) 등 동물에서 채취한 것, 유향(乳香), 안식향(安息香) 등 수지(樹脂)를 재료로 사용하였다.

근래에는 사용의 편리함 때문에 선향(線香)이 주로 이용된다. 국내의 향 산업 또한 선향 중심의 제품을 만드는데, 주로 사찰이나 제사 의식에 사용되며 최근에는 일반인들에게도 향 문화가 파급되면서 고급 향 선호도가 차츰 높아지고 있다. 하지만 고급품인 일본 향과 저급품인 중국 향에 밀려 영세성을 면치 못하며, 향다운 향조차 개발하지 못하고 있다.

통영과 남해를 중심으로 지금의 향 생산이 이어지고 있지만, 좋은 향재를 구하기가 어렵고, 조향 기술의 낙후로 인한 제품의 질 저하, 디자인 문제, 향 문화의 부재 등으로 인하여 그 맥이 뿌리째 흔들리고 있는 것이다. 듣기는커녕 맡기도 싫은 냄새를 풍기면서 말이다.

전날 밤 바다의 세찬 바람이 가시고, 상주해수욕장의 아침 바다가 눈부시다. 내 어린 시절 딱 한 번 왔던 이곳의 기억 여행은 계속되었다.

그리 멀지 않은 곳에 소금강산(小金剛山)이라 불리는 아름다운 금산이 있다. 코트에 가죽 가방을 멘 등산객은 나 혼자뿐이다. 등산은 전혀 생각하지 못했던 나는 복장 때문에 바위에서 미끄러져 손목에 작은 상처까지 났다. 그래도 좋다. 내 어린 시절의 추억을 더듬을 수 있으니 말이다.

한참을 올라가니, 멀리 남해가 보이는 곳에 이른다. 어디가 하늘이고 어디가 바다인지 구별되지 않는 푸름이 날 안고 금산을 안는다. 따스하다. 멀리서 치자향이 들린다. 하지만 어느 곳에도 치자 꽃은 없다. 아주 오랫동안 잊고 지냈던 추억이 날 포근히 감싸며 위로할 뿐이다.

두 개의 콧구멍 같은 쌍홍문 앞에 이르렀다. 담쟁이덩굴이 큰 바위를 타고 긴 수염처럼 나 있다. 쌍홍문을 지나자 코트가 들썩일 때마다 땀 냄새가 오랫동안 진동한다.

향기에도 혀가 느끼는 맛이 있다. 다만 그 자체의 성질을 가리키는 것이 아니라 '맵다, 달다'라고 하는 물질이 자연 그대로 또는 가열에 의해 내는 향기를 말하며, 맛 그 자체를 지적하는 것이 아니라 그 물질이 내는 향기를 취하는 것을 말한다.

오미(五味)는 혀의 감각으로, 후각에 비유한다면 매운맛은 정(丁)자의 매운맛, 단맛은 꿀을 넣은 단맛, 신맛은 매실의 신맛, 짠맛은 땀의 짠맛, 쓴맛은 노란 떡갈나무의 쓴맛으로, 이것을 후각의 오미라고 하여 향에 응용할 수 있는 것이다.

내 몸에서 나는 짠맛의 향기를 느끼며 산에서 내려오는 길은, 잃어버렸던 그 무엇을 찾은 것처럼 허한 가슴을 가득 채운다. 산 아래쪽에 다다르자 남해의 작은 포구 미조항의 비릿한 냄새가 주위를 감싸며 내 작은 땅의 후각을 깨운다.

8. 왕포마을의 곡두[84]

어느 날 그는, 바닷가에서 바다 위에 우뚝 솟은 운무 속의 큰 성을 찾아내고는, 진시황에게 영원한 생명을 주는 불로장생의 명약 불로초를 구해올 수 있다고 하였다.

진시황은 그에게 많은 보화를 주었다. 그는 당장에 배를 구해 성을 찾아 떠났다. 하지만 가도 가도 그곳에 도착할 수 없었고, 그 성은 온데간데없이 사라져버렸다. 이제 그는 돌아갈 수 없게 되었다. 불로초를 구하지 못하고 돌아간다는 것은 바로 죽음을 의미한다는 사실을 잘 알고 있었기 때문이다. 그래서 그는 끝없이 항해를 계속할 수밖에 없었다. 그는 자신을 돌아보며 고개를 갸우뚱거리며 중얼거리기 시작했다.

"내가 보았던 바다 위의 큰 성은 환상이었나? 도대체 어디로 사라져버렸단 말인가?"

봄 냄새가 물씬 풍기는 3월 어느 날, 나는 김제역의 플랫폼에서 빠

---

[84] 신기루의 순수 우리말.

겨나와 부안군으로 가는 버스에 몸을 실었다. 서해의 일몰, 아니 정확히 말한다면 지는 태양을 서서히 삼키며 실루엣을 늘어뜨리는 변산반도 모항의 일몰을 보기 위해서였다.

석양이 질 무렵, 부안에서 갈아탄 버스가 변산해수욕장을 지나 종점인 격포항에 도착하니 어둠이 짙게 내린다. 이곳은 제법 큰 마을로, 버스터미널이 있는 것을 보니 변산반도의 중심지인 듯하다.

눈 시린 아침 햇살은 겹겹이 얇은 종이를 포개놓은 듯, 채석강의 암석을 두꺼운 사전처럼 보이게 한다. 미역과 소라의 냄새가 진동하는 격포항을 돌아보다 보니, 어느새 변산의 내소사로 가는 버스의 출발 시간이 되어간다.

터미널에 도착하니 차는 있지만, 출발 시간이 되었는데도 운전기사는 보이지 않는다. 10분, 20분, 거의 30분을 기다리다 이곳저곳에 물어보니, 기사가 버스 안에서 자고 있을지 모르니 버스 문을 두드려보란다. 문을 세게 두드리자 기사가 부스스한 눈으로 문을 열어주며 왜 잠을 깨우느냐는 표정이다.

내소사에 봄이 왔다. 산뜻한 숲 냄새가 내게 미소 짓는, 내소사 입구에서부터 벌써 봄이다. 목련이 꽃망울을 터뜨리고, 기다림을 참지 못한 꽃들이 고개를 내민다. 목조 건물과 흙, 초목과 불전의 향이 한데 어우러져 봄 냄새를 퍼뜨려 산사의 고요함을 깨운다.

이것이 진정한 우리 냄새인가. 좋은 냄새는 늘 우리 주변에 있지만, 우리가 닫힌 마음을 가져 미처 그 향기를 듣거나 맡을 수가 없었을 뿐이다.

이제 해가 지기 전에 모항으로 가야 한다. 모항에 도착하니, 태양이 서서히 기울며 바다에 투영되고 있다. 길게 뻗은 석양의 잔상이 바다를 황금빛으로 물들이며 마지막 생명의 불꽃을 태우고 있었다. 너무나 황홀한 광경이기에 나는 그 자리에서 한 발짝도 움직일 수가 없었다.

여기에서 일몰을 보며 하루를 묵고 싶어 바닷가 언덕 위에 자리 잡은 리조트로 갔다. 그런데 그곳은 시설에 비해 숙박비가 터무니없이 비싸 머물지 못하고, 딱히 갈 곳을 정하지 못했지만 떠날 수밖에 없었다. 어쩌면 자연의 풍광을 미끼로 부당하게 돈을 벌고 있지 않은가 하는 생각이 들었다.

불현듯 생각나는 곳, 내소사에서 돌아오다 보았던 대하(왕새우) 양식장이 즐비하게 늘어선 왕포라는 곳이다. 이 시간에 그곳으로 가는 버스가 있을 것 같지 않아 무작정 지나가는 차를 세웠다. 다행히 승합차가 나를 그곳으로 데려다 주었다.

50호가량 되는 작은 어촌 마을인 왕포, 그곳 바닷가 가까이 작은 모텔이 하나 있었다. 제철이 아니어서인지 썰렁한 느낌이 들었지만, 2층 방에 들었다. 큰 창문이 작은 베란다로 통하게 되어 있어, 바로 아래쪽에서 시작되는 바다를 마음껏 볼 수 있었.

소리 없이 밀려오는 밀물의 행진에 눈을 빼앗긴다.

어쩐지 이상하다. 지금껏 내가 겪어보지 못한 그 무엇이 이곳에 존재하는 듯하다.

아! 소리가 없다. 아무 소리도 들리지 않는다. 모든 것이 정지되어 차 소리, 사람 소리, 바람 소리, 그 어떤 들림도 없다. 소리에 익숙해져 있는 내게 그 정적이 소름 끼치도록 무섭다.

시간이 흐를수록 무서움은 편안함과 평온을 가져다준다. 그냥 이대로 있고 싶다는 생각뿐이다.

적막 속에서 잠이 든다. 내 영혼에 속삭이는 바다 냄새를 맡고 눈을 뜬다. 창문을 열고 밖으로 나가니, 잿빛 해무 속에서 어렴풋이 산과 성의 형상이 다가온다. 진시황의 불로초가 있다던 성이 바로 이 왕포마을의 곡두가 아닐까?

얼마 후 해가 떠서 빛이 흐르자, 내가 보고 있는 것은 환상이 아니라 현실이라는 것을 알게 된다. 어젯밤 미처 보지 못한 바다 건너 반도의 육지 마을이 새벽안개 때문에 곡두로 보였던 것이다.

피식 웃음이 난다. 향기가 소리가 되어 내 귀에 들린다. 썰물이 시작되나 보다. 서해의 비릿한 냄새가 온몸을 감싸며 왕포의 곡두를 전설 속으로 날려 보낸다. 언제까지나 이 모든 것을 간직하고 싶다.

최근 향의 추세는 '자연으로의 회귀'를 주제로 삼고 있다. 그래서 물과 바다의 냄새를 인위적인 합성 향료로 만든 것이 오셔닉, 아쿠아틱 계열의 향수이다.

동양에서는 오래전부터 향을 사람의 손에 의한 인위적 방법으로 만들지 않고 자연에서 채취하여, 그 냄새를 향기로 표현하였다. 고대 문헌을 보면 청각채, 소금, 개펄의 흙, 황토, 조개껍데기 등을 향재로 사용하였음을 기록했다. 이는 동양 향이 얼마나 뛰어났으며, 다양하였는지 알 수 있게 한다. 다만 그 맥이 현재까지 이어지지 못하고 역사 속에 묻혀 있다는 것이 안타까울 뿐이다.

언젠가 시간이 나면, 자연에 널려 있는 모든 것을 태워 이곳의 냄새를 만들어보고 싶다.

왕포마을에서 나와 늦은 아침을 해결하기 위해 신작로를 걷는다. 따가운 햇볕이 내 얼굴을 쏘아 걸음을 재촉하게 한다. 작은 땅이 소리 없이 내 온몸을 감싸, 그 향기로 사랑을 표현한다. 그리고 내 영혼은 개펄 냄새를 따라 끝없이 항해한다.

9. 그라스(Grasse) 그리고 이안(利安)

 남프랑스 지중해변의 도시 니스(Nice)에서 마르세유 방향으로 A8 고속도로를 타고 20분 정도 가면, 칸과 그라스의 인터체인지를 만나게 된다. 이곳에서 20여 분 달리면 해발 350미터의 산악도시인 향수의 메카, 그라스(Grasse)를 만날 수 있다.

 그라스에는 향수의 모든 것이 존재한다. 모리나르(Molinard), 프라고나(Fragona), 앵떼르나쇼날 드 라 파퓌므리(Int'1 de la Parfumerie) 등 향수 회사, 향료 회사, 향수박물관 등이 즐비하며, 그곳에서 멀지 않은 소피아 앙티폴리스에는 샤넬의 연구소가 있다. 이곳의 향수 회사들을 살펴보면 향수의 현재와 과거를 함께 볼 수 있다.

 그라스는 6, 7세기 무렵, 지중해 연안 지방의 켈트족으로부터 약탈을 피해 온 이주민들이 정착하면서 형성되었다. 12세기 무렵의 그라스는 이탈리아, 스페인에 가죽과 유리 제품을 수출하였고, 그 후 1582년에 향수 및 장갑 등을 포함한 여러 조합이 조직되면서 발달한 제혁 기술에 힘입어 번영해왔다. 무두질한 동물의 가죽에서 나는 역겨운 냄새를 제거하기 위한 것이 바로 그라스 향수 산업의 시초였다. 그라스에서 글러브-퍼퓨머(Glove-perfumer)가 나온 것도 이때였다.

그라스 지방은 온난한 기후와 비옥한 토지 등 뛰어난 자연조건이 있어 향수의 원료가 되는 방향성 식물류의 생육에 최적지였으며, 프랑스혁명의 소용돌이 속에서도 천연향료 공업을 계속 발전시켜 왔다. 그라스는 조향사들의 가슴이나 영혼과도 같은 곳이다. 지난 수 세기 동안 향수 창조자들이 그곳에서 조향사의 대를 이어왔다.

향수 산업의 요람인 그라스는 지금도 전 세계 조향사들의 성지로 추앙받는다. 봄이 오면 조향사들이, 강렬한 향으로 가득한 이 작은 마을을 배회하는 것을 볼 수 있다. 지금도 5월이 되면, 시원한 분수가 있는 중앙 광장과 돌로 포장된 어두운 골목까지도 장미 향이 은은히 퍼진다.

비록 초현대적인 실험실이 옛날의 분주했던 공장을 대신하게 되었고, 장미를 재배했던 꽃밭도 거의 자취를 감추었지만, 그라스는 그 매력을 조금도 잃지 않고 있다. 전통적인 장미 재배 기술은 아직 따라올 데가 없으며, 이곳에서 생산되는 에센스는 세계 최고의 품질을 자랑한다.

마을의 중앙 광장 근처에 가면 두 곳의 향수박물관이 있다. 프라고나(Fragona) 박물관은 주로 향수 용기와 책자 등이 전시되어 있는데, 세공 기술이 뛰어난 크리스털 향수 용기 소품이 볼 만하다. 또한 프라고나만의 독특한 향수를 생산 판매하고 있다.

다른 한 곳은 세계 최고의 향수박물관인 뮤제 앵떼르나쇼날 드 라

파퓌므리(Musee Int'1 de la Parfumerie)이다. 기원전 2000년대의 이집트 향수 용기인 아라바스터 항아리에서부터 고대, 중세, 근대에 이르기까지 용기의 역사를 볼 수 있으며, 증류·추출 기구 등 향수를 만들어내는 도구들, 포스터, 책자에 이르기까지 일목요연하게 전시되어 있다. 또한 향의 원료가 되는 식물을 재배하는 온실(green house)을 운영하여 관람객의 지식을 더해준다.

한 가지 재미있는 사실은 이곳이 파트리크 쥐스킨트의 소설 『향수』의 모티브가 되었다는 것이다. 아무튼 마을 이름과 똑같은 관리책임자인 마리 크리스티앙 그라스의 말을 빌리지 않더라도, 향수의 모든 것이 있다는 사실만은 부인할 수 없을 것 같다.

이 두 박물관 사이의 작은 골목길에는 19세기의 낡은 잿빛 건물에 들어서 있는 작은 상점들이 즐비한데, 예쁘게 포장된 선물용 문구류, 주문 제작된 향수 등 잘만 고르면 싸고 귀한 것들을 쉽게 구할 수 있다.

이곳에서 얼마 떨어져 있지 않은 빅토르 위고(Victor Hugo) 가에는 커다란 야자수와 소철나무가 버티고 서 있는 고풍스러운 건물이 있다. 바로 그 유명한 모리나르(Molinard) 향수 회사다. 모리나르사는 전통적인 제조 방법과 경영 방식을 고수하여 프랑스 향수의 자존심을 지키는 회사로 손꼽히고 있다.

이 회사에는 재미있는 역사적 일화가 하나 전해진다. 1894년, 모리나르라는 한 화학자가 비밀리에 자신의 실험실에서 놀라운 향수를 만들어내 그라스 중심가의 작은 가게에 내다 팔아 크게 성공하게 되었는데, 그의 평판이 날로 높아지자 빅토리아 여왕도 그라스에 올

때마다 이곳에 들러 모리나르와 그의 향수에 관심을 보이며, 향수를 잔뜩 사가지고 돌아갔다고 한다. 1921년에 발매된 모리나르의 '아바니타(Habanita)' 85)는 당대 최고의 향수로 인정받았으며, 당시 향수 용기는 크리스털의 거장 르네 랄리크의 작품으로 만들어졌다.

1900년 모리나르는 날씨가 온난한 리비에라 해안으로 피한 온 러시아인, 영국인을 위하여 전형적인 프로방스풍의 장대한 판매 전시장을 열었다. 오늘날 이 판매 전시장은 16~18세기 식의 고가구, 향수 산업의 역사에 관한 많은 고문서와 다양한 골동품들과 랄리크, 바카라 등이 디자인한 유서 깊은 향수 용기 등을 전시품으로 꾸며놓았다. 같은 건물에는 향료 제조실과 향수 공장이 있어, 직접 제조 과정을 볼 수 있고 강의도 들을 수 있다.

아무튼 그라스는 코끝에 감도는 꽃의 향기를 지닌 예술품과 역사가 살아 숨 쉬는, 꿈과 예술을 창조하는 조향사들의 영원한 안식처, 바로 그런 곳이다.

하늘에 떠 있는 별들이 모두 자기 것이라고 외치는 사람이 있었다. 그는 누구든 원하기만 하면, 언제든지 그 별의 소유권을 이전해 주겠노라고 말했다. 소유란, 눈에 보이는 사물 등이 아니라 마음속에 있는 것이다. 그러므로 진정한 소유는 가지는 것이 아니라 나누어주는 것이 아닐까?

가끔 우울하고 힘들 때 내가 즐겨 찾는 곳이 있었다. 갈 때마다 그곳의 냄새는 언제나 다른 향으로 내게 와 닿는다. 행정구역상 경북

---

85) 각기 다른 특색을 가진 600여 종의 꽃 향과 과일 향, 나무 향 등 100% 천연 향이 혼합되어 은밀하고도 열정적인 플로럴 오리엔탈 계열의 향수.

상주시 함창군 이안면인 그곳은, 공중보건의로 보건 지소장을 맡았던 내 동생 덕택에 언제든지 달려가기만 하면 마음껏 쉴 수 있었던 나만의 공간이었다. 하지만 이제는 그곳에 갈 수 없다. 동생은 그곳을 떠나 병원을 개업하였기 때문이다.

언제나 그곳에는 황량한 나의 마음을 따뜻하게 해주는 우리의 냄새가 있었다. 봄이면 꽃들과 나무의 향이, 여름이면 두엄 냄새에 섞여 나는 풀 냄새가, 가을이면 사과 향이, 겨울이면 텅 빈 대지와 어우러져 죽어가는 이끼의 냄새가 마을 풍경과 함께 내 코끝을 감싸 안았다. 그 향들은 보건소 문을 열면 나는 소독약 냄새와, 말을 하지 않아도 언제나 사랑을 느끼게 해주는 동생과 함께, 오랫동안 내 가슴속에서 맴돌 것 같다.

남프랑스의 그라스가 내게 서양의 향을 알게 해준 곳이라면, 우리의 향을 깨우쳐준 곳은 바로 이안, 그곳이다.

장자의 어록 중 다음과 같은 말이 있다.

"분열은 이룸이고, 이룸은 분열이다. 한쪽에서의 합침은 다른 쪽에서의 파괴이다. 그러므로 사물은 이루든 파괴되든 다 같이 하나일 뿐이다."

향 또한 마찬가지가 아닐까. 인간의 몸에 뿌려질 때 향은 파괴되고, 사람 냄새와 합쳐져 새로운 냄새를 만들어내는 것이다. 하지만 그것이 분열되든 합쳐지든 향은 향이며, 사람은 사람일 뿐이다. 그래서 우리의 향은, 향과 더불어 사는 인간의 모습을 표현하였던 것이다.

가끔 우리 주변에 널려 있는 우리의 향을 맡아보고 사용해보는 것도 나쁘지만은 않을 것이다. 이제 우리 전통의 향과 서양의 향을 어떻게 접목해야 하는지, 서양 유명 브랜드의 향수만이 최고인지에 대한 자문자답을 해보아야 할 것 같다.

많은 사람이 관심을 가지고 동서양의 향을 파괴하기도 하고 합쳐보기도 하는 새로운 시도를 했으면 한다. 그리하여 머지않은 미래에 세계 최고의 향수 전문가들이 우리나라에서 많이 나왔으면 좋겠다.

10. 블루(Blue)

　남프랑스 니스(Nice)의 꼬뜨 다쥬르 공항에 도착한 시각은 저녁 8시 무렵이었다. 밖에는 11월의 차가운 바람과 함께 비가 내렸다.
　코트를 걸치고는 천천히 바다 냄새를 들이켜 본다. 여름의 니스는 관광객으로 북적대지만, 초겨울의 니스는 조금 쓸쓸하게 느껴진다. 비가 계속 내린다. 절벽 위에 늘어선 집들에서 쏟아지는 불빛과 어우러져, 니스의 짙은 푸른색 밤바다는 환상 그 자체이다. 깃을 세운 코트 위로 빗방울이 또르르 굴러 떨어진다.
　비 개인 아침, 지중해의 눈부신 태양 아래 펼쳐진 니스의 바다는 전날 밤과는 달리 너무나도 푸르다. 그리고 화려하다. 하얀색 건물과 대조를 이루는 리비에라의 푸른 해변은 푸르다 못해 쪽빛(azur)을 띠어 꼬뜨 다쥬르(Cote d'azur)라 불린다.
　지중해의 햇빛은 찬란하고도 강렬해서, 카뮈의 소설 『이방인』의 주인공 뫼르소를 자극했던 것처럼, 사람들의 원초적 본능을 깨워 일으키기도 한다.

일본인 기타노 다케시 감독의 영화 〈하나비〉는 회색을 머금은 것 같은 푸른색의 화면으로 '기타노 블루'라는 신조어까지 생기게 했는데, 그 정도로 감독의 뛰어난 푸른색 색감이 유명하다.

시시각각 변하는 화면에서 푸른색은 때로는 회색으로, 검은색으로 변환되어 시간과 장소 그리고 상황에 맞게 변해, 푸름의 의미를 제각기 보여준다. 그것이 블루의 속성이 아닐까.

먼 바다를 보면 하늘과 바다가 만나는 곳이 있다. 하얀색에 가까운 것에서부터 검은색을 느낄 수 있는 것까지의 푸른색을, 우리는 청색, 블루(blue)라고 한다. 그 색의 이미지는 깨끗하고 상쾌하며 신선한 자연을 느끼게 하지만, 때로는 우울하고 거친 파도를 가져다주기도 한다.

블루는 4,700~5,000옹스트롬의 파장을 가진 색으로, 시간은 빠르게, 물체는 가볍게 만든다. 이 색은 하늘의 푸름을 나타내는 투명한 녹색기를 띠고 있는데, 이상과 희망을 상징적으로 나타내기도 하고, 울트라 마린(ultra marine)이라 불리는 진한 남색으로 바다 속 푸른색 이미지를 상징하기도 한다.

스웨덴과 핀란드 하늘을 닮은 블루와 화이트의 복합적 색인 스카이 블루(sky blue), 영국 서해안에서 주로 사용되는 네이비블루(navy blue), 남프랑스 리비에라 해안 바다의 빛깔인 쪽빛인 아쥬르(azur), 아테네의 깊은 바다색인 울트라 마린(ultra marine), 독일의 어두운 청색계인 프러시안 블루(prussian blue), 그리고 푸른빛이 도는 연한 물색인 아쿠아 마린(aqua marine) 등 실로 블루의 범위는 넓다고 할 수 있다.

또 'I'm feeling blue.'의 뜻이 '몹시 우울하다'로 쓰이는 것을 보면, 색은 한 가지의 모습이 아닌 여러 가지 형태로 우리에게 다가온 다는 사실을 부인할 수 없을 것 같다.

향의 조합은 음악에서의 작곡이나, 화가의 그림에 자주 비유된다. 향의 골조가 되는 것은 기초제(base)로서, 그것에 의해 향의 형이 결정된다. 기초제로는 일반적으로 휘발도가 낮고, 보류성(향을 머금고 있는 성질)이 풍부한 향료가 사용된다. 향의 조합에 의해 어느 냄새가 강해지든가 약해지는 경우가 있는데, 조향사들은 신비한 냄새의 비밀을 숙련된 경험에 의해 파악한다.

기초제만으로는 천연의 미묘한 향이 재현될 수 없으므로, 향 전체에 조화를 가져오는 향료를 첨가해야만 한다. 이러한 향료를 조화제(blender)라고 하는데, 이렇게 해도 향이 최종적으로 정리되지 않을 때는 다른 향조의 향료를 조금 더한다. 이 경우 가해지는 향료를 변조제(modifier)라고 부른다.

이렇듯 향수는 단순히 한 가지 물질로 이루어지는 것이 아니라, 서로 다른 여러 가지 향료가 조합되어 그 휘발하는 속도와 시간의 흐름에 따라 향기의 미묘한 느낌이 변해간다. 이러한 향의 느낌은 조향사에 의해 결정된다. 조향사들은 시대의 조류와 유행을 만들어가야 하는데, 그래서 시대를 읽어내는 새로운 디자인과 감각이 필요한 것이다.

자연 상태의 식물이나 혹은 향수에서 블루의 향을 느낄 수 있다. 시나몬, 정향, 너트맥, 민트의 천연 향이나 이를 복합적으로 사용한 스파이시 노트(spicy note), 다시마 등의 해조류나 짠 공기 등 바다의 느낌을 주는 향의 계열인 오셔닉 노트(oceanic note) 등에서이다.

블루 향은 5월부터 8월까지 여름에 주로 선호하는 향으로, 시원하고 톡 쏘는 느낌이 있으며 바다와 하늘을 연상케 한다. 스포츠 향수나 유니섹스 모드의 향수로서, 차갑고 깔끔하며 부드러움 속에서 강한 느낌이 드는 향취를 가졌다.

보석의 아름다움은 광택의 특성과 분산(분광색), 색채, 광채 그리고 오팔에서 볼 수 있는 색의 조화 같은, 희귀하고 특이한 광학적 효과 등에 의해 결정된다. 따라서 다이아몬드와 같이 보석 자체에 색이 없어 투명한 광물은 표현할 수 없는 광택과 광채 때문에 가치가 있다.

향수에도 물 같은 투명한 향의 계열이 있다. 다이아몬드와 아쿠아의 향처럼 스스로 빛과 향을 내지는 않지만, 분명한 것은 그 속에 가장 아름다운 색과 향을 머금고 있다는 사실이다.

현대의 향수는 그저 패키지를 만들고 향의 색을 결정하는 것이 아니다. 포장이나 향의 색깔이 그 향기를 의미하기 때문이다.

하늘색 같은 연한 푸른색은 아쿠아나 오셔닉 계열의 냄새를 의미하며, 진한 푸른색은 우디나 오리엔탈 계열을 나타낸다. 물론 연한 푸름일 경우 스파이스 시프레나 오셔닉 계열, 짙은 경우 우디 앰버 계의 향이 주류를 이룬다. 그래서 냄새를 맡지 않고 패키지나 향의 색깔만으로도 그 향기를 어느 정도 구별할 수 있는 것이다.

또한 향기는 온도와 습도에 따라 변화하므로, 계절과 장소에 따라 그 느낌이 달라진다. 그래서 여름에 사용하는 아쿠아 계열의 향을 겨울에 사용하면 다른 향기로 전해지기 때문에, 향을 사용하는 이에게는 향에 대한 지식과 감각이 더욱 필요한 것이다.

연한 블루 향은 때론 바다의 느낌을 가져다주어 상쾌함과 물 향이 물씬 풍김으로써 젊고 부드러운 여름을 상징한다. 눈이 내리는 겨울에는 이 향이 상큼함을 주기 때문에 하얗게 느껴지기도 한다.

진한 블루의 향은 우디나 엠버 계열이 주류를 이루며, 계절에 관계없이 사용할 수 있는 것이 특징이다. 이 색을 지닌 향수는 바다나 여름을 상징하기보다는 강한 자의식, 중후함, 밤 등 차갑고 딱딱한 느낌을 준다.

아무튼 향수에서 색은 또 하나의 향기를 느끼게 하며, 디자이너는 그 색을 통해 향기를 표현한다.

블루!

녹색과 보라를 적정히 함유하고 흰색과도 잘 어울리는, 젊음을 대변해주는 색임이 틀림없다. 눈이 내리는 겨울, 당신이 진정한 블루를 입고 블루의 향기를 뿜어내는 블루맨, 블루우먼이 되어보는 것도 괜찮을 것 같다.

11. 화이트(White)

　마을 전체가 향기로 가득 차 있고, 향수박물관과 향료 공장, 향수 업체가 즐비한 세계적인 향수 마을 그라스이다. 온난한 기후와 비옥한 토지 등 뛰어난 자연조건이 그라스를 향수 산업의 중심지로 자리 잡게 하였다.

　1849년 설립된 모리나르(Molinard)사의 베르나르 사장을 만나기로 한 시각은 오전 10시였다. 미팅 후 그는 나를 점심식사에 초대했는데, 산악 도로를 따라 10여 분 오퀴스트 르느와르(Auguste Renoir) 가의 한 건물에 주차하였다.

　하얀색의 이층 건물인 그곳은 라 토크 블랑쉬(La Toque Blanche), '요리사의 하얀 모자' 라는 이름을 가진 전통적인 프렌치 레스토랑이었다. 갓 구워낸 바게트를 마음껏 먹을 수 있고, 감칠맛 나는 소스를 뿌려 만든 생선 요리, 남 프랑스산 포도주 그리고 얇은 빵 사이에 바닐라 아이스크림을 넣고 초콜릿을 듬뿍 얹은 디저트의 맛은 하얀색 건물과 지중해변, 그리고 그라스의 향기와 함께 오랫동안 내 기억 속에서 맴돌 것 같다.

백색, 화이트(White)라 불리는 이 색은 빛을 반사시켜, 때로는 없는 것처럼 투명하게 느끼게도 하고, 상쾌함, 청결, 순결을 나타내기도 하며, 숭고함을 더해주기도 한다.

백색은 우리 민족을 상징하는 색으로, 예나 지금이나 사람들이 상당히 선호하며 신성시하는 색상이다. 이것은 백색의 맑고 깨끗한 이미지를 생활 주변에 유지하려는 강한 욕구, 모든 색은 가시적 느낌에 지나지 않을 뿐이며 모든 넋은 아무 색도 지니지 않은 순결한 흰 것으로부터 비롯된다는 색즉시공의 깊은 불교 사상이 뿌리박혀 있기 때문인지도 모른다.

백색은 주로 북유럽 지방에서 선호하는데, 이는 차갑고 눈이 많이 내리는 기후적 특성 때문일 것이다. 지중해변의 도시에서도 바다와 잘 어울리는 백색의 건물이 해변을 장식한다.

백색은 청색 또는 감색과 배색을 이루어, 깨끗하고 고상하면서도 간결하게 느껴지기도 하며, 녹색과 동화적 느낌으로 배합되기도 한다. 아무튼 백색은 어떤 색과도 잘 어울리며, 가공되지 않은 자연 그대로의 느낌을 가지고 있음을 누구도 부인할 수 없을 것 같다.

다만 빈 여백의 공허감과 허무함 등 채워지지 않는 욕구의 좌절을 나타내며, 군대에서는 항복의 표시로 백기를 사용하여 백색의 또 다른 일면을 느낄 수 있다.

향수에서 백색의 느낌은 브랜드 네이밍 또는 이미지로 사용하는 경우와, 향 자체에서 희고 투명한 느낌이 드는 경우, 크게 두 가지로 나누어 볼 수 있다.

전자는 그 이름이나 이미지가 희거나 투명한 느낌을 주는데, 주로 프레시 플로럴 계열, 알데히드 계열이나 때로는 엠버 계열의 향에 사용한다. 하지만 이 경우에도 백색의 느낌만은 완전히 배제할 수가 없다. 다만 순수함보다 백색의 화려함과 사치스러운 느낌이 지배적이어서, 30대 이후의 여성에게 어울린다.

후자는 물의 투명함을 강조하는데, 좀 더 어리고 순수한 젊은 세대를 위한 향으로, 아쿠아틱 플로럴이나 플로럴, 헤스페르딕 계열의 향수가 주류를 이룬다.

주의할 점은 화이트계의 같은 향수를 10~20대와 30대 이후에 사용하는 것은 그 느낌이 크게 달라지므로, 이를 잘 알고 사용하여야 한다는 것이다.

이제 향수의 이름을 결정하는 브랜드 네이밍에 대해 알아보자.

브랜드 네이밍이란 무엇일까? 브랜드의 이름은 제품의 얼굴이자 상징이다. 그래서 브랜드 이름은 자신들의 철학과 콘셉트를 최대한 살리고, 소비자의 인식을 극대화하도록 지어야 한다. 그만큼 브랜드 작명은 제품 못지않게 중요한 것이다.

최근에 많은 기업이 자기 브랜드의 자산 가치를 평가하며 브랜드 마케팅에 주력한다. 브랜드는 상품과 동일하게 취급되어, 보이지 않는 상품으로서 값어치가 결정되며, 브랜드를 사고팔기도 한다. 그래서 현대를 브랜드 마케팅 시대라고 하는 것이다.

상품을 고를 때 우리는 똑같은 질이라 해도 브랜드에 의해 선택하는 것에 익숙하다. 특히 향수를 고를 때는 브랜드 네임을 어떤 상품에서보다 중요하게 여긴다. 하지만 이미 결정되어 있는 기업의 이미지는 쉽게 바꿀 수 없다. 브랜드의 가치나 역사가 결정되어 있는 향수와 동일하게, 또는 더 나은 제품을 만들어도, 브랜드의 역사가 짧고 유명하지 않다면 소비자는 제품에 쉽게 손을 대지 않는다. 그래서 많은 기업은 이미 유명하고 역사가 깊은 디자이너 브랜드나 유명 제품 또는 유명인의 이름을 빌려 자사 상품에 사용하고 있다.

피에르 베시스(Pierre Bessis)에 의하면, 향기를 표현하는 메시지이자 소비자의 구매를 결정하는 향수 이름은 발음이 아름답고, 제품의 이미지와 일치하며, 의미가 있어야 한다. 또한 향기와 용기 및 포장 그리고 그에 걸맞은 광고의 이미지까지 계산하여 결정해야 한다.

성공적이라고 할 수 있는 향수 브랜드들은 상상과 상징을 최대한 이용하여 상품의 독자성을 나타내, 쉽고 오래 기억할 수 있게 한 것들이다.

화이트!

하얀 도화지에 그려진 그림은 그 여백을 메운 화가에 의해 그 최종 가치가 결정된다.

화이트 향도 마찬가지가 아닐까? 당신이 마지막 잔향을 만들어낼 테니까.

12. 앱솔루트(Absolute)

나는 영화를 굉장히 좋아한다. 언젠가 이 세상에서 다시 만들 수 없는, 아름다운 단 한 편의 영화를 만드는 것이 소원이다. 그런 영화가 좋아서 한때는 일주일에 한두 편 이상의 영화를 본 영화광이기도 하다.

언제부터인가, 무심코 들었던 영화의 대사 중 내 귀에 쏙 들어온 말이 있다. 주인공이 훌륭한 연설을 했을 때 청중이 환호하는 첫마디, 혹은 진정한 예술품을 만났을 때 그 작가에게 건네는 최고의 칭송, 남녀가 사랑의 행위를 끝냈을 때 여자가 남자의 눈을 응시하며 꿈꾸듯 내뱉는 단어는 '굿(good)'이나 '엑설런트(excellent)'가 아니었다. 그것은 절대적이고 완벽하다는 뜻을 지닌, 다름 아닌 '앱솔루트(absolute)'였다.

향수에서 앱솔루트는 가공 이전의 매우 순수한 향의 원료를 말한다. 동식물에서 얻어진 천연 원료는 여러 가지 추출법에 의해 가공 이전의 순수 원료인 포마드, 콘크리트(에센스오일과 왁스), 수지로 만들어진다. 이것은 알코올에 의해 정화되는 과정에서 포마드는 에센스오일로, 왁스와 수지는 앱솔루트로 바뀌는데, 에센스오일과 앱솔루트, 수지가 바로 천연향료의 기본이 되는 것이다.

특히 앱솔루트는 강한 향을 가진 찐득찐득하고 매우 순수한 것으로, 콘크리트의 왁스 부분을 알코올로 정화하여 얻는데, 재스민의 경우 2파운드의 오일을 얻으려면 12,000파운드의 꽃이 필요하다니, 값이 비쌀 수밖에 없다. 앱솔루트, 그것은 혼을 담은 모든 것을 응축한 결정체를 말한다.

샤넬과의 만남으로 샤넬 No.5를 만들었던 러시아인 조향사 어네스트 보(Ernest Beaux)는 말했다.

"향수를 예술품이라고 한다면, 조향사는 그것을 창조하는 예술가라 할 수 있다. 음악가가 처음에 음계를 배우고, 화가가 수많은 색채를 익히듯이, 조향사는 수많은 단품 향료를 기억하지 않으면 안 된다. 향수는 그렇게 만들어지는 예술품이다."

향수는 산업 생산물이기 전에 하나의 예술품이며 영혼이다. 우리가 그저 뿌리는 향수, 그 향수에는 그 향기를 만들어낸 예술가들의 영혼이 살아 숨 쉬고 있다는 것을 알아야 한다.

조향사들의 향 팔레트(Palette)를 구성하는 냄새나는 물질인, 자연에서 채취한 원료들과 인공적으로 만든 합성 향료를 로 머트리얼(Raw Material)이라고 한다. 조향사들은 자기기 구상한 향수를 만들기 위해 단품 향료를 구성한 원료의 한 세트인 팔레트를 가지고 향을 창조해나간다. 화가의 팔레트처럼 조향사들의 팔레트는 자기가 좋아하는 재료와 노트(note)의 집합으로, 그 사람의 개성과 특징을 보여준다.

조향사는 제조공식에 의해 포뮬러를 만들고, 포뮬러에 의한 향수의 모든 구성물인 꽁쌍트레(Concentree)와 알코올을 합쳐서 하나의 향수를 창조한다. 그들은 이 세상에 있건 없건, 영혼 속에 잠재된 향의 세계를 찾아 향수로 그려내는 것이다.

한 시기를 마감하고 새로운 세상으로 나아가기 위한 의례적인 것으로 우리는 '졸업'이라는 행사를 치른다. 그것은 세상이 달라지는 것이 아니라, 자신이 달라져야 한다는 것을 의미한다. 또한 더 많은 구속과 지식을 요구하는 것인지도 모른다.

우리의 영혼이 자유로워지기를 원하는 만큼, 세상은 우리를 한층 더 속박해온다. 하지만 난 자유롭게 사는 방법을 조금은 알고 있다. 그것은 다름 아닌, 내게 주어진 그 모든 것이 '앱솔루트'를 만들기 위한 하나의 과정이라고 생각하기 때문이다.

하나의 향수가 만들어지기까지는 많은 단계를 거치며, 때로는 자연 상태로, 고체로, 액체로 끝없이 변화해가지만, 좋은 향을 내기 위한 궁극적 목표는 변함이 없다. 그렇듯 우리에게 주어진 삶도 마찬가지일 것이다. 하나의 향수가 탄생하기까지는 많은 사람의 노력이 필요하다.

향수의 콘셉트가 결정되면 향수의 모든 공정을 알고 있는 크리에이티브 디렉터는 조향사와 포장 디자이너, 용기 디자이너 등 각 분야의 전문가를 소집한다. 그리고 같은 감성을 가지고 느낌이 일치될 수 있도록 충분히 설명하고 작업에 들어간다. 수십 번의 만남과 의견 교환을 통해서 여러 개의 모형이 만들어지면, 한 작품으로 의견을 모은다.

  이제 그들은 대량생산 채비를 하며, 향료 회사에 포뮬러를 보내고, 용기 회사에 대량생산을 위한 플렉시 글라스를 전송한다. 광고 모델과 그에 따른 광고 콘셉트를 잡고, 포장은 별도의 회사에 맡기며, 마케팅 부서는 판매에 따른 제반 사항을 점검한다. 홍보를 위해 언론사에 홍보물을 보내고, 유명인들을 초대하고, 각국의 판매상들을 불러 모은다. 리허설을 끝내고 드디어 그날이 온다. 마침내 제품이 세상에 모습을 드러낸다. 아름다운 모델의 손에 얹혀 뭇사람들의 시선을 받는다. 빛이 반사되는 투명한 크리스털 속에서, 향수는 밖을 향해 끝없이 고개를 쳐든다.

  사람들은 탄성을 지르며 외마디 비명을 지른다.

"앱솔루트!"

13. 기적의 물

"나는 별수 없이 금을 만들거나 은을 만드는 돌이 있다는 사실을 믿어야만 하였다. 실제 때때로 그 돌을 보았고 내 손으로 그 돌을 다루어보기도 하였기 때문이다. 그것은 샤프란 꽃 색깔과 같은 색깔을 띤 가루로 된 것으로 무게도 나갔고, 가루로 된 유리처럼 빛이 났다. 한번은 그 결정의 4분의 1 정도를 받은 적이 있다. 난 이 결정을 1온스의 600분의 1이라고 명명했다. 이 결정 하나의 4분의 1을 종이에 말아서는 도가니 안에서 뜨거워진 8온스의 수은에 던져 넣었다. 그러자 바로 수은들이 어느 정도 시끄러운 소리를 내더니 흐름을 멈추고 응고되어 노란 덩어리 같은 침전물을 남겼다. 이것을 따라 붓고 풀무질을 계속하자 8온스와 11결정이 조금 안 되는 순수한 금이 나왔다. 따라서 그 가루 1결정만으로도 19186온스의 수은을 그와 동일한 양의 최상의 금으로 변성시킬 수 있었던 것이다."[86]

---

86) 위키 백과. http://ko.wikipedia.org/. 얀 밥티스트 반 헬몬트(1579-1644)의 현자의 돌에 대한 경험의 글.

현자의 돌은 궁극의 물질이며, 이로부터 물질이 생겨난다. 연금술사들은 이것의 도움으로 비천한 금속을 귀한 금속으로 변환시켜 마지막 생성물을 만들어내려고 했다. 원 물질을 수은 물에 액화시킨 후 부패, 탈색, 변색, 환원, 응고 등 일곱 단계를 거치면서 탄생된다.

많은 연금술사들은 이 기적의 물질을 만들기 위해 노력했지만, 그들은 끝내 기적을 만들어내지는 못했다. 다만 그 부산물로 철학과 화학, 의학 등의 발전만을 가져왔을 뿐이다.

연금술은 아들에게 '나의 포도원 어딘가에 금을 묻어두었다'고 이야기한 사람에 비유될 수 있다. 아들은 땅을 파서 금을 발견하지는 못했지만, 포도 뿌리를 덮고 있는 흙무더기를 헤쳐 놓음으로써 다음 해에 풍성한 포도 수확을 이룰 수 있었다. 수확된 포도 알 중 하나가 알코올이라 할 수 있다.

연금술 저서를 보면 석탄은 원래 안티몬의 검은 황화물을 의미하며, 고대에는 화장품으로 쓰였다. 그런데 나중에는 '휘발성 물질' 혹은 '정신'이라는 의미로 사용되었다. 이로부터 알코올(Alcohol)이라는 단어가 나온 것으로 보아, 알코올은 연금술사들에 의해 만들어진 것임이 틀림없다.

향수의 역사에 새로운 전기를 마련해준 알코올은 높은 온도에서 맨 먼저 증류되는데, 아마도 몇몇 연금술사들은 이것을 엘릭시르(elixir) 자체로 생각하고 먹었을지도 모른다. 이런 혼동은 알코올의 이름, 즉 '생명의 물'이라는 뜻의 아쿠아 비타에(Aqua Vitae)에서 볼 수 있다. 연금술, 스스로 기적과 진리를 만들어내려고 하였던 인간의 끝없는 욕망은 어리석음으로 점철된다.

고대로부터 사람들은 종교의식이나 미용 또는 심신의 치료 같은 다양한 목적을 위해 꽃, 잎, 뿌리 등 식물은 물론 동물로부터 얻어진 독특한 향을 사용해왔다.

구약성서와 신약성서의 여러 곳에는 기분을 즐겁게 하는 향, 특히 유향이나 올리바늄(Olibanum), 몰약(myrrh)에 대한 언급이 있다.

무라사키 시키부는 11세기 일본의 궁정을 그린 고전 『겐지 이야기』에서 추측게임(Guess Game)에 대하여 언급하고 있는데, 이 게임에 참가한 일본의 귀족들은 특정한 향을 맞추는 유흥을 벌인다. 심지어 예언자 마호메트도 종종 거친 목소리로 달콤한 꽃 추출물, 특히 헤나(Henna)의 고어인 캄파이르(Camphire)에 대하여 칭송의 노래를 한다.

호메로스, 플리니우스, 플루타르크에서부터 당나라의 시인 두보와 셰익스피어, 보들레르에 이르기까지, 당대의 문인과 학자들은 향을 통해 권력과 영광과 아름다움을 노래했으며, 때로는 인간의 어리석음과 향의 사악함에 대해서도 언급했다.

라벤더는 머리를 맑게 해주고, 허브 향을 가진 로즈메리는 신경을 안정시키고 소화를 돋우며, 민트류는 강장과 소화, 소독에 탁월한 효과가 있다고 한다. 향은 단지 좋은 냄새만 가진 것이 아니라, 인간의 심신에 도움이 되는 요소를 가지고 있다.

중세의 가톨릭 수사들은 이러한 사실을 잘 알고 있었던 것 같다. 특히 이탈리아에서는 수도원의 수사들에 의해 향이 처음 개발되었고, 다양한 종류의 식물이 만발한 정원 관리를 수도원에서 담당할 만큼 많은 관심을 가지고 있었다. 또한 식물학자로서의 필수 지식뿐만 아니라, 화학에 대해서도 탁월한 식견을 가지고 있었다.

1508년 피렌체의 산타 마리아 노벨라(Santa Maria Novella) 수도원의 도미니크회 수사들은 방향성향(Aromatic Scents)과 치료제(therapeutic elixirs) 개발을 위한 실험실을 설치했다. 이 실험실은 17, 18세기에 들어서 향 개발로 유명해졌다. 이곳에서 개발된 향들은 조그마한 병에 담겨 상자에 저장되었다. 어떤 것들은 겉에 금 또는 유채색 장식물이 달려 있고, 낙인이 찍힌 책과 같은 형태로 저장되었다. 이것은 초기 프랑스 향수 상인 중의 한 사람인 요한 마리아 파리나(Johann Maria Farina)에게 큰 영향을 미쳤다.

1685년 쾰른에서 태어난 요한 마리아 파리나는, '아쿠아 미라블리스(Aqua Mirablis: 기적의 물)'라고 명명된 오드콜로뉴(Eau de Cologne)를 생산 판매하기 시작했는데, 이것은 이탈리아 수도원에서 개발된 것과 유사한 시트러스(감귤류) 향이 강한 물질이었다.

요한 마리아 파리나는 "나는 새로운 향수를 만들었다. 그것은 이탈리아의 아침을, 야생 나르시스를 그리고 비가 온 뒤의 오렌지 꽃을 떠올리게 만든다. 또한 나의 감각과 환상력을 강하게 해준다"라고, 1708년 자신이 만든 새로운 향수인 이 '기적의 물'에 관해 자신의 형에게 쓴 편지에 묘사하고 있다.[87]

'기적의 물'은 르네상스 시대에 연금술사에 의해 개발된 알코올을 기본으로 하는 가벼운 향의 일종으로, 처음에는 약용적 특성으로 인한 치유력으로 유명해져서 인기를 끌다가, 18세기 후반에 와서는 원기 회복제로 다시 각광받기 시작했다. 이것이 너무 범람하자 조향사들의 경쟁거리가 되었으며, 1810년 나폴레옹이 조향사들로 하여

---

[87] 세계에서 가장 오래된 쾰른의 향수제조회사 (출발~! 독일 유학) l jcbum79.

금 제조방식을 공개하도록 하는 칙령을 공포했으나, '기적의 물'을 오드콜로뉴(쾰른의 물)라고 이름만 살짝 바꾸어 법령을 피하였다. 그러나 오드콜로뉴는 단순히 이름만 바뀌었을 뿐인데도, 그 후로는 기적의 물이 되지 못하였다.

기적은 현상에 있는 것이 아니라 어쩌면 마음속에 있는지도 모른다. 그것은 간절히 바라는 믿음에서 출발한 것이 아닐까.

"믿음은 바라는 것들의 실상이요 보이지 않는 것들의 증거니라(히브리서 11:1)"라고 한 성경의 구절을 빌리지 않더라도, 믿음은 그 자체로서 충분한 것이다.

태풍의 눈에 대하여 이렇게 말한 이가 있다.

"태풍의 눈에는 바람이 없다. 그러나 그 눈이 없으면 태풍이란 바람도 불지 않는다."

바람이 없는 태풍의 눈에서 바람이 비롯된다.

태풍의 눈은 태풍이 비롯된 원인, 그것이다. 따라서 바람이 있어야 태풍이고, 바람이 없으면 태풍이 아니라는 말은 성립되지 않는다. 바람이 자는 날은 태풍이 생겨나는 날이라고 해야 할 것이다. 세차게 부는 태풍도, 바람 한 점 없는 태풍의 눈에서 비롯된다.

태풍의 눈, 그것은 기적과도 같다. 아무런 미동 없이 일상에 존재하다가 갑자기 세찬 바람을 몰고 와서 상식과 현실의 벽을 무참히 깨뜨려버리기 때문이다.

기적 중에는 모세가 홍해를 가르거나 예수님이 물고기 두 마리와 보리떡 다섯 개로 수천 명을 먹이고도 남았다는 '오병이어(五餅二魚)의 기적' 등 신의 영역인 초자연적 현상도 있지만, 대부분의 기적은 아주 낮은 확률이기는 하지만 가능한 현실을 말한다.

　죽을병에 걸렸다가 말끔히 치유되었다는 어느 환자, 놀기만 하던 꼴찌 학생이 세월이 흘러 고시에 합격하였다는 얘기들은, 그 결과 때문에 기적이라는 이름으로 다가온다. 하지만 그 결과가 있기까지의 분명한 과정인 기적의 또 다른 면은 중요시되지 않는다. 기적은 강한 믿음과 노력, 그리고 영혼의 힘이 있다면 누구에게든지 일어날 수 있는 것이다.

　이제 작은 유리병 속에 갇혀 있는 기적의 물을 세상 밖으로 날려 보자. 많은 이들이 그 향기를 맡으며 작은 기적을 만날 수 있도록…….

14. 이네의 꿈

서기 2038년 도쿄, 일본은 세계의 향수시장을 석권하였으며, 인류의 미래에 대하여 정확히 예측하였다. 이제 향수는 대량생산과 대량판매의 시대가 지났고, 저마다의 개성을 중요하게 여겨 인간의 욕구를 충족시키고자 하는 프라이비트(private)한 주문 향수 시대가 온 것이다.

일본은 어느 나라보다 빨랐다. 첨단산업의 발전과 거대한 자금력으로 새로운 형태의 향수와 향수 가게를 개발하기 시작했으며, 세계 곳곳에 체인 형태의 향수 가게를 열어 향의 세계를 지배하기 시작한 것이다.

패션과 향수, 그리고 꿈이 있던 도시 파리는 퇴조되고, 도쿄는 이제 떠오르는 태양으로 향의 중심지가 되었다. 길거리의 모든 곳에서는 제각기 독특한 향을 뿜어내고, 수도꼭지처럼 생긴 거리의 자판기엔, 개인 신용카드를 사용하면 어떤 향이든 맡을 수 있는 시설이 되어 있다.

각 가정의 컴퓨터엔 3차원의 영상만 있는 것이 아니다. 이제는 그 느낌의 냄새까지도 맡을 수 있는 시뮬레이션 시스템이 있으며, 향수 CD까지 팔고 있을 정도다. 도쿄의 편의점에서는 알루미늄 캔으로 만든 자연 향을 팔고, 즉석에서 향을 혼합해서 판매하는 사이버 향수 기계가 비치되어 있었다. 이제 언제 어디서든지 유쾌해질 수 있고, 슬퍼질 수도 있으며, 용감해질 수 있도록 인간의 감정을 자유롭게 바꾸는 감각 사이버 향이 존재하게 된 것이다.

이세는 긴자(銀座)의 중심지에 있는 은빛 유리 건물 앞에 서 있다. 그 유리 건물은 세계 최대의 향수 회사인 다케오 본사 빌딩이다. 이세는 54층에 있는 다케오 체인의 직영점인 일루시옹을 방문하기 위해 서울에서 왔다.

이세가 54층 행 엘리베이터의 버튼에 손끝을 대자 엘리베이터가 소리 없이 올라간다. 어디서 나는지는 모르지만, 향긋한 레몬 향이 코를 찌른다. 갑자기 머리가 맑아지며 기분이 좋아진다. 엘리베이터 문이 열리자 네이비블루 색 유니폼을 입은 아름다운 여인이 이세를 안내한다.

"이세 씨, 기다리고 있었습니다. 지금부터 제가 안내하겠습니다. 저는 아이코라고 해요."

이세는 아이코가 안내하는 대로 따라 들어갔다. 핑크빛이 감도는 첫 번째 방은 대형 멀티비전 몇 대와 인체 모형 몇 개가 놓여 있다. 이세는 인체 모형의 틀에 들어가 몇 개의 스위치와 선을 몸에 부착하고, 컴퓨터를 작동하는 아이코의 지시를 기다렸다.

잠시 후 대형 화면에 수백 가지의 꽃, 색과 숫자, 도시들이 나타났다. 이세의 뇌와 연결된 센서를 통해 원하는 장면들이 화면에 나타나고, 그 느낌은 컴퓨터로 전달되었다.

한참 후, 코끝의 얇은 막을 통해 처음 맡아보는, 아주 특이한 향이 스며져 나왔다.

"이세 씨, 이 향이 바로 당신의 향입니다. 이 프로그램은 여러 가지 입력된 자료들을 통해 당신이 원하는 소재를 선택하고, 선택된 로 머트리얼의 합성을 통하여 가장 뛰어난 향을 만들어낸 것입니다."

이세는 수없이 지나간 영상의 느낌이 아직도 잔상으로 남아 있었다. 그라스, 파리, 블루, 블랙, 라벤더, 장미, 통가 콩, 1960, A-LINE······.

두 번째 방으로 안내되었다. 하얀 천 같은 얇은 물질로 뒤덮인 방은 어딘가 낯익은 느낌이 든다. 손으로 그 막을 헤쳐도 손에 아무런 감각이 없다. 홀로그램이다. 아이코가 보이지 않는다. 이세가 두리번거리며 아이코를 부르자, 얇은 망사로 가슴과 중요한 부분을 가린 세 아가씨가 나타난다. 그녀들은 이세의 옷을 벗기고, 얇은 망사의 팬티만 걸치게 한다. 얼굴이 빨갛게 변한 이세가 어떻게 해야 할지 몰라 우물쭈물하는데, 아이코가 나와 이 방에 대해 설명하였다.

"이세 씨, 이 방은 자기가 좋아하는 여인과 함께 사이버 섹스를 즐길 수 있는 곳입니다. 물론 당신이 좋아하는 여인의 냄새와 함께 말이에요."

이세는 아이코에게 약간 화난 표정으로 물었다.

"아이코 양, 난 섹스를 하러 오지 않았습니다. 일루시옹의 회장을 만나기 위해 왔다고요."

"이세 씨, 죄송합니다. 그러면 이 아가씨들 중 한 명과 과거로 여행을 떠나보시는 게 어떻겠습니까?"

아이코가 몇 개의 버튼을 누르자 화면에는 여러 개의 숫자와 글자가 뜨기 시작한다. 1920년 파리, 1800년 베네치아, 1972년 로마, 1609년 니스, 히말라야, MOTHER…….

이세는 빨간색 망사 팬티를 입은 아가씨와 함께 과거로의 시간 여행을 떠날 준비를 했다. 3D 안경과 장갑, 코에는 잭을 꽂고…….

이세가 'MOTHER'라고 적힌 화면의 끝에 손을 대자, 여러 가지 색이 혼합된 우주의 끝을 향해 날아가기 시작했다. 잠시 후, 아가씨와 이세는 몸에 아무런 것도 걸치지 않고 잔잔한 호숫가에 누워 있었다. 코끝에 약간 끈적거리며 짠 느낌의 향이 배어 나온다. 멀리서는 박동 소리가 일정하게 쿵쿵거리며 들려온다.

"여기가 어디죠?"

이세가 아가씨에게 조용히 묻는다.

"저는 이곳이 처음이에요. 그리고 어머니를 몰라요. 다케오 씨가 저를 만들어주신 분이거든요."

이세는 이 아가씨가 사이버 인간이라는 것을 알고 깜짝 놀랐다. 손가락 끝으로 호수의 물을 찍어 맛본다. 그리고 끊임없이 코끝을 세워 그 냄새를 맡아본다.

"아, 어머니!"

이세는 아가씨의 머리를 잡아 호숫가에 처박는다.

"너희 사이버 인간은 어머니를 몰라. 이곳은 바로 어머니의 배 속이란 말이야."

이세는 흐느끼며 오랫동안 어머니의 냄새를 기억해내려고 노력하였다. 한참 후 호수의 물이 마르고 갑자기 좁은 입구로, 긴 터널의

끝을 향해 빨려나가는 느낌이 들기 시작했다. 어머니의 자궁에서 하나의 독립된 개체로 탄생되는 출산, 바로 그것이었다.

이세는 여러 개의 방을 거쳐 마지막 방에 도착했다. 이곳은 직접 향수를 만드는 곳이다. 아이코의 안내를 받아 빛으로 꾸며진 방으로 들어가자, 온몸이 둥둥 떠다니는 것 같은 느낌이 들었다. 구석진 곳에 대형 화면이 있는데, 갑자기 모든 빛이 사라지고 화면만이 빛을 발하고 있다. 하얀 머리카락을 가진 70대의 자그마한 일본 노인이 화면에 모습을 드러낸다.

"이세 군, 잘 왔네. 내가 다케오라네. 자네의 조향 실력을 보고 싶어 이곳으로 불렀네."

다케오는 그동안 수많은 조향사와 이곳에서 시합해왔고, 지금껏 단 한 명도 자신을 이기지 못했다는 얘기도 해주었다.

"이세 군, 이제 문제를 내겠네. '사랑'의 향을 만들어보게나. 난 컴퓨터의 시뮬레이터를 통해 향을 만들고, 자네는 이곳에 있는 수천 가지의 향료를 이용해 만들어야 하네. 단 한 시간 만에 말일세."

화면이 꺼지고, 다시 방 안에 현란한 불빛이 어우러졌다. 이세는 아이코의 안내로 조향 시설이 되어 있는 탁자에서 한 시간 만에 만들어야 하는 '사랑'의 느낌을 기억해내려고 노력했다. 천천히 알루미늄 캔 속에 있는 원료들을 끄집어내기도 하고, 냄새를 맡아보기도 하며, 비커에 하나둘씩 섞기 시작했다. 베티버, 만다린, 오렌지, 라벤더, 월하향, 페퍼민트 등 수십 종의 향을 조합하고, 땀을 닦으며 조향의 시간은 계속되었다. 끝내기 전 마지막으로 향을 맡아보지만, 그 느낌을 찾을 수 없었다.

이세는 고개를 흔들며 식은땀을 흘리고 있다. 그러다가 갑자기 주머니 속에서 작은 유리병을 꺼내어, 그 속에 담긴 액체와 만들어둔 향수를 섞어 흔들어댄다. 이제 시간이 다 되었다.

빛이 사라지고 화면이 켜졌다. 다케오가 나타나, 이세의 향수와 자신의 향수를 비교해보자고 한다. 다케오의 향수는 영롱한 빛을 띠고, 아름답고 상쾌한 향을 지닌, 꿈과 사랑이 어우러진 빛의 향수였다. 다케오의 얼굴에 자신감이 가득하다.

이세는 자신이 만든 향수의 병뚜껑을 열었다. 묘한 냄새가 나기 시작하였다. 하지만 시간이 지나자 혼란한 색깔도 점차 정리되면서 아름다운 무지갯빛을 띠며, 어머니를 기억하는 아이의 살냄새 같은 부드러운 냄새가 코끝에서 맴돌며 사랑하는 마음이 가슴속에서 물결친다.

다케오는 점차 얼굴이 흑색으로 변하며 말했다.

"이세 군, 내가 졌네. 그런데 궁금한 것이 있어. 이곳에 있는 원료로는 그 향수를 만들 수 없었을 텐데, 어떻게 만들었지?"

이세는 웃으면서 지나가듯 말하였다.

"두 번째 방에서, 여행을 떠났던 곳에서 어머니 자궁의 양수를 담아 왔지요. 어머니의 향을 말입니다."

제4부

역사 속의 향

이제 향기는 우리에게 일상으로 다가온다.
다만 우리의 향이 아닌 서구의 향기가 이 땅을 뒤덮고 있다는 것이 안타까울 뿐이다.
과연 우리에게도 향 문화는 존재했을까?
이러한 의문은 나를 역사의 한 페이지로 몰아간다.
묻혀버리고, 잊혔던 우리의 향 문화와 역사를 찾기 위해서 말이다.
여행은 시작되었다. 그럼에도 이 글을 남긴 까닭은,
언제 끝날지 모르는 오랜 여정이기 때문이다. 그리고 여행은 계속될 것이다.

1. 향기가 열리고

성경의 「창세기」에 이런 구절이 있다.

"하나님이 이르시되 땅은 풀과 씨 맺는 채소와 각기 종류대로 씨 가진 열매 맺는 나무를 내라 하시니 그대로 되어 땅이 풀과 각기 종류대로 씨 맺는 채소와 각기 종류대로 씨 가진 열매 맺는 나무를 내니 하나님이 보시기에 좋았더라"(창 1:11-12)

이는 천지 창조의 셋째 날에 하신 것으로, 여섯째 날에 만드신 인간보다도, 향기 가득한 에덴동산을 먼저 만드신 것이다. 다시 말한다면 인류는 자연스럽게 향을 사용하였으며, 이것은 향이 인류의 역사와 함께함을 의미한다.

『삼국유사』에 기록되어 있는 고조선에 대한 글을 살펴보면, 고대의 한국인들 역시 향을 신성하게 생각했고, 향과 더불어 살았음을 추측케 한다.

"환웅이 무리 3천을 거느리고 태백산(지금의 묘향산) 꼭대기 신단수(神檀樹) 아래 내려오니 여기를 신시(神市)라 이르고, 그를 환웅천왕이라 했다."

"환웅신은 영험 있는 쑥 한 타래와 마늘 스무 개를 주면서 말하기를, 너희들이 이것을 먹고 백 날 동안 햇빛을 보지 않으면 쉽사리 사람의 형체로 될 수 있으리라 하였다."

우리 민족의 첫 근거지가 태백산 신단수 아래라면, 단순히 큰 나무가 있는 제사 터만을 의미하는 것은 아니다.

『제왕운기(帝王韻紀)』[88]에는 단(壇)이 단(檀)으로 쓰인 것으로 보아, 단(壇)과 단(檀)은 하나의 의미로서, 박달나무인 자단(紫檀), 백단(白檀)의 향나무를 말하며, 단향(檀香)을 뜻하는 것이다. 그렇다면 단군왕검(檀君王儉)이나 그가 사용한 단궁(檀弓)은 모두 향나무에서 나온 것으로, 당연히 우리 민족의 시작 터인 묘향산(妙香山)은 야릇한 향나무의 향기에 뒤덮여 있을 수밖에 없었을 것이다.

또한 마늘과 쑥은 향이 강하고 약효가 뛰어난 식물로, 이를 사용하였다면 우리 민족은 처음부터 향을 생활에 응용하였거나 향의 신성함을 익히 알고 있었던 것이다.

우리 민족은 향나무와 오래전부터 깊은 연관을 맺어왔지만, 자연상태의 나무나 풀을 사용했을 뿐 이것을 상품이나 향료로 구체화시키지는 못한 듯하다. 그것은 고조선 이후 삼국시대에 이르기까지 문헌상에 향에 대한 언급이 많지 않은 것을 보면 알 수 있다.

그렇다면 상품화된 향은 언제부터 사용되었을까.

향은 본래 중국을 비롯한 인도 등 동양에서 일찍부터 신성한 것으로 취급되어 사원의 제단에서 분향되었고, 약재로서 매우 귀중한 것이었다. 특히 불교의 전래와 아주 밀접한 관계가 있어, 우리나라에

---

[88] 고려 때 이승휴가 7언시와 5언시로 지은 책.

는 중국을 통하여 불교와 함께 전해온 것이 아닌가 한다.

『삼국유사』 권 제3에 다음과 같은 기록이 있다.
"신라본기(新羅本紀) 제4에 이르기를 제19대 눌지왕 때에 중 묵호자(墨胡子)가 고구려로부터 일선군에 이르니, 그 고을 사람 모례(毛禮)가 집 안에 땅굴 집을 짓고 묵호자를 모셔두었다. 이때에 양나라가 사신을 시켜 의복과 향을 보내왔는데, 임금이나 신하가 그 향의 이름과 용처를 몰라서 사람을 시켜 향을 가지고 전국을 두루 찾아다니며 묻게 하였더니, 묵호자가 이것을 보고 말하기를 이것은 향이라고 하는 것이다. 이것을 태우면 꽃다운 향기가 무럭무럭 나는 까닭에, 그 정성이 거룩한 신에게 사무치게 되는 것이다. 거룩한 신으로서는 3보(三寶)보다 더 나은 것이 없으니, 만일 이것을 태워서 소원을 빌면 반드시 영험이 있으리라 했다. 이때에 왕녀가 병이 위독하여 묵호자를 불러서 분향(焚香)하고, 발원케 하였더니 왕녀의 병이 곧 나았다."

이와 같은 기록에 비추어, 우리나라에 향료가 보급된 것은 신라 눌지왕 때(450년)에 본격화된 것으로 보인다. 하지만 불교가 고구려, 백제를 거쳐 신라에 전해진 것으로 보아, 이보다 훨씬 앞서 고구려에는 중국으로부터 향료가 전래된 것으로 추측할 수 있다. 고구려의 쌍영총(4세기 말~5세기 초) 고분벽화 동쪽 벽에 아홉 사람이 걸어가는 장면이 있는데, 맨 앞에 선 소녀가 향로를 머리에 이고 두 손으로 받친 장면이 있다. 그 향로에서 세 줄기의 향연(香煙)이 피어오르고 있음을 보아도 알 수 있다.

문헌에 기록된 삼국시대의 향에 대한 언급은 주로 향을 사찰의 제사나 의식 등에 사용했다고 한 것으로, 불교와 향이 밀접한 관계가 있음을 알 수 있다. 때로는 자연의 신기한 현상에도 향기로운 냄새가 있음을 기록한 것으로 보아, 단순히 향료로서뿐만 아니라 향기가 가지고 있는 영혼과 철학까지도 표현하고자 하였던 것 같다.

사찰의 제사나 의식 등에 사용된 향의 기록을 살펴보자.

35년 2월에 왕흥사가 낙성되었다. 왕흥사는 강수(江水)에 임하고 채식(菜飾)을 장려하였는데 왕(백제 흥왕, 634년)이 매양 배를 타고 절에 가서 행향(行香)하였다. (『삼국사기』권 제27)

진평왕 9년 붉은 비단으로 씌운 큰 돌 하나가 하늘로부터 산 꼭대기로 떨어졌다. 바위 옆에 절을 세우고 이 절을 대승사(大乘寺)라 하였다. 연경(법화경)을 외우는 중을 청하여 절 주지로 삼아 공양 돌을 깨끗이 쓸고 분향을 끊지 않았으며…….
(『삼국유사』권 제3)

경덕왕 천보 12년(757년) 계사 여름에 크게 가물어 왕이 대궐 내전으로 대현을 불러들여 금강경을 강연하여 단비가 오도록 하였다. 재를 올리는 첫날에 바리때를 펴놓고 한참 되었으나 정화수 바치기를 더디 하였다. 이에 일을 보는 관리가 심부름하는 자를 나무라니 심부름하는 자가 말하기를 '대궐 우물이 말라서 멀리서 걸어오기 때문에 늦다'고 했더니, 대현(大賢)이 말을 듣고 말하기를 '왜 진작 말하지 않느냐?' 하고, 낮 강연을 할 때가 되어 향로를 들고 잠자코 있으니, 조금 있다가 우물물이 솟아올라……. (『삼국유사』권 제4)

재 끝난 불당 앞에 지팡이 한가할새, 향로를 차려놓고 향불이나 피울까나 남은 불경 읽고 나니 다른 일 더 없으매, 부처님 빚 어두고 합장하고 뵈오니

(『삼국유사』 권 제4 「양지장석(良志杖錫)」 편)

5월 15일 낭(부예랑: 夫禮郞)의 양친이 백률사(栢栗寺) 관세음상 앞으로 가서 여러 날 저녁을 두고 정성 어린 기도를 드렸더니, 갑자기 향탁 위에서 가야금과 젓대, 두 가지 보물을 얻게 되고, 낭과 안상 두 사람은 불상 뒤에 와 있었다.

(『삼국유사』 권 제4 「백률사」 편)

이것을 보면, 단순히 향료뿐만 아니라 향로, 향탁 등 향을 사용하는 도구에 대하여 수차 언급한 바, 향과 함께 전래된 것으로 보인다. 하지만 현재 발굴된 향유병이나 향로를 보면, 중국에서 전래되었지만 우리 민족의 독자적인 것이 많을뿐더러, 그 아름다움이 중국 것에 비해 손색이 없고, 또한 신비한 현상이나 영험한 일에는 늘 향기가 있음을 알 수 있다.

정명 7년 신사 5월 15일에 제석(帝釋)이 절 왼쪽에 있는 불경 쌓아둔 누각에 내려와서 열흘 동안 머물매 전각과 탑, 풀, 나무, 흙, 돌 할 것 없이 다 이상한 향기를 풍기고 5색 구름이 집을 덮으며 (『삼국유사』 권 제3)

또 진신사리 네 개 이외에 변신사리가 모래처럼 부서져서 돌

솥 밖에 흩어져 있었는데, 이상한 향기가 여러 날 동안 그치지 않고 풍길 때가 가끔 있었다. (『삼국유사』 권 제3)

　부득(夫得)은 미륵부처의 도를 열심히 탐구하고, 박박(朴朴)은 미타 부처를 정성스레 염불하여, 3년이 못 차서 경룡 9년, 즉 성덕왕 즉위 8년 기유 4월 8일 해 질 무렵에 나이 스무 살쯤 된 색시가 있어, 자태가 절묘하고 몸이 고귀한 향기를 풍기면서…… 노흘 부득이 일변 부끄럽고 두려웠으나 불쌍한 생각이 더할 뿐, 다시 함지박을 가져다 놓고 색시를 그 속에 앉히고 물을 끓여 목욕시켰다. 조금 있자 통 속의 물에서 향기가 무럭무럭 풍기고……. (『삼국유사』 권 제3)

　이상의 사례는 향기가 현상에 있어서 판단의 기준이 되었음과 후각의 중요성을 알린 것이다. 따라서 삼국시대에 우리 민족은 향을 늘 가까이했으며, 향이 단순한 기호품이 아닌 생활이었고, 종교와 철학 그리고 정신세계의 한 부분이었음을 알 수 있다.

2. 문향(聞香)

인도에서 시작된 향은 의학과 종교, 문화로 체계화된 중국을 거쳐, 우리나라에 와서는 예와 의전, 불전과 생활에 사용됨으로써 정신세계의 한 영역으로 다루어졌다. 그 후 일본으로 전파되어 오감의 중요한 부분으로, 의식과 놀이의 문화로 발전 계승되고 향도(香道)에까지 이르렀다.

특히 중국 당(唐)나라의 장안(長安)에서는 향 문화가 꽃을 피웠는데, 양귀비가 목욕했던 전설의 화청지(華淸池)에는 향목이 산처럼 쌓여 있었다고 한다.

향의 전래는 실크로드의 반대 방향, 즉 동남아의 향 생산지나 페르시아 쪽 나라들로부터 조공으로 다량의 향목이 중국으로 들어왔다. 그것은 당나라 초기 화가가 그린 거대한 향목을 멘 행렬의 그림에도 잘 나타나 있다. 또한 현재 남아 있는 당나라 말기의 연석(宴席) 메뉴에 향목이 있는 것을 보아 연회장에서도 향이 사용되었음을 알 수 있다.

수(隨)의 양제(煬帝)는 장안과 낙양 사이에 네 개의 운하를 만들었다. 길이는 370킬로미터로, 그 사이에 여러 개의 궁전을 향목으로 짓고, 운하에 용선이라 부르는 배를 띄우면 향을 십 리 밖에서도 맡을 수 있었다고 한다. 양제의 초기에는 제사나 의식, 의학과 깊은 관계가 있었지만, 어느덧 향은 부의 상징으로 여겨졌다.

송나라 때 장준은 가난한 집안 출신으로 갑자기 출세하자 집 안 구석구석에 큰 향로를 설치하고 하루에 수천 민(緡: 화폐 단위)씩 향을 태우며 향운(香雲)이라고 자랑하다가, 국고를 횡령하기에 이르러 파직당하였다고 한다. 이것을 일컬어 '장준망국(張俊亡國)'이라고 부른다.

아무튼 옛날 기록을 보면, 값비싼 침향으로 베개와 부챗살을 만들고, 옷에 사향으로 만든 노리개를 달았으며, 집 마루에 향나무를 깐 것으로 보아, 향이 사치의 한 부분이었다는 것만은 부인할 수 없다. 또한 향품이나 향 제조법이 의학과 관련해 지금껏 전해져오는 것도 중국의 다양한 문화와 역사관이 있었기 때문일 것이다.

18세기 말에서 19세기 초에 걸쳐 청나라 소주(蘇州)에 살았던 심복(心腹)의 자서전인 『부생육기(浮生六記)』를 보면 일상생활에서의 향을 엿볼 수 있다.

"운이는 언제나 침향과 속향을 사용했다. 먼저 이것을 밥솥에 넣고 속속들이 찐 다음, 화더 위에 불에서 2센티미터가량 떨어지게 걸쳐 놓은 구리철사에 올려놓고, 천천히 불을 쬐었다. 그렇게 하니 향기가 더욱 그윽하고 그을음도 나지 않았다…… 가끔 어떤 사람들이 잘 놓여 있는 것을 아무렇게나 집어서 향내를 맡고, 또 아무렇게나 갖다 놓는 것을 볼 수 있는데, 이들은 향을 다루는 법을 잘 모르는 사람들이다."89)

"여름에 연꽃이 처음 필 때는, 꽃들이 저녁이면 오므라들고 아침이면 피어난다. 운이는 작은 비단 주머니에 엽차를 조금 싸서, 저녁에 화심(花心: 연꽃잎 속)에 놓아두었다가 아침에 꺼내어 샘물을 끓여 차를 만들기를 좋아했다. 그 차의 향내가 유난히 좋았다."90)

향은 때로는 맡지 않고 듣는다(聞香)고 한다.

향이 일본에 소개된 것은 6세기경 백제로부터 불교와 함께 전래되면서부터이다. 초기에는 종교적 의미로 사용되어, 향이 불전을 정화시키는 작용이 있음을 알게 된다. 특히 불공을 드릴 때 사용하는 향을 공향(供香)이라 하며, 여기에 자극받은 나라 시대 후기의 귀족들은 향을 자신의 저택에 피워 즐기는 습관을 만들었다. 이 경우에 피운 것을 공훈(空薰)이라 했다. 공향의 경우는 대상이 부처지만, 공훈의 경우는 대상이 인간이고 자기 자신인 점이 큰 차이였다.

이것은 곧 공향은 종교적이고 의식적인 데에 비해 공훈은 실생활용으로 개성적이고, 의식적 행위를 동반하지 않으며, 방 한구석에 살짝 피워놓으면 그것으로 충분하였다.

또한 공훈물이 활발히 사용됨으로써 단순히 향목을 태우는 것만으로 끝나지 않고, 향목을 비롯해 여러 가지 물질을 섞어서 조제한 일종의 새로운 조향 향을 만들어낸 것이다. 이는 중국에서 도입된 향과 향 제조 기법 그리고 일찍부터 동남아와의 무역으로 얻어낸 다양한 향목이 있었기에 가능했다.

---

89) 심복(心腹), 『부생육기(浮生六記)』, 지영재 역, 을유문화사, 1999. p59.
90) Ibid. p67.

특히, 귀족 문화가 꽃을 피운 10세기 이후 헤이안(平安) 시대에는 공훈의 유행과 함께 훈물(薰物)을 유희의 세계로 끌어들이는 것이 행해졌다. 그것이 훈물합91)이다. 다시 말하면 향을 놀이 문화로 계승·발전시켰음을 의미한다. 이 놀이 문화는 한·중·일 삼국에서 유일한 일본의 향 문화인데, 헤이안 시대의 궁정을 그린 고전소설인 무라사키 시키부의 『겐지 이야기(源氏物語)』92)를 살펴보면 상세히 알 수 있다.

> 입궐하는 날이 되자, 주작원은 수많은 선물을 보내왔다. 의복이나 빗의 상자, 그에 따르는 세간, 향을 담는 항아리를 넣은 상자 등 어느 것이나 보통 물건이 아니었다. 또 여러 가지 종류의 훈물도 일찍이 유례가 없을 정도로, 백 보 밖에서도 향기가 나도록 공을 들여 조제했다.93)

> 본처는 향로(의복에 향기가 배어들게 하는 향로)를 가까이 끌어당겨서 수흑 대장의 옷에 향을 쬐었다. ······수흑 대장은 옷차림을 단정히 하고, 작은 향로를 소매 속에 넣어 향을 쪼였다.94)

> 정월 그믐께 한가한 시기에, 겐지는 훈물을 조제하였다. 대재대이가 헌상한 향목들을 보니 아무래도 옛날보다 질이 떨어지는 것 같아, 당에서 온 물건들을 여럿 가져오게 했다. 겐지는 혼

---

91) 薰物合(다키모노아와세): 훈물을 서로 내놓으면서 노는 놀이.
92) 여류작가 무라사키 시키부[紫式部: 978~1016]가 지은 것으로, 황자(皇子)이면서 수려한 용모와 재능을 겸비한 주인공 히카루 겐지[光源氏]의 일생과 그를 둘러싼 일족들의 생애를 서술한 54권의 대작이다. 네이버 백과사전. http://100.naver.com/
93) 무라사키 시키부, 『겐지 이야기(源氏物語)』, 전용신 역, 나남출판사, 1999, 「회합(繪合)」 편.
94) Ibid, 「진목주(眞木柱)」 편.

자 침전에 가서 승화제(承和帝)의 비법에 따라 두 종류의 훈물을 조제했다. 자의상은 동쪽 대옥에 장막을 치고, 특별히 깊숙한 곳에 설비를 하여, 팔조의 식부경궁에게서 전수받은 조제법으로 겐지와 경쟁하듯 조제했다. 그동안 아주 비밀을 지키고 있었다. '훈물의 향내가 깊고 얕은 차이로도 우열이 판정되겠지요.' 겐지가 말했다.95)

머리에 꽂은 꽃은 침향이나 자단으로 대를 만들었는데, 같은 금속 제품이라도 훌륭하게 도안하고, 색을 잘 다룬 것이 신선한 느낌을 주었다.96)

박래의 백보의 향을 태워놓았다. 하엽(荷葉)의 방법으로 조합한 명향을 꿀과 섞어서 분말을 만들어 향내를 내었는데, 꽃이 향과 어우러져 말할 수 없이 훌륭한 향기가 흐르고 있었다.97)

이렇게 신비롭게 배어 있는 훈(겐지의 아들)의 향기를 상대로, 병부경궁인 내궁은 다른 것보다 경쟁하려는 생각이 들었다. 특별히 빼어난 향을 모조리 쬐고, 조석으로 열심히 훈물을 조합하였다. 뜰 앞에 심은 화초 가운데, 봄에는 매화 화원에서, 그리고 가을에는 사람들이 찬양하는 마타리나, 수사슴이 서로 친하게 지내는 듯한 싸리의 이슬에서 거의 마음을 떼지 않고 향기를 채취했다. 늙음을 잊게 하는 국화 외에 색이 바래가는 난꽃과 볼

---

95) Ibid.「매지(梅枝)」편.
96) Ibid.「봄나물」편.
97) Ibid.「청귀뚜라미」편.

품없는 오이풀 같은 것에서도, 서리를 맞아 정말 멋이 없게 마를 때까지 내버려두지 않고 향을 채취했다. 일부러라고 보일 정도로, 사물의 향기를 사랑하는 취미를 풍류롭게 지니고 있었다.98)

헤이안 시대 귀족들이 향기를 사랑한 것도, 향기가 마음을 풍요롭게 해주기 때문이었을 것이다. 그렇다면 이 풍요로움은 향의 덕이다.

향에 대한 덕론(德論)도, 가마쿠라 시대(13~14세기) 무렵부터 송(宋)의 영향으로 지식 계급에 속한 사람들 사이에 헤이안 시대와는 다른 해석이 생겨난다. 이러한 해석은 서민들 사이에 전해져서 종장(宗匠: 향도를 진행하는 자)이 생기자, 그들은 문향의 명덕(聞香明德)이라는 슬로건을 내걸고 제자를 지도하기 시작했다.

15세기 후반이 되자 훈물합은 향목으로 행해지게 되었는데, 향목이 보통의 물품이면 단순히 향합(香合)이라 하고, 명품인 경우에는 명향합(名香合)이라고 칭했다.

16세기 후반에 접어들자 향의 십덕(十德)이라 하여 열 가지 항목에 걸친 향의 효능이 정립되고, 향도제법(香道制法)이 제정되어, 향도는 점차 학예적 영역의 한 분야로 자리 잡게 된다.

17세기는 일본에서 르네상스라고 불릴 만큼 향도의 전성기를 맞아, 지식 계급의 문인들이 나타나면서 향이 도(道)로 확립된 것이다. 개인의 이름을 딴 향 가게가 생긴 것도 이때쯤이다.

18세기가 되자, 향합이 행해지지 않고 놀이의 방법이 바뀌어버린 것이다. 주로 조합 형식에 의한 것으로, 두 종류 이상의 향을 사용하

---

98) Ibid. 「내궁」편.

여 하나의 주제를 후각으로 표현하려고 한 것이다.

　오늘날 일본은 전통의 향도를 문화와 역사로 답습하여 하나의 놀이로 계승했다. 전통 향을 제조하고 향 마을을 만들어 향의 세계화·현실화를 이루었다. 또한 뉴욕, 런던, 파리의 향 가게에서는 이미 일본 전통향이 서양인의 귀를 그들의 향에 물들게 하고 있다.

3. 여인의 향기

　고대로부터 여인들은 아름다움을 위하여 몸과 주변을 늘 향기롭게 하기를 원했다. 여인들은 남자보다 뛰어난 후각을 지니고 있어, 좋은 냄새를 쉽게 인식할 수 있었던 것이다. 그것은 향신료를 이용하여 요리하고, 향기로운 꽃과 풀에서 더욱더 많은 즐거움을 느꼈기 때문일 것이다.
　그만큼 여자들은 향기에 민감하며 향기를 사랑한 것이다. 어떤 여인에게 "당신에게는 아름다운 향기가 있습니다."라고 말한다면 그녀는 그날 밤 내내 잠을 못 이룰 것이 뻔하다. 왜냐하면, 여자에게 향기가 있다는 것은 최고의 찬사니까.

　고대 중국에서는 향녀(香女)라는 여자가 궁중에 있었다. 주로 페르시아 여인으로, 몸에서 늘 향기가 나, 왕이 부르면 그 향기로 즐겁게 해주었다고 한다. 이 향녀는 저절로 몸에서 향기가 난 것은 아닌 것 같다. 음식 등 인위적인 방법으로 향기가 몸에서 나도록 가꾼 것이 분명하다.

『삼국유사』 권 제1의 「도화녀(桃花女)와 비형랑(鼻荊郎)」 편에 다음과 같이 기록하고 있다.

"신라의 진지왕이 도화녀의 미색에 반해 궁정으로 불러 상관하려고 하니, 여자가 지킬 도리는 두 남편을 섬기지 않는 것이라고 하여, 기다리다 왕도 죽고 남편도 죽자, 진지왕이 귀신으로 화하여 도화녀와 이레간 방에 머물렀다. 왕이 머무는 동안 항상 오색구름이 집을 덮고 향기가 방 안에 가득하였다."

또한 『삼국사기』에 의하면, 평강공주가 온달의 집을 찾아갔을 때 온달의 노모가 그녀를 맞으며 이렇게 말했다.

"지금 그대를 보니 향취가 이상하고, 그대의 손목을 잡으니 부드럽기가 솜과 같소."

『아라비안나이트』에 페르시아 여인이 남편의 마음을 사로잡기 위해 매일 복숭아를 세 개씩 먹어 몸을 향기롭게 한다는 이야기가 있다. 그렇다면 중국의 향녀도 페르시아 여인이었기에 복숭아를 먹어 몸을 향기롭게 하지 않았을까. 도화녀도 예외는 아닐 것이다. 그녀의 이름 또한 복숭아꽃인 것을 보면, 언제나 복숭아를 먹어 몸을 향기롭게 했을 것이고, 이레 동안 머문 방에도 향기가 가득한 것을 보면 당연한 결과라고 추측하는 것은 지나친 것일까.

이상의 사례로 보아, 고대의 우리나라 여인들은 음식이나 과실, 꽃 등 자연의 향기로운 물질을 이용하여 몸이나 주변을 항상 향기롭게 하였던 것으로 보인다. 이는, 꽃잎 혹은 향료 물질을 저장하여 얻은 화정유(花精油), 또는 향료 식물을 압착시켜 만든 향수를 담은 작은 향유병이 출토됨으로써 확인되었다.

특히 토기 향유병 중에는 선사시대에 진혼을 따로 접착시킨 것이 있어, 일찍이 향유를 제조하여 사용한 사실을 뒷받침해주고 있는 셈이다.

고려는 신라의 문화를 거의 그대로 답습하여 발전시켰는데, 향 또한 예외는 아니었다. 고려 여인들은 지나친 사치보다는 보수적인 아름다움을 가지려 했던 것 같다. 향의 사용은 귀족 또는 궁중의 여인에게 한정되며, 일반 서민들은 쉽게 향을 사용하거나 구할 수 없었음을 문헌을 통해 알 수 있다.

『선화봉사고려도경』[99])에 고려시대 부인의 화장법과 향주머니에 대한 글이 있다.

"부인의 화장은 향유(香油) 바르는 것을 좋아하지 않고, 분을 바르되 연지는 칠하지 아니하고, 눈썹은 넓고, 검은 비단으로 된 너울을 쓰는데, 세 폭으로 만들었다. 폭의 길이는 8척이고, 정수리에서부터 내려뜨려 다만 얼굴과 눈만 내놓고 끝이 땅에 끌리게 한다. 흰 모시로 포(袍)를 만들어 입는데 거의 남자의 포와 같으며, 무늬가 있는 비단으로 넓은 바지를 만들어 입었는데 안을 생명주로 받치니, 이는 넉넉하게 하여 옷이 몸에 붙지 않게 함이다. 감람(橄欖: 올리브)빛 넓은 허리띠(革帶)를 띠고, 채색 끈에 금방울(金鐸)을 달고, 비단(錦)으로 만든 향낭(香囊)을 차는데, 이것이 많은 것을 귀하게 여긴다."[100])

---

99) 고려도경(高麗圖經)은 송나라의 사신 서긍(徐兢, 1091-1153년)이 1123년에 고려를 방문하여 보고 들은 것을 기록한 보고서다. 원명은 송 휘종의 연호인 선화(宣和, 1119-1125)를 넣어서, 선화봉사고려도경(宣和奉使高麗圖經)이라고 하며, 줄여서 고려도경이라고 한다.
100) 서긍(徐兢), 『고려도경(宣和奉使高麗圖經)』, 차주환 외 역, 민족문화추진회, 1977. 20권 부인(婦人) 편 귀부(貴婦).

또 『고려도경』에 박산로(博山爐)라는 향로에 대한 기록이 있는데, 끓는 물을 담아 놓아 옷에 향기를 쐬는 용도로 썼다고 한다. 그것은 공기 중 습기와 향기가 접합되어 연기가 흩어지지 않게 하려는 것이다. 이는 온도와 습도와 바람의 모양새가 향기의 지속과 관계가 있음을 생활에서 터득하고 있었다는 것을 말해준다.

이러한 향로를 사용한 것으로 보아, 고려 여인들은 향유를 몸에 바르기보다는 향을 달고 옷에 향기가 스미게 하는 등 직접적인 향기보다는 자연스럽게 늘 자신의 주변에 향기가 가득하기를 바라며, 은은한 향을 즐기는 편이었다고 생각된다.

"박산로는 본래 한대(漢代)의 기물이다. 바다 안에 박산이라는 이름의 산이 있는데, 그 형상이 연꽃 같기 때문에 향로에 그 형상을 본떠 쓴 것이다. 아래에 분(盆)이 있는데, 거기에 산과 바다에 파도치고 물고기와 용이 출몰하는 형상을 만들어서 끓는 물을 담아 옷에 향기를 쏘이는 용도에 쓴다. 그것은 습기와 향기가 서로 붙어서 연기가 흩어지지 않게 하려는 것이다. 그런데 고려 사람이 만든 것은 그 꼭대기는 비록 박산의 형상을 본떴다고는 하지만 그 아래는 세 발이어서 원래의 만듦새와는 아주 다르다. 다만 재치 있는 솜씨는 취할 만하다." [101]

당본(唐本) 초에 사향노루에 대한 언급도 있다. 책에 이르기를 사향노루는 중대계곡에서 나며 옹주, 익주에도 이것이 있다고 하였다. 은거하며 질그릇을 굽는 이들이 말하길 모양이 노루와 비슷하며, 늘

---

101) Ibid, 제30권 기명(器皿) 1편 박산로(博山爐).

측백나무 잎을 먹거나 뱀을 잡아 먹는다고 하였다. 5월에 얻는 것에는 종종 뱀 껍질과 뼈가 나오기도 한다고 한다. 악귀를 물리치는 것을 주관하고 악성 중독을 다스리며 상처 치료에 탁월한 효과가 있다고 하였다.

하나의 향을 나누어 3~4개의 종자를 만들고 깎으면 혈막(血膜)을 얻는다. 나머지 것들은 섞여 있어 대부분 정교하고 굵은 것이 있는데 모피를 파괴한다. 속에 있는 것은 모두 뛰어나고 여름에 뱀을 많이 먹은 것은 겨울까지 향이 가득 차 있다. 뱀가죽에 붙어 있는 미향(彌香)이라는 향내가 축적되어 있기 때문이다. 그리고 봄이 되면 그 부분에 통증을 느껴 제 발톱으로 떼어내어 해마다 같은 곳에 묻는다. 스스로 도려낸 사향을 상등품으로, 생포해서 떼어낸 것을 중품으로, 죽여서 떼어낸 것을 하품으로 친다.

또한, 사향(麝香)은 射香이라고도 하는데, 냄새가 하도 지독해 사람을 쏘는 듯하다고 해서 그렇게 이름이 붙여졌다. 사향이 묻힌 땅엔 근처 식물이 말라죽는다는 말이 있을 정도니 말이다. 원래의 사향은 강한 암모니아 냄새가 난다. 그래서 일단 채취 후 곧 물에 개서 젤리 상태로 보관하여 거래한다고 한다. 희석되면 좋은 냄새로 바뀌는데 가격 때문이라도 그럴 수밖에 없을 것 같다. 50g 정도의 하품 사향이 수천만 원을 호가하니 말이다. 한 마리의 사향노루에서 얻어지는 분량은 30~40g 정도이다.

고려가요 「만전춘(滿殿春)」[102] 중에 '사향(麝香)각시'라는 대목이

---

[102] 고려가요(高麗歌謠)로 「만전춘별사(滿殿春別詞)」라고도 한다. 이는 조선시대에 윤회(尹淮)가 지은 「만전춘」과 구별하기 위함이다. 작자·연대는 미상이며, 일종의 노래 가사이다. 『악장가사(樂章歌詞)』와 『시용향악보(時用鄕樂譜)』에 수록되어 있다.

나온다.

> 남산에 자리 보아 옥산을 벼여 누어
> 금수산 니불 안에 사향각시를 아나 누어
> 남산에 자리 보아 옥산을 벼여 누어
> 금수산 니불 안해 사향각시를 아나 누어
> 약든 가삼을 맛초압사이다
> 맛초압사이다

 여기서 사향각시는 신분과는 상관없이 단순히 아름답고 젊은 여인을 말하고 있으나, 사실 그 당시에 사향노루의 향낭을 소지할 수 있었던 신분은 궁중이나 귀족인 상층 여인에 한하였다. 그래서 사향은 단순히 향기로운 것만이 아니라, 규방이나 침실에서 회춘과 최음의 도구로 사용되었던 바, 향낭은 임에 대한 애정의 응축체이며, 그 향은 애정의 표현물임을 알 수 있다.
 옛날 중국의 부잣집 여인들은 보이는 것, 들리는 것 등 오감의 모든 것을 아름답게 하려고 했지만, 유독 화장실에서만은 그 아름다움을 나타낼 수가 없기에 사향을 조금씩 복용함으로써 나쁜 냄새를 없앴고, 배설물에 묘한 향기가 나게 하였다. 더군다나 그런 여성은 정력 또한 절륜(絕倫)하게 되었으므로 사향의 인기는 가히 폭발적이라고 할 수 있었다.
 사향의 주생산지인 인도, 중국을 통해 사향을 입수한 이슬람교도들은 그 뛰어난 향 때문에 그들의 신전에 사용하였고, 할렘의 여인들에게는 성적 도구로서 비싼 값으로 거래되었다.

서양에서는 사향의 약효보다는 뛰어난 향기의 아름다움에 더 관심이 많았던 것 같다. 오늘날 생산되는 향수 대부분에 머스크가 들어가지 않은 제품이 없는 것을 보면 말이다.

장 자크 루소는 "규방의 부드러운 향기는 사람들이 생각하는 만큼 약한 덫이 아니다. 나는 사람들이 가슴에 꽃을 달고 있는 여주인 앞에서 결코 마음 졸인 적이 없는, 현명하거나 다소 둔한 남자를 동정할지 축하해줄지 알 수 없다."라고 하였다.

그러나 사향노루는 1996년 10월 멸종동물보호협약(CITES) 발효에 따라 더 이상 무질서한 채취와 포획을 당하지 않음으로써, 사향의 국제간 거래는 이루어지지 않게 되었다(이것 때문에 엠므 씨를 자살하게 만들긴 하였지만). 물론 밀렵에 의한 밀수도 있기는 하지만, 수요에 비해 턱없이 부족한 공급은 그 가격을 천정부지로 뛰게 만들었고, 이는 곧 사향의 대체 물질인 합성 머스크의 개발로 연결되었다. 우리나라의 향료와 약재로서 사향의 수입은 연간 2,000만 불을 넘어섰으며 제약회사, 화장품 회사, 한의원의 수요 증가 등을 고려해볼 때 그 시장 규모는 훨씬 더 커질 것으로 예상된다.

'엘 무스콘' 등 사향 대체물질이 속속 개발되어 대신 사용되고 있지만 – 엠므 씨의 경우를 보더라도 – 합성은 천연 머스크와 분명한 차이가 있음을 알 수 있다. 다만 남북한이 천연기념물로 지정, 보호하고 있는 사향노루를 1980년대부터 북한에 사육시설을 갖추고 사향성분을 조사·연구한다고 하니, 남북이 통일된다면 북한으로 진짜 사향을 찾아 떠나봄이 어떨지 모르겠다.

사향은 천연 동물 향료의 네 가지 중 하나이다. 그 외에 용연향

103), 영묘향104), 해리향105)이 있다. 이러한 향료는 일찍이 조선의 선비도 사용하였던 기록이 있다. 신흠의 『국역 상촌집』을 보면 그가 용연향을 애용하였음을 알 수 있다.

「동짓날 지봉에게 부치다[至日寄芝峯]」 2수106)

簷溜泠響欲殘 / 처마에 뚝뚝 떨어지는 물소리 들릴락 말락
小春天氣未全寒 / 소춘의 하늘 기운 아직 차지 않는데
香添睡鴨龍涎逗 / 수압107)에서 피어나는 용연 향기 맴돌고
茗瀁風爐蟹眼團 / 풍로에 끓는 차 거품 해안108)이 둥글둥글
休遣此生牽俗累 / 이 생애를 세속사에 이끌리게 하지 말자
每愁浮世少淸歡 / 뜬세상에 맑은 기쁨 적음을 항상 시름해
南枝定有花消息 / 남쪽 향한 매화가지 꽃소식이 있을 텐데
歲暮何人共我看 / 세밑에 어느 누가 나와 함께 구경할꼬

태초 이래 향과 향수는 사람의 마음을 유혹하는 수단에 있어서 결정적 역할을 해왔다. 향은 자신의 외적 아름다움과 함께 내면의 정

---

103) 엠버그리스(Ambergris): 향유고래의 장내에 덩어리 형태(일종의 결석)로 존재하며, 향수에 휘발 억제제로 사용된다. 바다에 떠 있거나 파도에 밀려오는데, 이것의 비릿한 역겨운 냄새가 엠버그리스의 향이다. 순수한 알코올 속에 수개월간 담그기 과정을 거쳐 사용하며, 엄청난 가격으로 바다에서 이것을 만나면 정말 행운이다. 송인갑, 『향수(The Story of Perfume)』, 한길사, 2004. p23.
104) 시벳(Civet): 사향고양이과에 속하는 매우 작은 고양이다. 에티오피아 남서지역에 서식하며 갈색의 매우 자극적인 그러나 부드러운 Viverreum을 분비하는 생식선 가까운 곳에 초승달 모양의 주머니를 가지고 있다. 다른 재료와 섞이면 특유의 자극적인 냄새는 사라지고, 지속성이 강한 관능적인 느낌과 동물 향조를 부여한다. Ibid., pp23-24.
105) 캐스토레움(Castoreum): 비버의 생식선에서 분비되는 향기로운 물질로, 기름기가 있고 광택이 난다. 주로 북미와 러시아에 서식한다. Ibid., p23.
106) 신흠, 『국역 상촌집(象村集)』, 임정기 외 역, 민족문화추진회, 1994-1996. 13권 칠언율시(七言律詩) 110수에 나오는 시구.
107) 수압(睡鴨): 조는 오리 모양의 향로. 속이 비어 있어 그 안에 향을 피우면 연기가 입으로 피어나오므로 청한(淸閑)을 즐기는 사람의 애용물이다.
108) 해안(蟹眼): 게 눈알로, 물이 막 끓기 시작할 때의 작은 거품을 형용한 것이다.

서까지도 표현할 수 있는 하나의 도구로 이용되었던 것 같다.

고려시대까지만 해도 궁중과 귀족의 한정된 여인들만 사용했던 것이 조선시대로 넘어오면서 서민들에게까지 광범위하게 퍼졌다. 부부의 침실에 향을 사르고, 향 물에 목욕을 하고, 난향의 촛불을 켜는가 하면, 혼례 때나 차를 마실 때도 향을 애용하였다. 궁중 여인이나 귀부인은 줄향과 향낭을 패용했는데, 기방 여인도 예외는 아니었다.

또한 향은 단순히 바르고, 사르고, 뿌리는 것만이 아니라, 의학과 밀접한 관계가 있어서 먹기도 하였다. 한 예로, 상궁이 차고 있는 줄향은 여러 개의 향 환으로 만들어졌는데, 토사곽란 등 위급한 환자가 있을 때 줄향의 환을 먹여 치료하였다고 한다.

향료는 일부 상품화되어 시전(市廛)에서 사거나 수입하여 사용하기도 했지만, 대부분 자가 생산을 했다. 궁중에서는 향장(香匠)이라는 전문 조향사에 의해서 생산되었고, 특히 민간에서는 부인들에 의해 제조되었다.

『규합총서(閨閤叢書)』109)에 향 만드는 법이 기록되어 있는데, 그것을 보면 부인네들이 쉽게 향을 만들어 애용하였음을 알 수 있다. 구자향이나 향 병자, 애납 향 만드는 법에 대하여 언급하였고, 또한 옷장 속에 넣어두는 향 만드는 법과 몸을 향기롭게 하는 방법도 기록되어 있다. "모향(募香)과 이삭 잎을 달여 영릉 향을 한데 섞어 먹고 멱을 감으면 몹시 더워 땀이 나도 사나운 냄새가 없어 향기롭다."고 한 것을 보면, 목욕용 젤이나 오일을 이용하는 오늘날 여인들은 조상들에게 깊이 고개를 숙여야 할 것이다.

조선시대 여인들은 삶에 향을 접목시켜, 생활의 지혜와 아름다움

---

109) 1809년(순종 9) 빙허각(憑虛閣) 이씨(李氏)가 엮은 가정 살림에 관한 내용의 책. 『규합총서』는 3부 11책으로 구성된 『빙허각전서(憑虛閣全書)』의 1부에 해당되며, 4권 5책으로 되어 있다.

을 추구하고자 한, 진정 향을 사랑한 여인들이 아니었는가 하는 생각이 든다. 다만 서양의 향수 문화 속에 우리 것을 잊고 있는 오늘날의 현실이 우리 자신을 부끄럽게 할 뿐이다.

4. 잊혀진 향장(香匠)

아로마테라피(Aromatherapy: 향기요법)는 대체의학(Alternative medicine)으로 분류되는 것으로, 식물에서 추출한 에센스오일을 이용하여 후각기관 및 피부를 통해 자연적으로 치료하는 것을 말한다.

아로마테라피의 기원은 인류의 시작과 함께하는데, 식물을 이용하여 질병을 치료하고, 식물을 태움으로써 그 연기가 사람을 편하게도 하고 때로는 자극적인 행동을 유발함을 알게 되었다.

다시 말하면, 고대 인류는 특별한 치료제가 없었기 때문에 동식물을 이용하여 병을 치료하고 심신을 편하게 했던 것이다. 이러한 내용은 고대 이집트나 그리스, 로마 등에서 향을 이용하였다는 기록이나 유물을 통해 쉽게 찾아볼 수 있다.

서구와는 달리 동양에서는 오랫동안 자료를 축적하여 의학과 접목해왔다. 인도에서는 오늘날 사용되고 있는 아유르베다(Ayurvedic medicine)[110]의 비법으로 전해져오고 있으며, 중국에서는 기원전

---

[110] 아유르베다(Ayurveda)는 '삶'을 의미하는 아유(Ayu)와 '앎'을 의미하는 베다(veda)가 합성된 산스크리트로, '삶의 과학, 장수의 지혜'를 의미한다. 5천 년 이상 일상생활에서 활용되어온 인도의 종합적인 의학체계로, 인간 내부에는 자신의 질병을 이겨내는 힘이 있다고 주장한다. 특히 균형감각과 자연 치유력, 체질과 섭생법 등을 중시하는 점 등은 한의학과 유사하다.

2500년 황 왕조 시대로부터 이어져 오늘날 한의학의 한 부분으로 계승 발전시켰던 것이다.

그리스 로마시대의 의학적 지식은, 그리스 식물학자 테오프라스토스(Theophrastos)[111]와 아비세나(Avicenna, Ibn Sina)[112] 등 의학자를 통해 체계화했는데, 특히 중세의 이탈리아 수도원은 다양한 종류의 식물을 재배하고, 방향성 향(Aromatic Scents)과 치료약(therapeutic elixirs) 개발을 위한 실험실까지 설치하여 향기 치료에 대한 복음을 전해주었다. 또한 중세 십자군 원정을 통하여 동서양 문물이 교류되고, 아랍 세계의 발전된 향 추출법이 유럽에 전해지면서 근대적 의미의 향기 요법이 선보이게 된다.

프랑스 향수 회사의 화학자였던 르네 가트포세(Renee Maurice Gattefosse)는 손에 화상을 입어 우연히 라벤더 오일을 바르게 되었는데, 놀랍게도 빨리 상처 부위가 아물고 아무런 흔적조차 발견할 수 없게 되자, 천연 오일의 의학적 효능에 대하여 연구하기 시작했다. 1928년 그는 『아로마테라피(aromatherapie)』라는 책을 발간하게 되고, 그것은 곧 현대적 의미의 향기 치료법의 서막을 알리게 된 것이다. 그는 논문에서 "천연물질은 순수한 형태로 사용되어야 한다"

---

111) 테오프라스토스[Theophrastos, BC 372-BC 288?]: 레스보스 섬의 에레소스 출신. 본명은 Tyrtamos. 플라톤과 아리스토텔레스에게서 배웠으며, 아리스토텔레스가 개설한 리케이온 학원의 후계자가 되었다. 식물학의 창시자이며, 식물의 관찰은 대부분 리케이온의 정원에서 이루어졌는데, 그 지식은 그리스와 소(小)아시아의 식물상(植物相)에 한정되지 않았다. 그 이유는 알렉산더 대왕의 부하들이 리케이온으로 내륙(內陸) 아시아의 많은 식물을 가져왔기 때문이다. 『식물지(植物誌)에 대하여』와 철학적인 『식물의 본원(本源)에 대하여』 등의 저작이 있다. 네이버 백과사전. http://100.naver.com/

112) 아비세나(Avicenna, 이븐시나 980~1037): 980년경 오늘날 러시아 최남단에 위치한 부카라(Bukhara) 근방의 아프샤나(Afshana)에서 출생했다. 그의 부친 압둘라(Abdullah)는 발흐(Balkh) 태생이며, 그의 가문은 시아파의 이맘 이스마일의 자손으로 알려져 있다. 아라비아의 의사(醫師), 자연 연구가, 철학자. 각지를 편력하며 왕후(王侯)에 봉사하면서 저술에 종사하였다. 이슬람 신앙에 충실하면서도 합리적 사고를 중시하고 점성술 등의 미신에 반대했다. 고대 그리스의 과학 및 철학적 유산, 특히 아리스토텔레스의 학설을, 아라비아 사람들 사이에, 또 유럽에 퍼뜨리는 데 대단한 역할을 하였다. 철학에서는 아리스토텔레스 학설의 유물론적 경향과 관념론적 경향을 함께 보존하고, 한편으로 물질의 영원성을 승인하면서, 다른 한편에서는 몇몇 문제에서 신(新)플라톤 학파에 접근하였다. 그의 저작은 의학·자연학·철학·논리학·심리학 등에 두루 걸쳐 있지만 일부분밖에 현존하지 않는다. Ibid.

고 하며 천연 정유의 우수함을 강조하였다. 또한 프랑스 군의관이었던 장 발누(Jean Valnut)는 상처 치료에 아로마 오일을 사용하였고, 1964년 『Aroma Therapy』라는 책을 출판하면서 현대적 의미의 아로마테라피를 발전시킨 것이다.

아로마테라피는 화학적 효과를 의미하는 약학적 작용, 신체 시스템에 영향을 끼치는 물리적 작용, 각 개인의 심리적 감각을 의미하는 심리적 작용, 천연 오일에 반응하는 신체의 모든 모습을 의미하는 종합적 기능으로 나누어 볼 수 있다. 이는 흡입과 마사지, 음용 등의 방법을 사용하는 치료법 중 하나라고 정의할 수 있다.

최근에 국내에도 아로마테라피가 본격적으로 유입되면서 서양의 향기 요법이 일반화되기 시작했다. 하지만 체계적인 정립과 검증 없이 무절제하게 남발됨으로써, 대체 의학적 기능보다는 상업적으로 흐르는 경향이 짙어 심히 우려된다.

우리에게는 향기 치료법이 없었을까? 아니다. 우리에게도 향기 요법의 역사가 엄연히 있었다. 신라 때에는 향을 피워 왕녀의 병을 낫게 했다는 기록이 있고, 특히 조선시대의 의학은 모든 향재가 곧 약재로 취급되었으며, 전의감·내의원·혜민국에 관한 기록을 살펴보면, 자단, 용뇌, 침향, 목향 등 향재가 약재를 만드는 주요한 재료로서, 향과 의학은 둘이 아닌 하나로 여겨졌던 것이다.

집안에 환자가 있으면 곧 탕제를 달여 그 향기로 역한 냄새를 없애고, 향재가 섞인 약을 달여 먹여 환자를 치료하며, 쑥을 피워 뜸을 놓고, 향을 피워 잡균을 없앴던 것이다. 전의감의 조제나 내의원에 종사하는 관리는 향재의 사용에 능하여, 향이 병을 치료하는 주요한 재료임을 익히 알고 있었음을 말하는 것이다.

침향강기탕(沈香降氣湯)113), 소합원(蘇合圓), 청심원(淸心圓), 양비원(養脾圓), 목향원(木香圓) 등 주요한 약재에는 침향, 사향, 소합유, 용뇌, 목향 등이 사용되었으며, 좋은 재료를 구하고 물량 확보를 위해 백방으로 노력하였음이 『왕조실록』 곳곳에 기록되어 있다.

전국 각지에서 나는 약재의 수급을 위해 채취, 관리, 상납에 따르는 부조리를 없애고, 법으로 그 방법을 제정하기도 하였다.

제생원제조(濟生院提調)가 상언하기를, "지방의 각 고을에는 다 의원이 있고, 생도가 있고, 약 캐는 사람이 있습니다. 제때에 약을 캐는 것은 본래 어려울 것이 없습니다. 또 우리나라에는 약재가 없는 것이 없습니다. 그것을 헛되게 산 수풀 속에 버려두는 것과, 채취하였다가 사람을 구제하는 것 중 어느 것이 더 낫겠습니까?"(『왕조실록』 「세종」 편)라고 하였다.

문종 때 의정부에서 예조의 정문에 의하여 아뢰기를, "각 고을에서 바치는 전의감의 약재는 각 도의 교유(敎諭)가 철에 따라 채취할 즈음에, 비록 뿌리, 줄기, 꽃, 열매 같은 알기 쉬운 물건도 혹 채취의 때를 못 맞추는데…… 청컨대 각 도의 교유로 하여금 오로지 감사(監司)에게만 청하지 말고, 몸소 산야를 순행하면서 철에 따라 채취하고, 채취한 날짜와 그 고을 수령의 이름을 갖추어 기록하여 동봉해서 수납하게 하되, 만약 속이는 자가 있으면 진상하는 약재를 법대로 하지 않은 율(律)에 따라 과죄(科罪)하소서 하니, 그대로 따랐다."

---

113) 기를 치료하고 보호하며, 숨이 몹시 찬 것을 치료한다. 향부자(동변으로 법제한 것) 160g, 감초(닦은 것) 48g, 사인 20g, 침향 16g. 위의 약들을 보드랍게 가루를 내어 한 번에 8g씩 소금과 차조기(자소)를 두고 달인 물에 타 먹는다. 침향은 기의 충전과 기억력의 증대에 탁월한 효과가 있음이 일본학자들에 의해 알려졌다.

라고 했다.

 이로 보아 우리나라에서 나는 약재나 향재로도 우리나라 사람을 치료할 수 있으며, 이것들을 철저히 재배·관리하고 수납하는 것이 얼마나 중요한가를 알 수 있다. 다만 이 기록들이 지금까지 제대로 전해지지 않고 있다는 것이 그저 아쉬울 뿐이다.

 향을 찾아 우리나라 곳곳을 여행하다 보면, 깊은 산 속이나 특정한 지역에서 향재의 군락지를 발견할 때가 있다. 그럴 때면 우리 선조들이 야생으로 재배한 식물의 군락지가 이렇게 버려져 있는 것이 아닌가 하는 엉뚱한 생각이 들기도 한다.

 조선시대 궁중의 내의원(內醫院)과 상의원(尙衣院)에는 각기 네 명과 두 명의 향장이 있었다고 한다. 내의원은 의학을 다루는 부서이며, 상의원은 의복을 관장하는 부서이다. 그런데 왜 그런 곳에 향을 다루는 전문가인 향장이 있었을까. 그런 의문의 해답은 남아 있는 역사의 기록으로 대충 추측해 볼 수 있다.

 내의원에서 다루는 약재의 태반은 향재이다. 그래서 향 전문가가 필요했을 터이고, 궁중에서 제사 때나 의식에서 사용하는 향의 제조를 위해서도 향장은 필수 요원이었을 것이다. 또한 상의원의 의복 제조에서도 조상의 지혜는 놀라웠다. 옷에 향기를 스며들게 하고, 줄향이나 노리개에 향을 넣기도 했는데, 상궁이 찬 줄향의 향환은 단순히 멋을 부리는 도구로만 사용된 것이 아니라, 토사곽란 등 급한 환자 치료에 이용하는 상비약의 기능까지 겸했다.

 20세기를 수놓았던 유명 디자이너들의 향수를 보면서, 향을 패션에 접목한 상의원의 향장, 그리고 진정한 우리의 향기요법을 추구한 내의원의 향장, 전의감에 속한 제조들의 철학과 감각에 큰절을 올린다.

『동의보감』을 저술한 허준은, 환자를 치료하는 약재는 그 사람이 사는 반경 십 리 안에 있다고 하였다. 이제 잊힌 우리의 향장을 다시 찾아, 서양의 향기 요법이 아닌 우리의 진정한 향기로 치료할 수 있었으면 하고 간절히 바란다.

5. 진기한 나무, 눈측백

중국에 있는 등위산(燈尉山)은 다른 이름으로 원묘(元墓)라고도 하는데, 서쪽으로는 태호를 등지고, 동쪽으로는 비단봉우리(錦峰)를 마주 바라보고 있다. 그 붉은 절벽과 비취색의 전각은 그림같이 아름답다. 이 고장 사람들은 매화 재배를 생업으로 삼고 있어, 꽃이 필 때면 수십 킬로미터 일대가 눈이 쌓인 것 같다. 그래서 이곳을 '향기로운 눈의 바다(香雪海)'라고 한다.

등위산의 왼쪽에는 네 그루의 늙은 측백(側柏)나무가 있다. 이 나무들은 '맑은 나무', '진기한 나무', '예스런 나무', '괴팍한 나무'라는 이름이 각각 붙어 있었다.

'맑은 나무'는 한 줄기로 곧게 서서 비취색 양산을 받친 것처럼 잎이 무성하고, '진기한 나무'는 땅바닥에 갈지자로 누워 있고, '예스런 나무'는 뭉툭한 징수리가 벗겨지고 반 넘게 썩어서 손가락 같이 보이고, '괴팍한 나무'는 밑동에서부터 가지 끝까지 나선형으로 비비 꼬여 있다. 전해 오는 말에 따르면 모두 한(漢, 기원전 202~서기 220)나라 이전 것이라 한다.114)

내가 이 진기한 나무를 접할 수 있었던 것은 참으로 우연한 일이었다. 향에 대한 다큐멘터리 촬영차 정선을 방문한 오래전 1월의 가리왕산에서다. 땅에서 기어 다니는 뱀처럼 가지를 뻗어 쉽게 볼 수 없는 나무, 눈 속에 묻혀 시원하고 상큼하여 톡 쏘는 강렬한 향기로 우리를 맞이하던 눈측백은 이제 생강나무, 구절초, 독활 등 약초와 근피의 향과 함께, 풍경이란 향기로 태어났지만 오래지 않아 우리 곁을 떠나버렸다.

『왕조실록』이나 『산림경제』, 『신증동국여지승람』을 살펴보면, 우리나라에서 생산되는 향재에 대하여 알 수 있다. 모향은 함경도 안변, 사향은 충주, 옥천, 횡성, 거창 등에서 생산되었고, 자단향은 진도, 강릉, 삼척, 정선, 영월, 평창, 횡성, 울릉도에서, 치자향은 거제, 장흥, 남원, 순천, 구례, 제주 등 남쪽의 따뜻한 곳에서, 영릉향은 제주에서, 안식향은 전국 각지에서 생산되었다고 한다.

특히 조선시대 세종 때에는 변계량 등에게 전국 각지의 향식물에 대한 재배와 관리에 대하여 지시한 바 있고, 실록 곳곳에 그것에 대한 기록도 전해진다.

그 예로 세종 때 전의감 제조 황자후(黃子厚)가 상언하기를 "제주에서 나는 영릉향을 간조시키는 법이 아마도 미진한 것 같사오니, 비옵건대 7월이 되거든 훌륭한 의원을 파견하여 법에 의해 간조하오면 중국에서 구하지 않고도 무궁무진하게 쓸 수 있을 것입니다." 하였다.

이런 일례를 볼 때 향식물의 재배지, 관리 및 수매, 제조 방법 등

---

114) 심복(心腹), 『부생육기(浮生六記)』, 지영재 역, 을유문화사, 1999, p150.

이 책자 등 사료로 기록되어 있을 법한데, 오늘날 이러한 기록서가 존재하지 않은 것은 무엇 때문일까, 의문이 꼬리를 문다.

조선 초기에는 대마도나 왜국으로부터 향재를 조공으로 받고, 아주 드물기는 하지만 남번(南蕃: 옛날 동남아시아에 있었던 나라)의 조와국(爪蛙國)115) 등에서 보내지기도 했다. 또한 중국에 조공을 바치고, 그 답례품으로 중국으로부터 편뇌, 침향, 사향, 단향, 유향, 몰약, 곽향, 영릉향, 소합유, 감송향 등을 받기도 하였다.

> "남번(南蕃)의 조와국 사신 진언상(陳彦祥)이 전라도(全羅道) 군산도(群山島)에 이르러 왜구(倭寇)에게 약탈을 당했다. 배 속에 실었던 화계·공작(孔雀)·앵무(鸚鵡)·앵가(鸚哥)·침향(沈香)·용뇌(龍腦)·호초(胡椒)·소목(蘇木)·향(香) 등 여러 가지 약재와 번포(蕃布)를 모두 겁탈당하고, 피로(被虜)된 자가 60인, 전사자(戰死者)가 21인이었으며, 오직 남부(男婦)를 합해 40인만이 죽음을 면하여 해안으로 올라 왔다."116)

조선은 향재의 원산지와 직접 무역하기보다는 조공, 또는 일본과 중국을 통해서 남방의 향재를 구하였던 것 같다. 그러나 조선 초 이후 향재는 수요가 늘고 공급이 달림으로써 민간 교역이 이루어지고, 중국으로부터 들여온 원료는 값비싸게 거래되었던 것이다.

또한 언제부터인지 왜국이 더는 향재를 조공하지 않고, 일찍이 남방과의 교역으로 원료를 다량 확보할 수 있어서, 오히려 물량을 조

---

115) 레바논 인근 지역 또는 중동 지역으로, 『증보문헌비고』에 의하면 조와국(爪蛙國)은 파사국(波斯國)이라 기록되어 있다. 그러나 현재, 동남아시아의 자바라고도 한다. 그 이유는 침향은 동남아시아에서만 생산되기 때문이다.
116) 『왕조실록』 태종 6년 8월 11일(정유), 한국고전번역원, 한국고전종합DB, http://db.itkc.or.kr/

절해가며 조선에 값비싸게 팔았다는 기록이 여기저기에 나타나 있다.

"내의원이 아뢰기를 '평시 왜인들에게서 무역하는 용뇌와 침향의 품질이 매우 양호하므로, 왜인을 개유(開諭)하여 무역하도록 하는 일을 이미 입계하여 경상 감사에게 하유하였습니다. 지금 감사의 장계를 보건대, 관소에 머물고 있는 왜인의 처소에 과연 용뇌와 침향이 있기에, 값을 주고 무역하겠다는 뜻을 이미 개유했다고 하니, 본원의 관원 견후민(堅後閔) 및 일을 하는 하인 1명에게 모두 말을 주어 내려 보내 엄선해 무역하여 오도록 하고, 그 값을 본도 감사에게 지급하라고 하유하는 것이 어떻겠습니까?' 하니 전교하기를 '윤허한다. 용뇌와 침향을 계속 가지고 나오도록 왜인에게 동래부사가 잘 개유하라고 하유하라' 하였다."117)

"임금이 예조판서 신상(申商)에게 이르기를 '주사와 용뇌는 비록 귀한 약이라 해도 중국에 가서 구하면 얻을 수 있으나, 침향으로 말하면 중국에서도 쉽사리 얻지 못할 것이다. 지난번 왜인들이 가져오는 침향이 흔히 있었는데, 우리나라에서 값 깎기를 너무 헐하게 하여 다시는 가지고 오지 않는다. 침향은 왜나라에서도 나지 않는지라 갑절을 준다 하더라도 가하니, 예조에서는 그것을 논하여 아뢰어라' 하였다."118)

여기서 하나의 의문이 생긴다. 그것은 왜국의 장난에 놀아나면서

---
117) 『왕조실록』, 「광해군」 편, Ibid.
118) 『왕조실록』, 「세종」 편, Ibid.

도 왜 조선은 직접 남방과 교역을 하지 않았을까 하는 것이다.

오늘날의 일본은 세계적인 향료 회사를 여럿 두고 동남아시아의 침향 산지를 통째로 사들였고, 특히 베트남 현지에 침향을 대량 재배까지 하면서 시장을 독점하고 있다.

이것뿐만 아니다. 우리가 사용하고 있는 향수와 방향제, 화장품 그리고 음료와 식품에 들어가는 향료의 50퍼센트 이상을 일본 향료 회사가 공급하고 있다. 조선이 그러했듯이 아직도 일본에 의존해야 하는 것인지 모르겠다. 또한 지금 누구 하나도 향 산업이 21세기의 떠오르는 산업이라 생각하지 않는다.

이제라도 늦지 않으니, 후세들을 위하여 깨우쳐야 한다. 향 식물에 대한 조사 연구를 통해서 자생하는 향 식물에 대한 체계적 이론을 정립하고, 대단위 재배해야 한다. 또 향재의 원산지와 직접 교역하거나, 현지화를 통해 값싼 원료로 향을 만들어 국제 경쟁력을 높여야 한다.

또한 지나간 우리의 역사를 바로잡아 향 문화를 정립시키고, 교육과 기술개발을 통하여 전문가를 육성하며, 정부의 아낌없는 투자로 미래 향료 산업의 새로운 패러다임을 구축해야 한다. 그리하여 훗날 우리의 후손은 또 다시 일본에 머리 숙여 향을 구하는 일이 없어야 할 것이다.

6. 문방오우(文房五友)

"깊은 산중에 고상하게 길들여져 살자니, 화로에 향 사르는 일을 빼놓을 수 없다. 벼슬에서 물러나온 지도 오래되었으니, 쓸 만한 물건이란 하나도 없다. 늙은 소나무와 잣나무 뿌리와 가지, 잎과 열매를 취하여 절구에 찧은 것에 송진을 깎아 굵어 한데 섞어서 진을 만들어두었다가 한 알씩 사르면 청고함을 얻을 것이다."[119]

조선의 선비는 책을 읽을 때 단정히 옷을 입고 향로에 향을 지펴, 심신을 안정시키며 정결케 하였다고 한다. 선비의 방에는 붓과 벼루, 먹, 종이 이외에 언제나 작은 향꽂이가 놓여 있었던 것을 보아 향이 그들의 가까운 벗이었음이 틀림없는 것 같다.

『오주연문장전산고(五洲衍文長箋散稿)』의 「섭생(攝生)」편 열두 시간의 정취(情趣)에 다음과 같이 씌어 있다.

---

119) 신흠, 『국역 상촌집(象村集)』, 임정기 외 역, 민족문화추진회, 1994-1996.

"오시(午時)에는 선향(線香) 한 개비를 피우고 일정한 곳을 맴돌아 기(氣)와 신(神)을 안정시키고 나서 비로소…… 유시(酉時)에는 선향 한 개비를 피우고 동(動)과 정(靜)을 마음에 맞도록 하며……, 해자시(亥子時)에는 일신의 원기가 알지 못하는 사이에 발생하므로, 그 시각에 있거나 이불을 두르고 앉아서 마음이 자만하지 않고 항상 안정되게 하여 무위로써 진행되며, 선향 한 개비쯤 피우고 명문(命門)을 단단히 보호하면 정신이 날로 유여해지고 원기가 길이 충만해질 것이니, 이 시각에 일어나 이를 수행하면 아무리 늙었어도 이내 보존할 수 있다."[120]

또한 묘시(卯時) 첫새벽에 일어나 향을 피우고 차나 달이며 성에 올라 산을 관망하고 뜻을 바둑에 붙이기도 한다 했다. 이는 향이 세상의 온갖 번뇌를 제거하고 성(聖)을 배우며 선(善)을 바랄 수 있는 좋은 매개체임을 강조한 것이다. 이로 미루어보아 우리네 선비들은 지식을 쌓기 전, 먼저 몸과 마음의 안정을 위해 향을 피우고 맡기를 일상으로 즐겼던 것 같다.

이러한 애향 풍습은 단순히 사사로운 일이나 개인에 국한된 것만은 아니다. 궁중의 의식이나 주요한 행사에는 항상 향이 피워져 올랐다. 향실(香室)이라 하여 궁중의 제례나 의식에 필요한 향을 관장하는 기관이 있었고, 전향별감(傳香別監), 행향별감(行香別監)이라 하여 향을 전하고 피우는 직책이 있었다. 이는 주로 충찬위(忠贊尉)와 충의위(忠義衛)가 하는데, 때로는 그보다 벼슬이 높은 경우도 있었다.

---

[120] 한국고전번역원, 한국고전종합DB. http://db.itkc.or.kr/

전향별감, 행향별감에 대해서는 『왕조실록』에 수차 언급하고 있는데, 『왕조실록』 「성종」 편에 다음과 같은 말이 나온다.

"전향별감으로 경상도에 가는 병조좌랑 목철경(睦哲卿), 전라도에 가는 예조정랑 박처륜(朴處綸), 영안도에 가는 예빈시 첨정 최옥순(崔玉筍), 평안도에 가는 의빈부 경력 이의(李誼)가 사조(辭朝)하였다. 그 사목은 이러하였다.
1. 도내 여러 고을 민간의 질고를 조사해 묻고, 지나가는 여러 고을 수령의 불법을 아울러 검거한다.
1. 여러 고을의 불법을 아울러 검거한다.
1. 향을 전한 뒤에는 문폐경차관(問幣敬差官)이라 칭호한다."

그러나 전향별감은 단순히 향만 전한 것이 아니라, 때로는 민폐를 끼치는 폐단이 많아 크게 우려한 일이 수차례 기록되어 있으며, 그 도의 관찰사로 하여금 향을 전하는 날짜와 시간을 보고하도록 하고, 노정(路程)을 계산하여 어기는 자는 과죄(科罪)하도록 하였다.

행향별감은 향을 받아 의식을 진행하는 직책이다. 행향사(行香社)는 고유의 업무에 따라 비를 내리게 하는 기우제를 위한 기우 행향사(祈雨行香社), 종묘 의식을 위한 종묘 행향사(宗廟行香社), 계성전에 있는 계성전 행향사(啓聖殿行香使) 등 장소와 때에 따라 다양하게 있었다.

향실은 궁중의 제례나 의식에 따른 향을 관장하는 기구로, 향실별감(香室別監)은 주요한 직책이었다. 그러나 이들은 직책을 소홀히 하여 문제를 일으키는 경우가 많았고, 그때마다 중죄로 다스린 것을 보면, 향이 의식에 있어서 얼마나 중요한 것이었는지를 추측하게 한다.

『왕조실록』「세종」편에 다음과 같이 기록되어 있다.

"사헌부(司憲府)에서 아뢰기를 '향실별감 문손찬(文孫纘)은 오로지 향합(香盒)을 봉(封)하는 일을 맡았는데, 문소전(文昭殿) 및 혼궁(魂宮)의 향을 빈 합으로 봉하였사오니, 율에 따라 곤장 90대를 치고, 우승지 조극관(趙克寬)도 직책이 향합을 관장하는 것인데도 점검을 행하지 않았사오니, 또한 율에 따라 논죄하기를 청하옵니다' 하니 임금이 손찬만을 죄주고 극관은 용서하였다."

아무튼 조선 시대의 향은 귀하고 비싼 것으로 취급되었다. 그 예로 향을 훔치는 자도 많았으며, 향으로 극도의 사치를 일삼아 왕명으로 훈계하거나 치죄하였다고 한다.

비싼 침향의 대용으로 자단향을 사기도 하고, 왕후의 승하(昇遐)로 향을 올릴 때 대군들이 서로 다투어 화려하게 하여 극도로 사치하자, 임금이 칙서로 타이르기까지 한 것을 보면, 예나 지금이나 내용보다는 형식을 중히 여겨 사치한 것은 변함이 없는 것 같다.

마음이 아름다워야지, 구릿한 마음이 향기로운 냄새로 치장된들 무슨 소용이 있겠는가. 진정 향기로운 자는 스스로 향기를 뿜거늘.

7. 천 년의 향기

오래전 새 천 년을 맞이하여 정부에서는 '즈믄해' 준비 위원회를 발족시켰다. 그중 한 가지 사업이 침향 찾기다. 침향 찾기는, 미륵불의 세상을 기리기 위해 향나무나 향목을 땅속에 묻어놓는 매향(埋香) 풍습에 의해, 묻어놓은 향이 침향으로 변한다고 믿는 데에서 출발한다.

우리나라 곳곳의 사찰이나 특정한 장소에 묻혀 있는 향목은, 일본의 『금속사기』를 보면 그 위치가 자세히 적혀 있는데, 물속에 가라앉는다는 침향(沈香)목의 특성 때문인지, 민물과 바닷물이 만나는 곳에 묻기도 한다. 김제에 있는 한 사찰에서는 매향 풍습을 답습하기 위해 절의 신도들이 향목을 머리에 이고 민물과 바닷물이 접하는 곳에 향나무를 묻었다고 하니, 그저 놀라울 뿐이다.

1998년으로 기억한다. 삼성 비서실에서 나를 찾아왔다. 일본 상사로부터 침향을 선물 받았는데, 도대체 어떻게 사용하는 것이 좋은지 몰라 백방으로 조사하다 결국 나를 찾아오게 되었다고 한다. 다 가져올 수가 없어 몇 편만 가져온 것이었다.

자세히 살펴보니 침향 중 가장 좋은 가라(伽羅)였다. 한 편에 불을 붙이니 그 냄새가 코끝으로 전해온다. 달고, 쓰고, 맵고, 시고, 짠 다섯 가지의 맛이 다가오며, 잠시 후에 펼쳐진 공간에 세상의 모든 향기가 휘감아 돌고 있었다. 자세한 사용법과 효능을 알려주어 보냈지만 나는 아직도 그 향기를 잊지 못하고 있다. 세상에서 맡은 가장 완벽한 냄새였기에 말이다.

침향은 향 중의 향으로, 진품의 가격은 실로 어마어마하다. 『조선왕조실록』을 보면 곳곳에 침향에 관한 기록이 있는데, 우리나라에서는 나지 않기에 주로 일본을 통해 사들이며, 중요한 행사나 고급 약재를 만드는 데 사용하였고, 몹시 아끼고 소중하게 다루었음을 알 수 있다.

침향수는 인도의 동부, 아샘 지방, 베트남, 보르네오, 말레이반도, 인도네시아 등 동남아 열대 지역에서 나는 아퀼라리아(Aquilaria)에 속한 식물로, 썩거나 병들어 수지가 흘러나와 향이 된 것이 침향이다. 일반적으로 이를 채취하는 법은 이렇다. 먼저 몇 년이 지난 오래된 나무를 잘라두고 시간이 흐르면 그 외피가 먼저 부패되나, 나무의 마음과 가시마디는 단단하고 검게 물속으로 가라앉는다. 나무의 성질은 허유(虛柔)로, 향이 있는 것은 백 개 중 몇 개 되지 않으며, 나무가 물을 머금으면 수지가 생긴다.

다시 말하면, 침향수가 잘리거나 벌레 먹거나 흙 속에 묻혀 흙의 압력을 받으면 수지가 나와, 나무의 조직에 스며드는 것이다. 그 재질 중에 검은 수지가 침착한 부분을 채집한 것을 침향이라고 하며,

물에 가라앉는 부분을 가장 상품으로 친다.

이러한 침향의 특성으로 인해 고급 약재로서 예로부터 귀하게 취급되었는데, 조선에서는 침향으로 말미암은 재미나는 일화가 있다.

세조 임인년(壬寅年)에 전라도 관찰사와 순천부사에게, 순천부(順天府)에 있는 침향을 살피게 한 일이 있었다.

"듣건대 순천부의 해농창(海農倉) 가까운 땅에 침향이 있는데, 나무와 비슷하다고 하고, 또한 돌산도에도 많이 있다고 하니, 경(卿) 등이 자세히 살펴서 아뢰어라. 또 많은 사람이 베어 가는 것을 금지하라."

이는 우리 선조들이 침향에 대하여 잘 알지 못했던 까닭이고, 또한 막연한 기대감으로 오류를 범하였음을 잘 나타내준다.

또 세종 때 의주(義州) 야일포(夜日浦) 남쪽 장성(長城) 아래 바위에 새겨진 글에 이르기를, "경인년 11월 22일에 최순(崔淳)이 이돌에서 내려가 남쪽으로 60척을 나가 향을 묻었다고 우참찬 이숙지가 평안도 관찰사에게 아뢰자 그곳을 파보라고 일렀다. 그래서 파보자 향목이 아니고 소나무(松木)와 참나무(眞木)이니, 아직 향이 되지 못한 까닭으로 다시 이를 묻었습니다 하고 아뢰니, 임금이 관찰사에게 명하여 표를 세워 후일의 빙고(憑考)로 삼게 하였다."는 기록이 있다.

향목이나 향을 아무리 오래 묻어놓아도 침향이 될 수 없다는 사실을 몰랐기 때문이다. 이러한 우리 선조의 우매함이 20세기 끝까지 이어져 오고 있으니 가히 통곡하고 싶은 마음뿐이다.

일본은 일찍이 동남아시아와의 무역으로 침향을 많이 확보할 수 있었는데, 이것을 조선에 비싼 값으로 판 사실이 실록 여기저기에 기록되어 있다. 그렇다면 조선의 관리들은 대체 무엇을 하였단 말인가. 비싸게 울며 겨자 먹기로 사들이면서 한 번도 산지에 직접 가서 구해볼 생각은 안 해보았다는 말인지, 그저 안타까울 뿐이다.

현재 일본은 세계 침향 산지의 대부분을 확보하고 있다. 침향은 동양 향이나 한방 제조에 꼭 필요한 것이기에, 우리는 지금도 조선 때처럼 그들에 의해 좌지우지되고 있는 실정이다. 일본은 일찍부터 침향의 효능과 가치를 알아 최근에는 베트남에 침향 재배 단지를 만들었다고 하니, 그들의 상술에 놀라지 않을 수 없다.

침향의 약용 가치로는, 기의 순환을 돕고, 혈을 뚫으며, 양기를 강화하고, 풍을 제거한다고 한다. 이것은 한국의 『동의보감』, 중국의 『중약대사전』, 일본의 『원설한방의약대사전』에 자세히 서술되어 있다.

침향의 등급은 침수, 부유에 따라 정한다. 또한 색채, 향기, 중량, 크기순으로 등급을 정하는데, 녹자색이 흑색보다 상품이고, 태울 때 향기가 진하고 부드러우며 오미(五味)가 풍부할수록 상품에 속한다.

침향의 가격은 1그램에 1,000원 정도에서 10만 원까지 다양한데, 명향이라고 하는 것은 값을 매길 수 없을 정도로 매우 비싸다.

현재 우리나라에서 쓰고 있는 침향은 고급품이 아닌 경우가 많고, 선향 제조에 들어가는 침향은 침향이 아닌 유사 향목일 가능성이 높다.

침향은 만들어지는 방법에 따라 상품(上品) 순으로 생결(生結: 인위적으로 나무를 베어 수지가 생기는 것), 숙결(熟結: 저절로 썩어서 생기는 것),

탈락(脫落: 물에 의해 썩어서 생기는 것), 충루(蟲漏: 병충해에 의해서 생기는 것)로 구분되며, 검고 윤이 나는 각침(角沈), 노랗고 윤이 나는 황침(黃沈), 옆으로 줄무늬가 있는 혁침(革沈)이 모두 상품이다.

일본의 문헌을 보면, 에도(江戶)시대부터 본격적인 향의 분류가 시작되었으며, 침향 외에는 향으로 취급하지 않았고, 당시『육국열향지변』이라는 책을 편찬하면서 향도가 형성된 것으로 보인다.

에도의 향인들은 「육국열전(六國列傳)」이라 하여 침향의 출처를 염두에 두고 모두 여섯 종류로 분류하였다. 그 분류는 종장(宗匠: 향 전문가)의 주관적 판단에 많이 좌우되었고, 향목을 싼 포장지에 표기하였다. 육국열전의 분류를 상품 순으로 나열해본다.

1) 가라(伽羅)

인도어로 방향이란 뜻을 가졌으며, 그 모양이 우아하고 쓴맛을 내는 것을 상품으로 친다. 자연스럽고 우아한 아름다움이 있어 궁인(宮人)에 해당하며, 유일하게 오미가 풍부하다.

2) 나국(羅國)

샴 왕국의 일부인 나국을 말한다. 자연스러운 향과 백단의 맛이 있어 주로 쓴 향을 말하며, 무사(武士)와 같다.

3) 진나하(眞那賀)

말레이반도의 말라카항[121]. 가볍고 향기가 빨리 옅어지는 것을 상

---

121) 서(西)말레이시아(말라야)에 있는 항구도시로 16세기에는 동남아시아에서 가장 중요한 무역항으로 발전했다. 인도·아랍·유럽 상인들이 정기적으로 찾아왔으며, 포르투갈 인들은 말라카 항을 통해 항신료 무역을 하여 엄청난 이익을 보았다.

품으로 치며, 향기가 삐뚤어진 데가 있어, 비유하자면 여자의 한과 같다.

4) 진남만(眞南蠻)

인도 동쪽 해안 지역인 말라바르(Malabar)[122]. 단맛이 많고 수지가 풍부하다. 백성에 해당한다.

5) 촌문다라(寸門多羅)

남태평양 수마트라 섬을 말한다. 신맛이 많고 가라와 비슷하다. 품격은 지하인(地下人)에 해당된다.

6) 좌회라(左會羅)

남태평양의 소로 또는 인도 서부(서인도제도)의 샛소울을 가리키는 것이 아닐까 한다. 차갑고 신맛이 많으며 진향이 풍부해 그 품격은 스님에 해당한다.

새 천 년을 맞이했다. 새로운 천 년은 우리를 깨운다. 침향만이 침향일 뿐, 향나무나 다른 나무는 땅속에서 아무리 오랜 시간이 지나도 침향으로 변하지 않는다. 이제 침향의 환상에서 깨어나야 한다. 우리의 향이 아닌 다른 나라의 향으로 천 년을 열어야 한다면 너무나 슬픈 일이다. 한반도 곳곳에 묻어 있는 우리의 향기로 새로운 천 년을 걸어가야 할 것이다.

---

[122] 네덜란드 동인도회사의 무역 요충지였다. 인도의 해안몬순지역으로 몬순커피로 유명하며, 세계 다섯 번째 커피 생산지. 기후가 좋아 후추, 계피 등 다양한 열대 향신료가 생산된다. 너무나 아름다운 곳이기에 보들레르는 『악의 꽃』에서 말라바르 여인을 찬미하는 시를 남겼다.

제5부
비통(鼻通)

"여호와 하나님이 흙으로 사람을 지으시고 생기를 그 코에 불어넣으시니 사람이 생령이 된지라." (창세기 2:7)

비통이란, 후각을 통해 세상의 이치를 알아 막힘이 없음을 말한다. 혜강은 비통의 첫머리에 "코는 기를 통하는 구멍이다."라고 하였다. 이는 코가 사람의 근본임을 제시하여, 곧 후각의 중요성을 일깨워주기 위해서다. 즉, 코는 생명의 근원이며, 영의 통로라고 볼 수 있다.

('비통'의 원문 번역은 한국고전번역원의 종합DB에 따랐음을 밝혀둔다.)

1. 비통(鼻通)의 신기(神氣)

서양에서는 오랫동안 냄새에 관해 연구를 통해 규명하고자 했지만, 최근에 와서야 그 비밀의 서막을 찾아내었다. 하지만 조선의 실학자 혜강(惠岡) 최한기(崔漢綺, 1803~1875) 선생은 34세 되던 해에 「신기통(神氣通)」과 「추측록(推測錄)」을 합본하여 『기측체의(氣測體義)』를 펴냈으며, 그중 「신기통」의 한 부분인 '비통(鼻通)'을 통해 세상의 이치를 알아 막힘이 없음을 말하려고 했던 것이다. 그는 비통의 첫머리에 "코는 기를 통하는 구멍이다."라고 하였다. 이는 코가 사람의 근본임을 제시하여 곧 후각의 중요성을 일깨우며, 냄새의 비밀을 밝혔던 것이다.

『기측체의』는 1836년(헌종 2년) 중국 베이징 정양문내(正陽門內) 동성근(東城根) 인화당(人和堂)에서 간행되었으며 - 중국에서 조선의 책을 출간한 것은 퍽 이례적인 일이다 - 19세기 동양의 전통과 서양의 새로운 문물이 교차하는 접점의 시대에, 새로운 세상을 열기 위해 고뇌하는 조선 선비의 사상이 서려 있다.

『기측체의』의 내용은 두 부분으로 되어 있는데, 「신기통」이 기의 체(體)를 논한 데 비해, 「추측록」은 기의 용(用)을 규명한 것이라고 그 자신이 밝히고 있다.

내가 최한기 선생을 깊이 신봉하게 된 것은, 그의 책 내용을 모두 이해하고 꿰뚫어서가 아니라 「신기통」의 한 부분인 '비통'을 읽고 난 후부터이다. 그는 170여 년 전에 이미 냄새의 정체를 파악하고 있었으며, 향기에 대한 정확한 개념을 적어놓았기에 더욱 그랬는지도 모른다.

최한기 선생은 대동여지도를 만든 김정호의 든든한 후원자이기도 했으며, 그 역시 천체 및 세계 지도에 관심을 두고 제작을 했다고 한다.

선생이 말하는 통(通)은 막힘이 없는 것, 또는 막힘이 없이 트인 것이다. 이때 막힘이 없다는 것은, 단지 물리적인 측면만을 의미하는 것이 아니라 정신적인 측면까지도 포함한다. 모든 이해의 장벽이 해소됨으로써 세상의 이치를 알고, 해득이 가능하게 됨을 말하는 것이다.

인체 및 인체의 모든 감각기관을 신기(神氣)가 통하는 기계로 간주하여, 이목구비 등이 모두 음(音)·색(色)·미(味)·향(香)으로서 오감이 신기와 통하게 되는 통로와 같은 것으로 생각하였다. 이 점은 「신기통」의 차례가 체통(體通)·목통(目通)·이통(耳通)·비통(鼻通)·구통(口通)·생통(生通)·수통(手通)·족통(足通)·촉통(觸通)·주통(周通)·변통(變通)으로 이루어져 있는 것으로도 충분히 짐작할 수 있다.

「신기통」은 단순히 기의 체만 밝힌 것이 아니라, 한 걸음 더 나아가 기 및 그 작용의 세계에 대한 파악까지 시도한 저서임을 알 수 있다. 서양에서는 오랫동안 냄새를 연구하고 규명해왔지만, 아직 속

시원히 밝히지는 못하였다. 하지만 최한기 선생은 '비통'을 통해 후각에 대한 동양적 사고와 과학을 규명하였으니, 그저 놀라지 않을 수 없다.

"모든 제규제촉(諸竅諸觸) 가운데 가장 빠르고 거짓됨이 없는 것은, 오직 코로 냄새 맡는 것이다."

최한기 선생은, 호도될 수 있는 사람의 감각 중 믿을 수 있는 것은 코로 냄새 맡는 것이라고 밝혔다. 이는 보고, 듣고, 말하는 것은 거짓과 착각 속에 빠질 수 있지만, 냄새만은 기를 타고 코로 통하므로, 언제나 빠르고 거짓됨이 없다는 것이다.

선생은 물명에 고유의 냄새가 있음과, 일기에 따라 그 기와 맛이 변함을 알았으며, 냄새의 발산에 대한 과학적 식견도 있었다. 그는 이미 냄새가 인간의 감성을 좌우하는 환경적 요인임을 날카롭게 지적했다.

"갯벌에서 생장한 자는 바다의 짠맛에 물들어 젖었으므로 조금 짠 바람에서는 그 짠맛을 알지 못하며, 산장에서 성장한 자는 아지랑이 가운데 젖어 있으므로 조금 흐린 바람이라도 그 흐림을 쉽게 깨닫는다……. 맑고 깨끗한 공기를 익히 맡으면 바람결에 오고 가는 모든 냄새를 쉽게 분별할 수 있으며……."

또 향기의 발산에 관하여 언급하기도 했다.

"향기의 무리는 향기를 내는 물체로 중심을 삼고 그 주위로 외곽을 삼는데, 바람이 빠르냐 느리냐에 따라 긴 타원, 짧은 타원이 되는 것은 소리 무리와 같다."

이는 향기의 생성과 소멸에 관한 것이다. 그의 글은 단순히 머릿속에 있는 죽은 지식이 아니라, 스스로 체험하여 세상의 이치를 꿰뚫어보는 살아 있는 지혜임을 알게 한다.

그 예로 「추측록」의 '추기록1'에 있는 기와 바람의 글을 들 수 있다.

"내가 금강산 비로봉을 올라갔는데, 높이가 1만 장 가까이 되고 바다에서 30여 리쯤 되었다. 때가 마침 첫여름이라, 바람이 자고 날씨가 맑은데, 아래로 동해를 내려다보니 물이 하늘과 연접하였고, 바다 안개가 조금 어렸다. 수면에는 서로 이어지는 물결이 마치 평야의 풀이 종횡으로 나고 얼어붙은 작은 호수의 균문이 서로 교착된 것과 같았다.

가까이 보이는 것은 분명한데 멀리 볼수록 점점 희미하였다. 이것은, 시력이 멀고 가까움에 따라 차이가 있기 때문인가, 아니면 이런 바다의 무늬가 육지 가까운 곳에만 있고 먼 데에는 없기 때문인가? 더 동쪽으로 가서 일본, 패로, 미리견 등의 바다에도 모두 이런 것이 있는가? 그길로 내려와 만회암에 이르렀다.

차를 끓여 그릇에 붓고, 열기가 내는 자취가 마치 바다에서 본 것과 같이 종횡으로 무늬를 이루는 것을 자세히 살펴보았다. 차가 식으니 그 무늬가 점점 없어졌는데, 여기에서 바다 안개는 바로 땅에서 증발되는 기로, 바다의 무늬는 바로 증발하는 열이 내는 자취로, 증발의 중간에 따라 그 바다의 무늬가 또한 달라진다는 것을 알 수 있다."

서양의 향 문화는 사람 각기의 체취에 대하여 언급하며, 그들 음식문화의 영향으로 인한 나쁜 체취를 없애는 데 향을 사용하고 있다. 하지만 최한기 선생은 단지 체취에 관한 설명만을 하지는 않았다. 드러난 냄새를 통해 인간의 내면적인 성품까지도 파악할 수 있으며, 몸에 배어 있는 냄새로 사람을 판단하고, 주변에 흐르는 냄새로 주어진 환경을 이해하였던 것이다.

또한 전에 맡았던 냄새의 좋고 나쁨을 통하여, 저 냄새를 견주어서 이 냄새의 맑고 흐림을 분별한다고 했다. 그뿐만 아니라, 장차 발생할 냄새를 능히 맡고, 이미 없어진 냄새의 남은 냄새를 맡으며, 선악(善惡) 이해와 청탁(淸濁), 장단(長短)을 가려낸다고 하였으니, 후각이 오감의 으뜸임을 분명하게 깨닫게 하였다.

이것 외에도 그의 글에는, 후각의 중요성과 냄새에 관한 정확한 정체를 함축시켜 놓았음을 알게 하는 구절이 즐비하다.

서양의 향수가 우리 땅을 뒤덮고, 이름 모를 향기가 우리의 향 문화가 없는 거리에 쏟아지는 것을 보면서, 그나마 우리에게도 최한기 선생이 있었음에 그저 고마울 따름이다.

2. 몸의 기를 풀무질한다 (橐籥身氣)

鼻爲通氣之竇戶。一身之橐籥。而吸引天氣。鼓動血脈。常繼性命之源。不絕稟賦之道。使四肢之氣活動。耳目之氣聰明。其功專由鼻通之晝夜不息。平生如一。未嘗須臾間隔絕也。噓吸之氣。出多入少。出少入多。雖未質言。嘗觀飮毒烟之人。因噓吸而致眩。醉惡臭之人。因噓吸而竟倒。則吸之氣。漸漬于神氣。噓之氣。未能盡吐惡毒也。然則純澹之天氣。因吸而漬於神氣。充養血肉。鼓動榮衛。豈非端的耶。

코는 기를 통하는 구멍(竇戶)이요, 한 몸의 풀무(橐籥)이다. 공기(天氣)를 빨아들여 혈맥을 고동(鼓動)시키고, 항상 성명(性命, 생명과 같은 말)의 근원을 잇고, 품부(稟賦)받은 도를 끊지 아니하여 사지(四肢)의 기로 하여금 활동하게 하고, 이목(耳目)의 기로 하여금 총명하게 한다. 이러한 공은 오로지 코의 통함이 밤낮 그치지 않고 평생을 한결같아서 잠깐 동안이라도 쉬거나 끊어지지 않는 데 있다.

내쉬고 들이쉬는 기가, 나오는 것이 많고 들어가는 것이 적은

지, 아니면 나오는 것이 적고 들어가는 것이 많은지는 비록 단정하여 말은 못하지만, 언젠가 보니 독한 연기를 마신 사람은 호흡으로 인하여 어지럼증을 일으켰고, 악취에 취한 사람은 호흡으로 인하여 거꾸러졌다. 그러니 들이쉰 기는 차츰 신기를 적시고, 내쉰 기는 나쁜 독을 다 토할 수는 없다. 이는 맑은 공기를 들이마심으로써 신기를 적시고 피와 살을 만들며 영위(營衛)를 고동하게 한다는 단적인 증거가 아닌가.

화재로 사람이 사망하였다는 신문 기사를 보게 된다. 그런데 불에 타서 죽는 것이 아니라, 먼저 화재로 인한 나쁜 연기가 코를 통해 흡입되고 폐로 들어가 질식해서 사망한 것이다.

코는 단순히 숨을 쉬는 것만이 아니다. 좋은 기를 들이마시고, 나쁜 것을 코를 통해 걸러준다. 그리고 들이쉰 공기는 온몸의 혈과 기를 운용하고, 남은 노폐물은 다시 코를 통해 배출하는 것이다. 그래서 코를 잘 관리해야 하며, 좋은 공기를 마셔야 하는 것이다.

옛날 시골 대장간의 풀무는 보통 세 부분으로 이루어져 있다. 바람을 일으키는 풀무와 불이 이글거리는 화덕, 그리고 바람을 화덕으로 이어주는 풍로가 그것이다.

예전의 풀무는 네모난 나무통으로 만들어져 있다. 그 속에는 움직이는 칸막이가 있어서 바람을 밀어내도록 설계되어 있다. 여기서 중요한 구실을 하는 부분이 바로 공기 흡입구인데, 풀무 뒤쪽에 붙어 있어서 보이지 않는다. 흡입구 안쪽에는 작은 막이 있으며, 칸막이가 앞으로 움직일 때 막은 바람을 따라 열리므로 바람이 들어올 수 있게 되어 있다. 그러나 칸막이가 뒤로 움직이기 시작하면 막은 구멍을 막아 바람이 새나가지 못한다. 풀무의 생명인 셈이다. 풍로(바람길)는 풀무에서 만들어진 바람을 화덕으로 옮기는 역할을 한다. 이 풍로가 없으면 나무로 만들어진 풀무는 화덕에서 나오는 뜨거운 열기 때문에 타버리게 되는 것이다.[123]

코는 풀무의 모든 기능이 있다. 그래서 코를 한 몸의 풀무라고 하였던 것 같다.

사람은 모든 감각의 기능을 스스로 조절할 수가 있다. 보고 싶지 않으면 눈을 감으면 될 것이며, 듣고 싶지 않은 소리는 귀를 막으면 된다. 하지만 코를 막으면 숨을 쉴 수 없어 죽게 된다. 숨을 쉰다는 것은 단순한 감각의 기능이 아니다.

후각은 스스로 조절할 수가 없으며, 곧 생명과 직결되기에 자연적으로 작동하게 되는 것이다. 선천적이든 후천적이든 사람의 청각이나 시각에 이상이 있으면 보고 들을 수 없다. 하지만 후각 장애는 냄새를 맡는 기능에 이상이 있는 것이지, 숨을 쉴 수 없다는 것은 아니다. 그래서 후각은 감각의 기능이 아니라 생명의 기능인 것이다. 물론 냄새를 맡지 못한다는 것은 참으로 억울한 일이지만 말이다.

코는 세상의 맑고 청아한 공기를 빨아들여 온몸으로 그 기를 보내며, 피를 요동시키고 뇌를 살아 있게 만든다. 변함없는 품성을 가졌다.

오래전 캐나다 로키산맥으로 자동차 여행을 한 적이 있다. 밴쿠버

---

[123] 세계기독교박물관 성서사물, www.segibak.or.kr/

에서 출발하여 호프를 거쳐 밴프, 재스퍼에 도착하여 다시 다른 길로 돌아오는 여행이었다.

5월의 밴쿠버는 반바지를 입고 다녀도 될 만큼 더웠다. 하지만 가는 길은 점차 추워지고 때론 눈도 내린다 하여 두툼한 점퍼도 잊지 않고 챙겼다. 끝없이 펼쳐진 산과 협곡, 울창한 숲과 계곡, 맑고 넓은 호수는 도심의 밴쿠버와 느낌이 사뭇 달랐다. 또 다른 매력으로 다가오는 것이었다.

빙하 침식활동으로 깎인 땅 위에 빙하가 녹은 물이 흘러서 만들어진 '레이크 루이스' 호수의 빼어난 경치와 맑은 에메랄드 호수의 푸름을 이야기하려는 것이 아니다. 강물 틈 사이로 유유히 헤엄치는 물고기 무리에 대해서는 더더욱 아니다. 난생처음으로 만났던 로키의 나무 꼭대기에 걸려 있는 무지개도 아니다. 저녁 무렵 찾아간 빙하의 차가운 바람이 준 공포와 두려움, 도로에서 만나는 곰의 입김, 그리고 로키의 웅장함과 변화무쌍, 하지만 그것도 내가 찾는 것이 아니었다.

가물가물한 기억 속에서 오직 내가 찾고 있었던 것은 그곳의 냄새였다. 도로는 아무렇게나 방치되고, 인간의 발자취를 최대한 줄여 자연 그대로의 모습을 간직한 로키에서, 난 진정한 자연의 냄새를 맡고 싶었던 것이다.

지금도 내 후각기억의 깊은 곳에 로키의 냄새가 자리하고 있다. 자연을 훼손하지 않으려고 가능한 한 그대로 살려둔 로키에서, 살아 있는 냄새를 맡을 수 있었던 것이다. 빙하와 호수의 냄새에서 과거를 맡았고, 로키의 정상에서 땅의 생명을 호흡할 수 있었다.

일주일간의 로키 여행에서 배웠던 교훈은, 맑은 공기를 들이마심으로써 신기를 적시고, 피와 살을 만들며, 영위(營衛)를 고동하게 한다는 것이다. 비록 시간이 많이 흘렀지만 아직도 가끔 그 냄새를 기억의 문 바깥으로 데려온다. 그래야 내가 맡는 공간의 냄새가 옳은지 그른지를 분간할 수 있기 때문이다.

아마 이 냄새의 효과가 떨어질 때쯤이면, 인디언 거주지에서 파는 볶음밥과 쇠고기 브로콜리 요리를 먹으면서 로키의 냄새를 집어삼키고 있을 것 같다.

3. 모든 냄새 가운데 맑은 것이 가장 좋다(諸臭中純澹爲最)

魚之游泳于溪澗者, 常飮淸淡之水, 而聞淸淡之臭. 及其霖雨漲溢, 沙土幷流, 魚飮混濁之水, 而聞混濁之臭. 自上流洗鮮肉, 則魚飮腥羶之水, 而聞腥羶之臭. 在上流糜亂蔘葉, 則魚飮穢惡之水, 而聞惡臭. 人於鼻通之氣, 亦猶乎此. 純澹之天氣, 通於鼻, 則嗅純澹之臭. 晦霾乘氣, 而通於鼻, 則嗅土雨之臭. 香烟如縷, 而觸鼻, 則嗅其馤馥. 穢惡和氣, 而過鼻, 則嗅而嚬囈. 蓋臭氣之適宜於神氣, 則不識好惡而忘之焉. 臭之逆於神氣者, 不待思想, 而過鼻輒惡之. 若久吸必有傷害. 縱云香氣, 勝於穢惡, 久聞之, 必有攸損也. 受病於穢惡之臭者, 喜聞芬馥之氣. 無受病於諸臭者, 常適於純澹之臭. 無所偏於薰蕕. 是知諸竅諸觸之中, 最迅疾而無邪僞者, 其惟鼻臭乎.

시냇물에서 헤엄치는 물고기가 항상 맑은 물을 마시고 맑은 냄새를 맡다가, 장마에 물이 몹시 불어 흙과 모래가 섞여 흐르면, 물고기는 흐린 물을 마시고 흐린 냄새를 맡는다. 상류에서 생선과 고기를 씻으면 물고기는 비린내 나는 물을 마시고 비린내를 맡으며, 상류에서 썩은 여뀌 잎을 풀면 물고기는 더러운 물을 마시고 나쁜 냄새를 맡는다.

　사람의 코로 통하는 기(氣)도 또한 이와 같다. 깨끗한 공기를 코에 통하면 깨끗한 냄새를 맡고, 회매(晦霾: 흙비)가 기를 타고 코로 통하면 흙비의 냄새를 맡으며, 향기로운 연기가 실오리처럼 코에 닿으면 그 향기를 맡는다. 더러움이 기(氣)에 섞여 코를 지나면 냄새를 맡자마자 찡그리게 되는데, 대개 냄새가 신기에 맞으면 좋고 나쁨을 기억하지 않고 그것을 잊어버리며, 냄새가 신기를 거스르면 생각할 것도 없이 코에 스치자마자 곧 메스꺼워진다.

　만약 오래 들이마시면 반드시 상해(傷害)가 되니, 비록 향기가 더러움보다는 낫다고 하지만 오래 맡으면 반드시 손해가 있다. 더러운 냄새에 병이 든 자는 향기로운 냄새 맡기를 즐겨하며, 냄새에 병이 든 적이 없는 자는 언제나 깨끗한 냄새가 알맞으며, 향기나 구린내에 치우침이 없다. 이것으로 보면 제규제촉(諸竅諸觸) 가운데 가장 빠르고 거짓됨이 없는 것은 오직 코로 냄새 맡는 것이다.

아주 오래전 일이다. 전북 진안의 마이산을 지나 무주로 가는 길이었다. 아직 겨울이 머물고 있는 초봄이었지만, 날씨가 하도 좋아서 밖의 공기를 마시기 위해 차창을 열었다. 운전을 하던 동료는 약간 쌀쌀하게 느꼈는지 움츠리며 투정을 부린다.

　내 후각은 금세 맑은 공기를 감지한다. 그런데 이상하게도 코에서 물기가 묻어 나오는 것이다. 나는 동료에게 지나가듯 한마디 던졌다. "비가 올 모양인데." 그 친구는 깔깔거리며 웃음을 참지 못한다. "비는 무슨 비, 이렇게 날씨가 좋은데." 어색한 침묵의 시간이 흐른다.

  20분 정도 지났을까, 하늘은 캄캄해지고 비가 쏟아졌다. 물론 내 후각이 뛰어나다고는 하지 않겠다. 다만 내 코에서 느낀 물기는 분명 공기를 타고 온 비였으며, 비는 공기를 타고 물기를 사방으로 보낸다는 것을 실감했다.

  물 냄새를 맡고 그 근본을 알면 냄새의 반을 아는 것이라고 하였다. 물은 한 가지 냄새만 가지고 있는 것이 아니다. 먼저 단물, 쓴 물, 짠물, 신 물, 매운 물이 있을 터이고, 비린 물, 썩은 물, 강물, 우물물, 바닷물, 빗물 등 수많은 물이 있다. 하지만 좀 더 깊이 들어가면 생선 비린 물과 물비린내가 나는 물, 썩은 물에도 각종 다양한 물이 있을 것이다. 또한 단물에도 설탕의 단물과 꿀의 단물 등 셀 수 없을 정도로 별별 물이 다 있다. 이 모두는 냄새의 바깥이다.

  그러면, 냄새의 안쪽을 맡아보자. 학교 운동장에 내린 비 냄새를 맡으면 조금 전 이곳에서 놀았던 아이들의 냄새를 함께 맡고, 전쟁터에 내린 비를 맡으면 죽어간 병사들의 고통의 냄새를 맡는다. 그러니 물 냄새만 제대로 맡으면 천하의 무슨 냄새인들 맡지 못하겠는가?

  향기가 더러움보다는 낫다고 하지만 인위적인 향기는 오래 맡으면 이롭지 않다고 한다. 이렇듯 맑은 마음과 깨끗한 성품을 가지면, 구린내나 향기에 치우침이 없는 진정한 냄새의 종결자가 될 수 있다는 말이다. 욕심을 가진 자는 자신의 치부를 감추기 위해 인위적인 향기를 남용하며, 튀고 싶은 사람은 더욱 강렬한 향기를 선호한다.

향기는 사용하는 사람의 감성을 대변한다. 그래서 냄새는 안과 밖의 조화가 이루어져야 하기에, 냄새를 아는 것이 후각의 힘인 것이다.

『향수』에서 그르누이는 바람을 통해서 날아오는 냄새의 덩어리를 조합하고 분리하는 능력을 가졌지만 결코 분리하여 맡으려고 하지 않았다. 전체로서, 냄새를 안팎의 구별 없이 호흡으로 만나며 용해시킨 것이다. 냄새는 모든 것 가운데 가장 빠르고 거짓이 없다는 것을 그르누이는 알고 있었다. 바람에 실려 오는 초원, 숲, 도시의 냄새 그리고 바다의 내음을 통해 사람과 물체와 공간을 이해했던 것이다. 냄새는 속임이 없이 정확한 현상을 알려준다. 탄 냄새, 바다의 비린내, 숲의 상쾌함, 도시의 갖가지 냄새를 통해서 말이다.

"그리고 도시 한가운데서 강을 나누고 있는 하나뿐인 이 숲을 통해 서쪽으로부터 거대한 기류가 다가오기도 했다. 그 기류에는 시골 냄새, 뇌일리 인근의 초원 냄새, 생 제르망과 베르사유 궁전 사이에 있는 숲의 냄새, 루앙이나 카엥처럼 멀리 떨어져 있는 도시들의 냄새가 실려 있었다. 심지어 바다 냄새를 싣고 오는 경우도 있었다. 바다에서는 물과 소금, 그리고 차가운 햇살을 품고 있는 돛단배의 냄새가 났다. 바다 냄새는 단순하면서 거대하고 독특했기 때문에 그르누이는 그것을 생선, 소금, 물, 해초, 신선한 공기 등의 냄새로 나누기를 주저했다. 그는 그 냄새를 나누지 않고 그대로 받아들여 전체로서 기억해두었다." 124)

---

124) 파트리크 쥐스킨트, 『향수』, 강명순 역, (주)열린책들, 2009, p158.

인간의 후각이 비록 퇴화하기는 했지만 아직은 쓸 만하다. 다만 우리의 삶이 힘들어 하늘을 볼 일이 없듯이 스쳐 가는 모든 냄새를 음미하지 않기 때문이다. 음악과 미술은 어린아이 때부터 열심히 가르치지만, 냄새는 교과목에도 없고, 학교나 학원 어디에서도 배울 수가 없다. 그저 본능에 맡긴 채 숨만 쉴 뿐이다. 그러니 우리의 중요한 감각과 감성의 에센스를 버리고 사는 것이다. 이제 제발 후각을 열고 살았으면 하는 바람이 오늘따라 유난히 간절해진다.

4. 모든 냄새의 분별은 근본이 있다(諸臭分別有本)

諸臭之名. 旣無古人詳細條別. 則指的甚難. 形容不一. 縱能使我有所指別. 難以名言論諸人也. 當因其物名. 而名其臭. 如云生土臭. 腐土臭. 海水臭. 溪水臭. 斲木臭. 刈草臭. 汗垢臭. 朽爛臭. 以至肉鮮酢醬及諸品藥材. 皆有其臭. 又就其中. 各有生熟陳腐之異. 臭必由於天氣之寒熱燥濕. 而變其氣味. 以至散臭之亦異. 能分別者. 鼻通之神氣也. 神氣之淸濁. 縱有分辨之利鈍. 所居之地. 平生漬染. 自有不同. 生長於海澨者. 漬染海鹹. 凡於微鹹之風. 不知其鹹. 生長於山庄者. 滋潤於淸嵐之氣. 凡於微濁之風. 易覺其濁. 且於鮑魚之肆. 芝蘭之室. 久而不聞其臭. 則有所染着者. 自有偏滯. 勢固然也. 人之功夫. 惟在掃却諸臭之染着. 熟聞純澹之天氣. 則有時風便. 去來諸臭. 易得分辨. 且在身之神氣. 不變所稟之天臭.

모든 냄새의 이름은 옛사람이 상세히 구별한 것이 없으므로, 지적하기가 매우 어렵고 형용(形容)이 한결같지 않다. 설사 나로 하여금 구별하라고 해도 이름 지어 여러 사람에게 알도록 하기가 어렵다.

물명(物名)에 따라서 냄새를 이름 지으면 생흙 냄새·썩은 흙냄새·바닷물 냄새·시냇물 냄새·자른 나무의 냄새·벤 풀의 냄새·땀과 때 냄새·고기 썩는 냄새로부터 초·장 및 온갖 약재에 이르기까지 다 냄새를 가진다. 또 그 가운데는 날것과 익은 것, 묵은 것과 썩은 것의 차이가 있다. 냄새는 반드시 날씨의 추위·더위·건조함·습함으로 말미암아 그 기(氣)와 맛이 변하며, 따라서 냄새의 발산 또한 이에 따라 다르다. 이를 능히 분별하는 것이 비통(鼻通)의 신기이다.

신기의 청탁(淸濁)은 비록 분별함에 날카로움과 둔함이 있지만, 사는 곳과 평생토록 젖어 물듦이 절로 같지 않다. 갯벌에서 생장한 자는 바다의 짠맛이 물들어 젖었으므로, 조금 짠 바람에서는 그 짠맛을 알지 못하며, 산장(山莊)에서 생장한 자는 맑은 아지랑이 기운에 젖어 있으므로 조금 흐린 바람이라도 그 흐림을 쉽게 깨닫는다. 어물 가게나 난초 있는 방에 오래 있으면 그 냄새를 맡지 못하니, 염착(染着)됨의 치우치고 막힘이 있는 것은 당연한 일이다.

사람의 공부는 오직 모든 냄새를 쓸어 없애는 데 있다. 맑고 깨끗한 공기를 익히 맡으면 바람결에 오고 가는 모든 냄새를 쉽게 분별할 수 있으며, 또 몸에 있는 신기도 본래 품부 받은 자연의 냄새를 바꾸지 않는다.

어느 날 기무사령부의 한 문관에게서 전화가 왔다. 날 좀 보았으면 하였다. 소공동에 있는 일식집에서 그를 만난 시각은 저녁 8시

무렵이었다. 그는 내게 왜 사람들은 군대에만 오면 달라지는지 모르겠다고 한탄을 한다. 그러면서 병사들의 막사에 향기를 넣어 그들의 일상을 변화시켜보자고 제안하였다.

 다음 날 사령부 본부에 도착하여 막사를 둘러보고, 담당 중대장도 만나 본격적으로 감히 생각할 수 없었던 일을 추진하게 되었다. 세 개의 그룹으로 향기를 사용하지 않는 막사, 부드러운 향기를 사용하여 깨끗한 정서를 가지게 하는 막사, 공격적 향으로 전투적인 병사로 변화시키는 막사로 나누었다. 이 계획은 테스트를 통해 성공하면 전군으로 확산시킨다는 전제 아래 시작되었다. 나는 들떠 있었다. 계획은 일사천리로 진행되었다. 모든 준비를 끝내고 테스트를 시작하는 일만 남았다.

 하지만 세상일은 뜻대로 되지 않는 것인지, 갑자기 기무사령부의 병역비리 사건에 이 일의 책임자가 관련되어 프로젝트는 무기한 보류되어 버렸다. 보류 통보를 받은 지 벌써 10년이 넘게 흘렀는데 아직까지 전화 한 통이 없다. 이것은 명백히 보류가 아닌 취소였지만, 난 보류라는 어감이 훨씬 좋게 느껴진다. 지금은 다들 그만두었겠지만, 나는 아직도 보류를 기다리고 있다. 왜냐하면 그 시절에 그들이 냄새가 집단시설의 환경에 중요한 영향을 미친다는 것을 알았고, 실제로 시도하려 했던 사실만으로 놀랄 만한 일이기 때문이다. 다만, 우리 군에 아무도 생각하지 않았던 일을 시도했던 그들이 과연 병역비리의 주범이라는 것이 아직도 이해가 되지 않을 뿐이다.

 냄새는 사람의 감성과 성품을 주관하는 환경의 요인이 된다는 것을 혜강 선생은 정확히 꿰뚫고 있었다. 그는 갯벌과 산장에서 생장한 사람을 비교하여, 냄새가 사람에게 미치는 영향을 설명했다. 그리고 모든 물질에는 냄새가 있어 그 냄새만으로 파악할 수 있다는 것이다.

슬럼가에서 성장한 사람이 거친 성격을 가지는 이유 중의 하나가 냄새라는 환경이다. 쓰레기 등의 더러운 주변 환경으로 인하여 나쁜 냄새에 길들여짐으로 그들은 거칠고, 감성이 손상된다는 것이다.

보이는 것보다 들리는 것이 사람에게 더 큰 공포감을 준다고 하였다. 하지만 들리는 것보다 더 두려운 것은 냄새다. 비가 올 것 같은 날은 습한 공기가 흐르므로, 밤에는 모든 냄새가 지면으로 내려앉는다. 이때 골목길을 걸으며 냄새를 맡는 것만으로 두려움을 느낀다. 모든 습하고 불쾌한 골목의 냄새가 땅과 지면 위에 넘치고 있기 때문이다.

이렇듯 냄새는 인간의 감성을 좌우하며, 특히 집단시설에서는 매우 중요하다. 교도소나 군대, 혹은 학교 등 집단시설에서의 좋은 냄새는 그들의 건강과 직결되며, 감성을 부드럽게 하고 주변을 깨끗하게 하며, 삶에 활력을 준다. 다만 어떤 향기를 사용하는가가 매우 중요한 문제일 것이다.

"늙은 요리사가 가져다준 토스트 한 조각을 차에 적셨을 때, 나는 제라늄과 오렌지 나무의 향기를 맡으며 행복이 주는 아주 특별한 빛을 경험할 수 있었다. 갑자기 그 여름을 기억할 수 있었다. 내가 차에 적신 비스코티를 맛보는 순간 내 앞에는 모호하고 무채색인 정원 풍경이 펼쳐지고 있었다."[125]

---

125) 마르셀 프루스트, 『한 권으로 읽는 잃어버린 시간을 찾아서』, 김창석 역, (주)국일출판사, 2007, p27.

때로는 아주 미세한 냄새가 상처와 치유라는 모습으로 우리에게 다가온다.

사람의 공부는 오직 모든 냄새를 쓸어 없애는 데 있다. 맑고 깨끗한 공기를 익히 맡으면, 바람결에 오고 가는 모든 냄새를 쉽게 분별할 수 있는 것이다.

사람들은 장수하고 싶어 한다. 너무나 살기가 좋아졌기에 이 세상을 떠나고 싶어 하지 않는다. 그렇다면 오래 사는 비결은 무엇일까? 양생(養生)의 길은 '맑고, 깨끗하고, 밝고, 똑똑하다' 라는 것으로 표현할 수 있다. 안으로는 몸과 마음이 '빈 것' 임을, 밖으로는 만물이 '빈 것' 임을 깨닫고 어느 하나에도 집착하지 않는 것을 말한다. 마음을 비운다는 것은 곧 마음속에 무엇인가 들어 있다는 말이다.

만병은 '짙은 것'에서 생긴다. 풍악과 여색을 짙게 생각하면 허겁병이, 재화와 이득을 생각하는 마음이 짙으면 게걸병이, 공로와 업적은 꾸밈병이, 명성과 평판을 생각하는 마음이 짙으면 빨끈병이 생기는 것이다. 그래서 이 병을 고치고 장수하려면 '옅은 것' 으로 처방해야 한다. 곧 비운다는 말이다.[126]

그러나 그렇게 해서 옅은 마음을 갖게 된다면, 과연 사람들은 오래 살고 싶다는 마음이 없을 것 같다. '짙은' 그 욕망이 장수하고 싶게 만들었기 때문이니까 말이다. 장수하고자 하는 마음도, 생명을 '짙게' 생각하기에 그것 또한 병이 되는 것이다. 하지만 사람의 진정한 공부는 자신을 비워 깨끗한 마음을 가져서, 자연의 순담한 냄새를 구별하고 스스로 옅게 만드는 것을 말한다.

---

[126] 심복(心腹), 『부생육기(浮生六記)』, 지영재 역, 을유문화사, 1999, p247.

5. 향기는 순담한 것만 못하다(香不如純澹)

　　古者. 身有不美之臭者. 佩容臭而掩之. 後世無論身之有臭無臭. 以容臭爲華身之飾. 古者祭祀. 用血膋鬱鬯. 後世. 用焚香於大中小祀. 以爲辟穢通神之方. 於是. 用香之俗熾盛. 番舶有傳香之商. 書肆有印香之譜. 道觀佛宇. 常飄其烟. 朝會宴席. 遠聞其臭. 文章詞藻. 多聚其字. 花園果囿. 多植其木. 世人. 皆知芬馥之爲貴. 鮮能於純澹之臭. 樂其本然. 惡其雜糅. 夫香氣之量體. 以香物爲心. 以香圍爲郭. 隨風之疾徐. 爲長擴短擴. 如聲量. 見耳通. 自香物之心. 至香圍之郭. 不過一丈有餘. 聞之者. 只在於一室之內. 未久風散而消滅. 至於純澹之臭. 天下人物所共聞. 古往今來所不變. 可將此而推測所同之氣味. 亦可易分別於趣過之諸臭.

　　옛적에 몸에서 아름답지 못한 냄새가 나는 자는 용취(容臭)를 차고서 이를 가리었는데, 후세에 와서는 몸에 냄새가 있든 없든 용취를 몸의 장식으로 쓰고 있다. 옛날에는 제사에 피와 기름과 울창주를 썼는데, 후세에 대·중·소의 제사(祭祀)에 분향함으로써 더러움을 물리치고 신과 통하는 방법으로 삼았다. 이리하여 향을 쓰는 풍속이 성하여져, 외국 선박에 향을 전래하는 장사가 있고, 서점엔 인향보(印香譜)가 있으며, 도관(道觀 도교의 절)과 불우(佛宇 불교 사찰)에 항상 향 연기가 나부끼고, 조회(朝會)와 연회석엔 멀리에서까지 그 냄새를 맡을 수 있으며, 문장과 시가(詩歌)에서 그 글자를 많이 쓰고, 화원과 과원(果園)에 그 나무를 많이 심는다. 그러나 세상 사람은 모두 향기가 귀한 줄만 알고, 순담한 천연(天然)의 신기(神氣)는 자연을 좋아하고 잡됨을 미워한다는 것을 아는 이는 드물다.

대개 향기의 무리는 향기를 내는 물체로 중심을 삼고 그 주위로 외곽을 삼는데, 바람이 빠르냐 느리냐에 따라 긴 타원 짧은 타원이 되는 것은 소리 무리 이통(耳通)에 보였다와 같다. 향물(香物)의 중심으로부터 향위(香圍)의 외곽까지는 불과 한 길 남짓하여 그것을 맡을 수 있는 자는 다만 한 방 안에 있는 이뿐이요, 그것도 오래지 아니하여 바람에 흩어져 소멸하고 만다.

깨끗하고 맑은 냄새로 말하면 천하의 인물(人物)이 함께 맡는 바요, 예부터 지금까지 변하지 않는 것이다. 이를 가지고 같은 기미를 미루어 헤아리면, 스치는 모든 냄새를 쉽게 분별할 수 있다.

냄새를 만난다. 길거리에서, 지하철에서, 강남의 카페에서, 남녀노소를 막론하고 어느 곳에서든지 냄새를 만난다. 무슨 음식을 먹었는지, 목욕은 언제 했는지, 어디서 무엇을 하고 왔는지 상관없이 그들은 한결같이 매혹적인 향기를 뿜어내고 있다.

자기를 가린다. 생각을 가리고, 기억을 가리고, 비밀스러운 음모를 꾸미고 있는 자신을 가린다. 도저히 냄새로는 그들을 구별할 수가 없다. 환자인지, 탕자인지, 지식인인지, 잘난 정치가인지 알 도리가 없다. 언제부터인가 사람은 철저히 자신을 가린다. 스스로 구린 내가 나는 것을 아는지 향기로운 냄새로 자신을 덮어씌운다.

아주 오래전 이야기이다. 명동의 한 호텔에서 그를 만났다. 유명 브랜드의 양복에 베이지색 스카프를 두르고 나타난 그는, 도저히 팔십을 바라보는 노인이 아니었다. 마치 클럽에 출입하는 젊은 건달의 옷차림과 모습이었다. 소개하신 분이 아주 내게 어려운 분이라, 좀처럼 나의 솔직한 마음을 드러내기가 쉽지 않았다. 내게 도움이 될 수 있을까 하고 소개한 것인데 차마 자리를 뜰 수가 없었다.

마침 점심시간이라, 그 노인은 우리에게 묻지도 않고 일식 도시락을 주문하더니, 곧바로 종업원을 불러 아래층 결혼식장에 가서 하객을 위한 와인을 얻어오라고 시킨다. 여기 출입한 지가 꽤 오래되었는지, 그녀는 말없이 아래층으로 내려간다.

잠시 후 와인을 가져온 종업원에게 한 잔씩 따르라고 말하며, 오늘도 돈을 아꼈다는 자신의 재테크를 자랑스럽게 늘어놓기 시작한다. 그는 명동에 몇 채의 건물을 가진 갑부다. 그의 재테크 좌우명은 '무조건 벌어야 하며, 공짜로 얻을 수 있는 그 어떤 것도 놓치지 말라.' 였다. 겨울에는 고난도 코스에서 스키를 타는 것이 즐거움이자 취미라고 하였다. 재산을 잘 관리하기 위해 아들들을 대학에 보내지 않고 일찍부터 장사를 가르쳤다고 자랑한다.

후에 아들을 만날 기회가 있어 차 한 잔을 나누었다. 물론 커피숍

이 아닌 건물 2층 모퉁이의 아주 작은 공간에서였다. 그런데 아버지와 판박이였다. 아니, 금전에 있어서는 아버지를 능가했다. '돈은 모든 것을 가져다준다.' 라는 그의 금전 철학을 듣고, 마침내 노인의 아들 교육이 결실을 맺었구나 하고 생각했다. 최근에 그 아들은 강남과 명동에 큰 매장을 운영하고 있다고 들었다. 하지만 그 할아버지는 돌아가셨는지 어쩐지 알 길은 없다.

다만, 나는 아직도 그때 맡았던 노인의 냄새를 기억하고 있다. 강렬한 머스크 향을 지닌 유명한 수입산 향수였다. 작은 체구였지만 그를 거대하게 느껴지게 만드는 그런 냄새였다. 약간의 카리스마를 가지게 만들며, 잔향의 달콤함으로 상대를 느슨하게 만드는, 당시의 향수를 쓰는 사람에게는 꽤 알려진 브랜드의 향수였다. 또한 명동에서 그를 모르는 사람이 없을 정도이니, 그의 강렬한 향기는 명동 곳곳을 누비고 다니면서 자신을 드러내었을 것 같다.

구린내가 나는 사람은 자신의 모습을 감추기 위해 강한 향기를 사용한다. "악향은 양향을 구축한다."는 말이 있다. 아무리 좋은 향기라도 구린 냄새를 이기지 못하고, 오히려 구린내가 향기를 덮어버림으로써 더 큰 구린내가 난다는 말이다. 그래서 많은 이들이 더 짙고 강한 향기를 선호하는지도 모른다.

하지만 혜강 선생은 아무리 좋은 향기라도 자연의 순담함보다 못한 것이라고 하였디. 사람들은 마음이 깨끗하면 자연의 냄새를 선호하고, 스스로 향기를 내뿜는다는 순리와 같은 진리를 알지 못하기에, 이 시대에 향수로 자신의 구린내를 감추려는 이들이 넘쳐나나 보다. 권력과 돈과 명예가 자신의 냄새를 아름답게 만들어줄 것이라는 착각 속에서 말이다.

 향기를 내는 냄새의 퍼짐은 소리의 퍼짐과 같다고 하였다. 주체가 되는 원인으로부터 시작하여 그것을 중심으로, 특히 바람의 세기에 따라 냄새가 퍼지는 형태가 달라진다는 것을 말하고 있다. 다만 소리와는 달리 냄새는 맡을 수 있는 일정한 공간과 시간이 있다. 소리는 금방 사라지지만, 냄새는 바람이 불어 흩어져 소멸될 때까지 일정한 시간이 있으며, 또한 물체에 냄새가 배어 있으므로 공간에 냄새가 남아 있는 것이다. 이것은 공간을 둘러싸고 있는 매개체의 성질과도 관계가 있다. 한지냐, 유리냐, 흙이냐에 따라 잔향이 유지되는 시간은 분명히 다르다.
 이것은 혜강의 빛과 소리, 냄새의 흩어짐에 대한 뛰어난 관찰력과 추측의 철학이 아닌가? 그의 글 '이통'에 나오는 소리의 무리에 대한 글을 살펴보기로 하자.

 "소리의 윤곽은 소리 무리를 따라 모양을 바꾼다. 만약 바람의 힘이 급하고 빠르면, 무리는 찢어지고 소리는 나부껴 둥근 모양을 이루지 못하며, 급기야 소리가 멈추면 소리 무리도 소멸되나 바람은 그대로이다. 빛 무리[色暈]·냄새 무리[臭暈]는 모두 마땅히 이 소리 무리[聲暈]에 의하여 추측 증명해야 한다."[127]

 그러므로 천하의 인물은 깨끗함과 맑은 공기를 좋아하며, 이러한

---

127) 최한기(崔漢綺), 『기측체의(氣測體義)』, 정소문 외 역, 민족문화추진회, 1979-1980, 耳通 - 소리 무리[聲暈]의 멀고 가까움.

품성을 가지고 미루어 헤아리면, 스치는 모든 냄새를 쉽게 분별할 수 있다는 것이다.

이것은 비단 냄새에 국한된 것만은 아닐 것이다. 작금의 세상에서 천하의 인물을 볼 수 없는 것은, 맑고 깨끗한 공기를 좋아하지 않는 까닭인가? 재벌과 정치가 등 이 사회를 이끌어가는 이들에게 좋은 공기가 가득한 설악으로 장기 연수를 보냄이 어떠할까 하는 생각이 든다.

6. 냄새의 뱀(臭氣染漬)

　凡臭. 風飄則易散. 停蓄則染漬於物. 雞豚之柵. 有雞豚之臭. 龍蛇之窟. 有龍蛇之臭. 賢人所居之室. 有芝蘭之臭. 昏愚所居之室. 有溷濁之臭. 至於櫃案屛帳. 實無關於人之賢愚. 而其所漬染之臭. 隨主人之賢愚而有異. 且貪官暴吏. 莅任之郡. 穢惡之臭. 年久不息. 仁政善敎. 浹洽之地. 令聞之臭. 流傳頗廣. 人之聲臭. 異於物之聲臭. 能傳播於人. 而通于百千萬里. 又流染於物. 而及於山川草木. 若夫追遺痕於散臭之餘. 訪微臭於將發之際. 反不若獵狗之尋禽獸之遺臭.

　모든 냄새는 바람이 불면 쉽게 흩어지고, 멈추어 쌓이면 물체에 밴다. 닭의 홰나 돼지우리엔 닭과 돼지의 냄새가 있고, 용과 뱀의 굴에는 용과 뱀의 냄새가 나며, 어진 사람이 사는 방에는 난초와 지초의 냄새가 있고, 어둡고 어리석은 이가 사는 방엔 혼탁한 냄새가 있다. 궤나 책상, 병풍이나 장막이 사실은 사람이 어진가 어리석은가에 관계가 없는데도, 그 배는 냄새는 주인이 어진가 어리석은가에 따라 다르다. 탐관 폭리(貪官暴吏)가 맡고 있는 고을은 더럽고 나쁜 냄새가 오랜 세월 그치지 않으며, 인정(仁政)과 선교(善敎)가 널리 퍼진 땅엔 좋은 명성의 냄새가 자못 유전(流傳)한다.

사람의 소문과 냄새는 물체의 소문과 냄새와 달라 능히 남에게 전파하여 멀리까지 통하며, 또 물체에 흘러 물들여 산천초목에까지 미친다. 만약 흩어지고 남은 냄새에서 남은 자취를 추구하거나 장차 피어날 즈음에서 그 미세한 냄새를 찾는 것은, 사람이 도리어 사냥개가 짐승이 남긴 냄새를 찾는 것만 못하다.

'사람의 냄새가 물체에 밴다.' 참으로 독특한 시각이다. 공간에 떠도는 냄새는 물체에 닿아 배는 것은 당연하지만, 사람의 냄새 그것도 실제 존재하지 않는 내면의 냄새까지 물체에 밴다는 것은 언뜻 이해가 가지 않는다.

"장롱과 그 선반들, 책상과 그 서랍들, 상자와 그 이중 바닥 등은 비밀스러운 심리적 삶의 참된 기관이다. 이 대상들과 그리고 그것들과 마찬가지로 가치화된 몇몇 다른 대상이 없다면, 우리의 내밀한 삶은 내밀함의 모델을 결(缺)할 것이다. 그것들은 혼합된 세상, 대상임과 동시에 주체인 것이다."[128]

사람이 살고 있는 방의 가구나 물건은 난순한 물건이 아니다. 그 사람의 영혼과 정서가 묻어 있는 바로 그 자신이다. 오랜 삶의 비밀을 간직하고 있으며, 사람이 성장한 것처럼 물건도 같이 살아왔다.

---

[128] 가스통 바슐라르, 『공간의 시학』, 곽광수 역, 동문선, 2003, p175.

특히 냄새는 하루아침에 배는 것이 아니다. 오랜 시간 속에 그 사람의 삶을 대변하고 있기 때문이다.

최한기 선생은 단순히 물체에 배는 냄새에 대하여 말한 것뿐만 아니라, 사람의 내면과 영혼에서 나는 냄새까지도 읽어내고 있음을 알 수 있다. 또한 사람에게서 나는 안팎의 모든 냄새는 그 사람이 살고 있는 물건이나 공간에도 영향을 미친다는 놀라운 사실을 말하고자 한 것이다. 이러니 그의 탁월한 선견과 철학, 실학문의 깊이에 존경을 표하지 않을 수 없다. 이제 우리도 스스로 자신의 냄새에 책임을 져야 할 때가 온 것 같다.

냄새에는 안과 밖이 있다. 모두가 인지하고 있는 밖의 냄새는 우리가 사는 공간과 실존을 지향하고 있지만, 냄새의 안은 또 하나의 공간인 내면과 영혼의 세계를 다루고 있다.

사람들은 존재를 확정하고 싶어 하고, 또한 존재를 확정함으로써 모든 상황을 초월하여 모든 상황들의 상황을 제시하고 싶어 한다.

냄새도 마찬가지다. 자기의 존재를 나타냄으로써 자기의 역할에 충실한 것이기 때문이다. 사실, 안의 냄새는 사람의 생각이 지배하고 있다. 그 사람의 생각과 관념이 냄새를 창조하고 있다고 보면 타당할 것 같다. 적어도 안의 냄새는 과학적으로 규명할 수는 없지만 분명히 존재한다는 것을 최한기 선생은 알고 있었다. 이것은 냄새의 '문'을 통한 공간의 개념에서, 안과 밖을 구분하고 있다. 어쩌면 우리는 이 문을 통하여 냄새의 진정성을 찾아야 할지도 모른다. 겉으로 드러난 냄새가 아니라, 숨어 있는 안의 냄새를 맡음으로써 진정한 후각의 의미를 깨달을 수 있을 테니 말이다.

장 펠르랭(Jean Pellerin)은 『귀환의 연가』에서 '문'에 대하여 다음과 같은 글을 썼다.

"문이 나를 냄새 맡고 주저로워하네."[129]

물론 이 말은 하나의 시행에 불과하며, 많고 많은 문이 닫혀 있을 때, 방긋이 열려 있는 듯 마는 듯한 그런 문이 하나 있는데, 가볍게 밀기만 해도 열리는 그런 문의 주저함을 얘기하고 있다.

우리도 수많은 냄새의 문을 일상에서 만나고 있지만, 그 문은 항상 밖의 세계에서 안으로 들어오기를 주저하고 있는 것이다. 또한 시간을 거슬러 과거와 미래를 오가는 하나의 입구로서의 문을 말하는 것이기도 하다.

후각기억은 냄새라는 문을 통해 시공간을 초월한다. 아주 미세한 냄새 하나가 과거의 기억을 살려내기도 하고, 미래에 일어날 일을 전조해주기도 한다.

---

[129] 가스통 바슐라르, 『공간의 시학』, 곽광수 역, 동문선, 2003, p370.

7. 냄새엔 이로운 것과 해로운 것이 있다(臭有利害)

人於飮食, 有未及嘗, 而先嘗之臭, 魚餒肉敗, 聞必惡之, 恐有傷於生氣也, 調和燻甘, 聞輒有悅, 以有補於生氣也, 人之保護生氣, 豈獨於臭, 有此誠實, 至於諸竅諸觸, 莫不皆然, 豈獨人也, 又於諸物亦然, 顯著之臭, 易分利害, 隱微之臭, 難於分別, 純澹之中, 微有雜亂之臭, 有時風便, 只得一吸之臭, 目見臭氣之發動, 而鼻未及嗅之臭, 耳聞臭氣之言說, 而鼻不視聞之臭, 俱是難辨之臭, 是以, 善辨臭者, 證驗前臭, 以定後臭之好惡, 比較彼臭, 以別此臭之淸濁, 且能於將發之臭, 先有所嗅, 已滅之臭, 尙有餘嗅, 好惡利害, 如飮食之呑吐, 淸濁長短, 同音律之辨開, 臭生於物氣, 而無邪僞, 嗅由於生氣, 而有誠實, 不待勉彊, 自有好惡, 古人於臭, 無詳究之論, 今人於臭, 多忽略之事, 在人物, 只知有薰蕕之別, 而不究觸己, 爲生氣之利害, 在自己, 不念言行之發臭, 而觸人物, 反爲自己之利害.

사람이 음식을 아직 맛보기 전에 먼저 냄새를 맛보게 된다. 물크러진 물고기나 썩은 고기를 냄새 맡고 반드시 싫어하는 것은 생기(生氣)를 상할까 두려운 때문이요, 조화(調和, 맛을 고루 맞추는 것)의 향기롭고 달콤한 것을 맡으면 곧 기쁨이 있는 것은 생기에 보탬이 있기 때문이다. 사람이 생기를 보호하는 데 있어 어찌 냄새에만 이러한 성실(誠實)함이 있겠는가. 제규 제촉(諸竅諸觸)이 다 그러하다. 어찌 사람뿐이겠는가! 모든 물체 또한 그러하다.

현저(顯著)한 냄새는 그 이해(利害)가 쉽게 분별되지만, 은미(隱微)한 냄새는 분별하기 어렵다. 맑고 깨끗한 가운데 잡란(雜亂)한 냄새가 조금 있어 가끔 바람결에 한번 마시는 냄새나, 눈엔 냄새의 발동이 보이는데 코는 아직 맡지 못한 냄새나, 귀에는 냄새가 난다는 말이 들리는데 코는 직접 맡지 못한 냄새 따위가 모두 분별하기 어려운 냄새들이다. 그러므로 냄새를 잘 분별하는 자는 전에 맡았던 냄새를 증험함으로써 뒤에 맡은 냄새의 좋고 나쁨을 정하여, 저 냄새를 견주어서 이 냄새의 맑고 흐림을 분별한다. 뿐만 아니라 장차 발생할 냄새를 능히 맡고 이미 없어진 냄새의 남은 냄새를 맡으며, 그 선악(善惡) 이해(利害)를 마치 음식을 삼키고 토하듯, 그 청탁(淸濁) 장단(長短)을 음률을 분별하듯 가려낸다.

냄새는 물기(物氣)에서 나서 거짓이 없고, 후각은 생기(生氣)에서 나서 성실(誠實)함이 있으므로, 억지로 힘쓰지 않아도 저절로 좋아하고 싫어함이 있게 마련이다. 옛사람은 냄새에 대해서 상세히 연구한 의논이 없고, 지금 사람은 냄새에 대해서 소홀함이 많다. 사람과 물건에 있어서는, 다만 향내와 구린내의 구별이 있다는 것만 알고, 자기를 감촉시키는 것이 생기(生氣)의 이해(利

害)가 되는 줄을 연구하지 않으며, 자기에게 있어서는 말이나 행실이 냄새를 발하여 사람과 물건을 감촉시키면 도리어 자기의 이해가 된다는 것을 생각하지 않고 있다.

상한 우유를 마시고 난 후에 우유가 상한 것을 아는 사람은 별로 없다. 이미 우유가 상했다는 것을 냄새로 알고 있기에 먹지 않는 것이다. 하물며 짐승들도 천지에 있는 식물의 냄새만으로 먹을 수 있는지에 대한 호불(好不)을 가렸다.

코가 생존에 기여하는 분명한 가치는 어떤 음식이 내 입에 들어오기 전에 위험한지 아닌지를 판별해주는 데에 있는 것이다. 신 것, 썩은 것, 곰팡이가 핀 것 등은 코 안으로 독특한 냄새를 주입한다. 코는 또한 산불이나 자연의 위험한 상황을 예고하기도 한다. 그건 쉬운 일이다.130)

그것은 냄새가 좋고 나쁘고의 문제가 아니라 자연적으로 타고난 냄새의 분별력이라고 할까. 아무튼 사람은 자신의 몸이 원하는 냄새를 선호하게 되는 것은 당연한 이치이다. 그래서 개개인의 냄새 선호도에 차이가 있으며, 이것은 어떤 냄새가 딱히 좋은 냄새라 확정짓기가 매우 어렵다는 것을 말한다.

그러나 인위적인 냄새가 아닌 천연의 냄새 중에, 사람의 몸에 생기를 넣는 냄새라면 다를 수 있다. 가령 소나무 숲의 향기를 싫어하는 사람은 없을 것이다. 소나무의 향기는 기를 생성시키며, 우리 몸을 이롭게 하는 많은 물질이 들어 있다. 우리 몸은 좋은 향기를 스스로 알고 있다는 말이다.

얼마 전 광화문의 한 극장에서 생각지도 않게 영화를 보게 되었다. 〈자전거 탄 소년〉이라는 벨기에 영화였다.

보육원에서 지내는 어린 소년 시릴의 꿈은 잃어버린 자전거와 소식이 끊긴 아빠를 되찾는 것이다. 어느 날, 아빠를 찾기 위해 보육원을 도망친 시릴은 자신의 소중한 자전거를 아빠가 팔아버렸을 뿐만 아니라, 아빠가 자신을 버렸음을 알게 된다. 아빠를 찾던 시릴을 우연히 만나 그의 처지를 알게 된 미용실 주인 사만다는 자전거를 되찾아주며, 자청하여 주말 위탁모가 되어주기로 한다. 사실 시릴에게 자전거는 자신을 이해하는 유일한 매개체이다. 그런 그에게 사만다는 새로운 사랑과 이해의 대상으로 등장한 것이다.

그러나 시릴은 아빠에 대한 미련을 버리지 못하고 다시 아빠를 찾고 싶어 하고, 그런 시릴에게 사만다는 아빠를 만날 수 있도록 해주지만, 아빠는 시릴과 사는 것에 부정적인 현실을 말함으로 오히려 시릴에게 깊은 상처를 준다.

그러던 중 동네의 문제아로 알려진 웨스는 시릴에게 의도적으로 접근하고, 사만다의 반대에도 시릴은 웨스의 관심에 점차 빠져들었다. 마침내 시릴은 야구방망이로 가게 주인을 내리쳐 돈을 강탈하라는 웨스의 제안을 받아들이게 된다. 관심을 신뢰로 보답하는 것이다. 하지만 이 세상의 모든 일은 계획대로 되지 않는 것처럼, 가게 주인의 아들이 그 현장을 목격하게 되고, 시릴은 그도 때려눕히고 웨스에게 돈을 전하지만, 얼굴이 알려진 것을 안 웨스는 자신은 아무 관련이 없다는 것을 강조하며 시릴로부터 도망쳐버린다.

시릴은 돈 때문에 아빠와 헤어질 수밖에 없었다고 생각하며 그 돈을 아빠에게 전해주지만, 아빠는 감옥에 갈 생각이 없다는 매몰찬

말과 함께 돈을 담 너머로 던져버린다.

사만다를 찾아온 시릴은 울면서 잘못을 고하며 다시 같이 살기를 바란다. 사만다는 피해자에게 장기 분할로 배상하기로 하고, 다시 시릴을 받아들인다. 그리고 이웃집 가족을 초대하여 바비큐 파티를 열기로 하며, 시릴은 자전거를 타고 숯을 사서 집으로 돌아간다. 도중에 차를 타고 가던 피해자의 아들이 시릴을 발견하고는 쫓아가 나무 위로 올라간 시릴에게 돌을 던지고, 시릴은 나무에서 떨어져 아무런 움직임이 없다.

잠시 후 일어난 시릴은 아무 일도 없었다는 듯이 자전거를 타고서 숯을 가지고 집으로 돌아간다. 사만다의 향기를 향해서 말이다. 계속될 것 같은 영화는 여기서 끝이 났다. 아마도 감독은 남은 향기를 관객의 상상에 맡겼나 보다.

상처를 보는 눈은 상처받은 사람만이 가질 수 있다. '나는 상처받은 적이 없다'는 말을 하는 사람은, 평생 남에게 상처만 주고 살았기에, 아니 지울 수 없는 큰 상처가 있기에 받지 않으려고 할 뿐이다. 감성의 상처는 질병보다도 더 지독하여 많은 후유증을 가져다준다. 주로 사랑과 신뢰, 이해, 존중이 깨어졌을 때 나타나는 것이다.

얼마 전부터 축구선수 이동국의 모습에서 슬픔의 향기가 났다. 이동국 선수가 보였던 슬픔의 이유는 다름 아닌 상처였다. 대표 팀에서 겪었던 그에 대한 신뢰의 부족은 점차 그를 깊은 나락으로 떨어지게 하고, 자신을 잃고 두려움으로 가득 차게 하였다. 다행히 그를 신뢰하고 아끼는 최강희 감독이 대표 팀을 맡으면서, 그는 우즈베키스탄과의 친선 경기를 통해 단숨에 치유되고 회복되었다. 골을 넣은 그의 환한 모습에서 치유와 존경의 냄새를 맡았으며, 한 사람의 신뢰와 사랑이 얼마나 세상을 아름답게 만들 수 있는가를 보았다.

다음은 조선시대 정경운의 『고대일록』131)에 나온 글이다.

"박공간(朴公幹)이 편지를 보내왔다. 다시 한림(翰林)에 들었다는 소식을 알게 되었으니, 기뻐할 만하다. 하지만 향기로운 풀과 누린내 나는 풀은 같은 그릇에 담을 수 없는(薰蕕不同器) 근심이 있으니, 어찌 오래갈 수 있겠는가."132)

세상은 사람과 물건에만 향기가 있는 줄 알고, 향기로운 냄새와 구린내를 구별한다. 하지만 자기 입에서 나오는 말의 냄새가 어떤 줄은 알지 못한다. 그것이 상처가 되는지 치유가 되는지는 분간하지 않는다.

옳고 그름을 아는 사람은 자신의 냄새가 깨끗해야 한다. 그래야 시·공간에 있는 냄새를 분별할 수 있다. 향기로운 것이 무엇인지, 누린내가 무엇인지를 모르는 사람은 그 둘이 함께 있어도 문제가 되지 않을 것이며, 때론 둘이 섞여도 잘 살고 있는 것이다.

하지만 결코 그 둘은 함께 있을 수 없으며, 한 공간에 공존할 수 없다. 만일 한 그릇에 담는다면 곧 냄새가 섞여 향기는 사라지고, 결

---

131) 『고대일록』은 경상남도 함양 일대에서 의병 활동을 한 정경운(鄭慶雲, 1556~?)이 쓴 임진왜란, 정유재란에 대한 전쟁 체험 일기이다. 1592년(선조 25) 4월 23일부터 1609년(광해군 원년) 10월 7일까지 쓴 일기로, 출생부터 부모를 일찍 여의는 등 불우한 시절을 보낸 삶의 행적이 나타나 있다.
132) 정경운(鄭慶雲), 『고대일록(孤臺日錄)』, 朴丙鍊, 薛錫圭 외 역, 太學社, 2009. 고대일록(孤臺日錄) 신축(辛 丑, 1601), 3월 22일 경신(庚申).
(훈유부동기, 薰蕕不同器: 향기가 나는 풀과 악취가 나는 풀이 함께 있을 수 없다는 뜻으로, 선인과 악인은 한 곳에 있을 수 없다는 말.)

국 그릇은 누린내로 가득 찰 것이다.

  그런데 오늘날 크고 작은 집단에서 향내와 구린내가 함께 있으니, 이게 웬일인가? 시간이 지나면 향내마저 구린내로 바뀌어, 구린내가 나는 사회로 변해버리고 말 것이다.

  이제 훈유부동기는 문자로만 남은 옛글이 된 것 같다.

|참고문헌|

- Rune, Persson, 『Glass Manufacturing』
- Mary Lou & Glemn utt With Patricia Bayen, 『Perfume Lalique Bottles』, 1990.
- Fabienne, Pavia, 『L 'univers Des Parfumes』
- Elisabeth Barille & Catherine Laroze, 『The Book of Perfume』
- 『Fragrances Information References』
- Paul Jokelson & Gerald in Gold, 『Les Presse-Papiers』
- 『香道への招待』, 普門館, 日本
- 가스통 바슐라르, 『공간의 시학』, 곽광수 역, 동문선, 2003.
- 퍼시 캄프, 『머스크』, 용경식 역, 끌레마, 2008.
- 파트리크 쥐스킨트, 『향수』, 강명순 역, (주)열린책들, 2009.
- 빅터 프랭클, 『심리의 발견』, 청아출판사, 2008.
- 빅터 프랭클, 『죽음의 수용소에서』, 청아출판사, 2012.
- 마르셀 프루스트, 『잃어버린 시간을 찾아서-스완네 집 쪽으로 1』, 김창석 역, (주)국일 출판사, 2006.
- 마르셀 프루스트, 『한 권으로 읽는 잃어버린 시간을 찾아서』, 김창석 역, (주)국일출판사, 2007.
- 장 보드리야르, 『시뮬라시옹(Simulacres et Simulation)』, 하태환 역, 민음사, 2001.
- 콘스탄스 클라센, 데이비드 하위즈, 앤소니 시노트저, 『아로마, 냄새의 문화사』, 김진옥 역, 현실문화연구, 2002.
- 리하르트 뒤벨, 『악마의 성경』, 강명순 역, 대산출판사, 2008.
- 한나 홈스, 『인간생태보고서』, 박종성 역, (주)웅진씽크빅, 2010.
- 뷜렌트 아탈레이, 『다빈치의 유산』, 채은진 역, 말글빛냄, 2008.
- 데릭 젠슨, 조지 드래펀, 『약탈자들』, 김시현 역, (주)실천문학, 2007.
- 아키미치 토모야, 『자연은 누구의 것인기』, 이선애 역, 새로운사람들, 2007.
- 닮 마샬, 『내면으로부터의 치유』, 이상신 역, 예수전도단, 2009.
- 『개역 개정 NIV 한영 스터디 성경』, 생명의 말씀사, 2008.
- 한국찬송가공회, 『홀리원 주석성경』, 예장출판사, 2008.
- 무라사키 시키부, 『겐지 이야기(源氏物語)』, 전용신 역, 나남출판사, 1999.

- 심복(心腹),『부생육기(浮生六記)』, 지영재 역, 을유문화사, 1999.
- 송인갑,『향수(The Story of Perfume)』, 한길사, 2004.
- 임종원,『후쿠자와 유키치』, 한길사, 2011.
- 전완길,『한국화장문화사』, 열화당, 1994.
- 김부식,『삼국사기: 고구려본기(正譯本)』, 上古史學會 編譯, 고대사, 2009.
- 일연,『(국역)삼국유사』, 김원중 옮김, 을유문화사, 2002.
- 국사편찬위원회 편,『조선왕조실록(朝鮮王朝實錄)』, 국사편찬 위원회, 1968-1970.
- 정경운(鄭慶雲),『고대일록(孤臺日錄)』, 朴丙鍊, 薛錫圭외 옮김, 太學社, 2009.
- 최한기(崔漢綺),『기측체의(氣測體義)』, 정소문 외 역, 민족문화추진회, 1979-1980.
- 이규경(李圭景),『오주연문장전산고(五洲衍文長箋散稿)』, 임정기 외 역, 민족문화추진회, 1982.
- 서긍(徐兢),『고려도경(宣和奉使高麗圖經)』, 차주환 외 역, 민족문화추진회, 1977.
- 빙허각이씨,『규합총서(閨閤叢書)』, 韓國精神文化研究院 編, 2001.
- 신흠,『국역 상촌집(象村集)』, 임정기 외 역, 민족문화추진회, 1994-1996.
- 한국고전번역원, 한국고전종합DB. http://db.itkc.or.kr/
- 네이버 백과사전. http://100.naver.com/
- 위키 백과. http://ko.wikipedia.org/
- 다음 영화 정보. http://movie.daum.net/movieinfo/
- 세계기독교박물관 성서사물. www.segibak.or.kr/
- Dr. Shock M.D-PhD /A Neurostimulating blog
- Written by heemin park on June 13, 2011 trendinsight.biz/
- KISTI 미리안 글로벌동향브리핑. 2011-06-20.
- 조선일보/파리=김광일기자: kikim@chosun.com [해외의학] 냄새로 '잃어버린 시간' 찾는다(wingsblue.tistory.com/169)
- 황성혜 기자 coby0729@chosun.com (WEEKLY 조선).
- 1975. 2. 3 경향신문 기사
- 세계에서 가장 오래된 쾰른의 향수제조회사(출발~! 독일 유학) | jcbum79

부록

순간 a moment

순 a moment

"순간은 정지된 시간 척도에 따르지 않은 시간, 즉 강물이나 지나가는 바람처럼 사라져버리는 보통 일반 시간과는 구분되는 수직적 시간을 의미한다."

- 가스통 바슐라르(Gaston Bachelard)의 『순간의 미학』에서

Prologue 순간의 미학

그가 말하는 순간은
일상의 지나가는 수평적 시간과는 달리,
높이와 깊이가 있는 수직성을 지닌 시간을 말한다.
수직적 시간이란 그야말로 삶을 정지시키고,
기쁨과 행복의 시간을 느끼게 하며,
그 자리에서 사는 것에 의해 삶 이상의 것이 되게 하는 창조적 생명이 용솟음치는 시간,
즉 시의 세계가 가지는 시간이다.
또한 순간은 과거와 현재 그리고 미래를 연결하는 하나의 고리로 이어져 있다.
지나가는 일직선의 시간 속에서 순간은 정지되지 않고 반복적인 일상의 모양으로,
하지만 늘 다르게 우리에게 다가오는 것이다.

하루가 시작되는 새벽, 걷는 순간만큼은 모든 것을 잊을 수 있다.

걷는다는 것은 끝날 것 같지 않은 길의
순간순간을 이어가는 것이다.
보이지 않고 눈에 띄지 않던 꽃과 풀들,
그리고 들리지 않던 사물의 속삭임이 냄새와 더불어
길을 걷는 동안 그들은 자기의 존재를 내게 알려주고 있었다.
나는 어색한 새 학기 첫날
하얗고 가지런한 치아가 고스란히 드러나는 환한 미소로
누군가 내게 말을 걸어왔을 때,
벚꽃이 한겨울의 눈송이처럼 흩날리는 그 길을 걸을 때,
아직은 더위가 머물고 있는 바닷가에서 요트를 타고 있는 젊음에서
행복을 본다.
나는 교회 앞 잔디밭에서 뛰노는 아이의 웃음과
겨울이 아직도 머물고 있는 아파트의 공원에 핀 개나리의 환한 미소에서
행복을 듣는다.
나는 약간은 쌀쌀한 바람이 느껴지는 가을,
길가의 가로수에서 떨어지는 나뭇잎에서,
바닷가의 횟집에서 나는 생선의 비릿함에서,
외출 후 바디워시로 샤워하고 향긋한 바디로션을 바를 때,
행복을 맡는다.

그리고 그 순간을 가만히 멈추어본다.

사물의 냄새는 사람에게 있어서 타고난 감각과 경험에 의해 인식하게 된다. 그래서 같은 사물의 냄새임에도 불구하고 사람마다 다르게 나타날 수밖에 없다. 가령 장미의 향기가 사람들의 기억 속에 어떻게 남겨져 있는가는 사람마다의 순간의 경험에 좌우되기 마련이다.

장례식장에서의 장미, 사랑하는 사람이 선물한 장미, 아이가 담장에서 따다 준 장미 등 우리에게 기억되는 장미의 향기는 각기 자신만의 경험으로 달리 기억하고 있기 때문이다. 그래서 모든 사람을 만족시키는 향기를 만든다는 것은 정말 어려운 작업이 아닐 수 없는 것이다. 또한 수많은 냄새를 다양하게 표현하지 못하는 언어의 한계로 인해 우린 그 냄새를 한정시켜 버릴 때가 많다.

우리의 감성 중에 눈, 귀 등의 감각은 언어로 표현하거나 미리 만들어진 기호인 색, 음표 등을 통해 어느 정도 표준화가 가능하지만 코의 감각은 오직 순간의 기억에 의존할 수밖에 없으므로 언어와 기호를 통한 후각 표준화는 그렇게 쉬운 작업은 아닐 것이다. 후각은 오직 순간을 기억하는 아름다운 도구이기에 더더욱 표준화가 불가능한 것이 아닐까 생각한다.

살아 있는 모든 것에는 그것만이 가지는 독특한 시간이 있다. 시간은 많은 것을 내포한다. 슬픔, 기다림, 아픔, 그리고 행복과 기쁨 등 다양한 모습으로 자신을 표현한다. 우리는 그중에서도 아름답고 행복한 향기의 순간을 찾아 먼 기다림의 여행을 떠날 것이다.

가슴 간질이는 첫사랑,
되돌리고 싶은 시간,

다시 한 번의 기회,
그러나 지금 이 순간의
행복한 삶을
놓치고 싶지 않다.

Time is a moment.

Episode 1. **얼음 꽃**

"오랫동안 향을 찾아 다녔다.
물명(物名)이나 지역에 따라 향기는 추억이 되어 나의 코끝에 머문다.
아름다운 자연과 사람이 머무는 도시,
그곳에는 언제나 깊은 그리움과 사랑이 묻어 있다.
그리고 삶은 결과가 아니라 하나의 과정임을
향기는 소리가 되어 내 귓가에 속삭인다."

2월의 제주는 쌀쌀한 해풍 탓인지 완전히 겨울의 끝자락을 놓지 못하고 있다. 공항에서 서귀포로 가는 길은 눈이 쌓여 길이 험하다. 1,100m 도로는 눈이 많이 쌓여 언제 개통이 될지 모르기에 우회하여 돌아갈 수밖에 없을 것 같다. 우리가 원하는 일들이 쉽게 이루어질 수 없다는 것과, 생각지도 않은 많은 문제들이 항상 우리 곁에서 시시각각 다가오고 있음을 또 한 번 느끼게 한다. 삶은 참으로 녹록하지 않은 것이다.

오후의 햇살이 내 눈을 따갑게 하는 것은 햇빛 때문만은 아닌 것 같다. 어쩌면 멀리 보이는 바다와 어촌 마을의 풍광 때문일지도 모른다. 부드럽게 들리는 파도소리와 바람의 냄새가 나의 기억을 깨운다. 아직 유채꽃의 냄새는 맡을 수 없지만 비릿한 물 냄새는 실컷 맡는다.

차를 멈추고, 허기진 배를 채우기 위해 바닷가 곳곳을 배회하던 하오의 시간, 갑자기 내 코가 민감하게 반응하고 있다는 것을 알았다. 작은 어촌 마을의 길을 걷다 보니 걸음걸음마다 다른 냄새가 스쳐간다.

바닷가의 해초, 길가의 나무, 오래된 집과 가게, 리어카에 놓인 오징어, 골목의 생선 비린내, 된장찌개. 나는 배도 채우기 전에 그 모든 냄새에 익숙한 세상을 돌아다니는 다소 독특한 경험을 하였다.

서귀포 바다가 바로 눈앞에 펼쳐졌다. 운이 좋았던지 예약에 문제가 있어 내가 머무는 숙소의 발코니는 바다와 인접해 있는 곳으로 변경되었다. 아직도 계속해서 눈이 내린다.

그날 밤 비릿한 물 냄새 때문에 잠에서 깨어났다. 그 냄새는 아무런 미동 없는 의식의 장벽을 무너뜨린다. 그리고 향기는 빛이 되고 소리가 되어 나를 일으키며, 새벽의 여명이 가시지 않은 지난 기억의 순간으로 나를 데려간다.

얼음 꽃! 그 향은 서서히 나의 기억의 공간을 메워간다. 약간은 쓰고 비릿하며, 아침이슬을 머금은 순수하고 투명한 이끼 냄새가 감도는 그 향은 잘 정돈되지는 않았으나 행복한 미소가 배어 있는 느낌만은 지울 수가 없었다.

오래전 늦겨울, 나는 한라산 주변을 둘러보고 싶어, 서귀포에서 1,100m 도로를 따라 차를 몰기 시작했다. 넓은 초원과 용암의 잔재가 묘한 조화를 이루며 별천지로 데려간다.

같은 내 나라지만 이곳은 언제나 낯선 이국땅이다. 산중턱쯤일까? 일기가 심상치 않았다. 금방 안개가 끼고, 습한 물기로 인해 앞이 잘 보이지 않는다.

차를 잠시 세우고 밖으로 나와 보니 평소에 보지 못한 나무 사이로 빗방울이 후드득 떨어진다. 아직도 겨울의 끝자락이라 나무에는 잎과 꽃이 없다. 금방이라도 세찬 비가 쏟아질 것 같다. 아니나 다를까, 하늘이 먹구름을 몰고 와 세찬 비를 뿌린다. 나는 차에 올라 1,100m 고지로 향했다.

어느새 비는 멈추었고, 갑자기 기온이 떨어진 탓에 차 유리 안쪽에 하얀 서리가 꽃처럼 피어오르기 시작했다.

바로 그때였다. 생전 처음 맡아보는 야릇한 냄새, 그것은 물 냄새도 아니고 안개 냄새도 아니었다. 한라산의 흙과 나무의 냄새일까? 아니면 무슨 냄새란 말인가?

고개를 돌려 살펴보니, 길가에 줄줄이 서 있는 나무의 가지마다 맑고 투명한 얼음 꽃이 몽글몽글 맺혀 있었다. 그 얼음 꽃과 향기는 지금껏 내가 보고 맡았던 어떤 꽃과 향기보다 아름답고 깨끗했다. 하지만 아쉽게도 그 향기는 오래가지 않았다. 순간에 핀 얼음 꽃이 잠시 나뭇가지에 머문 뒤 잔상과 잔향만을 남기고 홀연히 천상으로 올라가 버린 것이다.

평생에 한 번 보고 맡기도 어려운 얼음 꽃을 또 만나고자 한 나의 여정은 욕심일까? 눈이 그치길 기다려도 계속해서 내린다.

다행스럽게도 이튿날 하오에 눈이 멈췄다. 전화를 하니 오늘도 1,100m 도로를 갈 수 없단다. 먼발치에서 바라보는 한라산은 온통 눈으로 덮여 있다. 내일이면 떠나야 하는데…….

순간 a moment_ 314

무엇을 해야 하나? 눈으로 인해 목표와 목적을 잃은 나는 방황의 시간을 보낼 수밖에 없었다. 문득 차가 마시고 싶다.

서귀포에서 그다지 멀지 않은 남제주에 있는 오설록 녹차박물관으로 발길을 옮긴다. 봄에 왔으면 좋으련만, 겨울이라 차밭은 아직 제 색을 내지 못하고 있다.

황무지를 옥토로 바꾸고 차 문화를 풍요롭게 만든 차 종합전시관에서의 녹차 한 잔과, 아이스크림이 든 녹차 롤 케이크로 시린 마음을 대신해본다. 천혜의 자연과 사람의 정성이 담긴 이곳은 관광지에서의 휴식을 즐길 수 있는 곳이기도 하다.

인간이 문화적으로 발전되면서 후각은 퇴보되었다고 했다. 우리는 후각이 뛰어난 사람을 개에 가깝다는 식으로 말한다. 아마도 오감 중에 가장 대접을 받지 못하는 것이 후각일 것이다. 하지만 사람은 얼마나 이 후각에 의해 부드러움과 인생의 즐거움을 누리고 있는가는 잘 알지 못한다. 말할 것도 없이 후각은 냄새를 대상으로 한 감각이며, 감성에 깊은 뿌리를 두고 있어서 지식의 세계와는 또 다른 범주인 예술의 세계인 것이다. 그래서 때로는 차를 입으로 마시지 않고, 코로 마시는 것도 좋을 법하다.

나는 코끝에 찻잔을 대고 천천히 차의 향기를 마시기로 한다.

이제 떠나는 날이다. 관광 안내소에서 적어준 곳으로 전화를 하니 오늘은 1,100m 도로로 갈 수 있다고 한다. 비행기를 타야 할 시간이 얼마 남지 않았다. 숙소를 떠나 차에 오른다. 내 마음은 벌써 한라산으로 향하고 있다.
　가는 길은 온통 눈으로 덮여 있다. 산 중턱에 이르니 나무들은 눈에 싸여 아름다운 눈꽃을 피워낸다. 하지만 그 어디에서도 얼음 꽃을 만날 수는 없었다. 초조해지기 시작한다. 하늘은 맑고 햇빛은 온 산을 비추고 있다. 도저히 비는 올 것 같지 않다. 그러다 내 코는 킁킁대기 시작한다. 물 냄새가 코를 찌른다.
　사방을 두리번거리다 한 곳에 멈춘다. 눈꽃이 녹아 똑똑 눈물을 흘리며 자기의 향기를 내고 있는 숲속의 눈나무였다. 바람이 멈춘 그곳, 그 나무의 틈에서 떨어지는 눈물의 순간을 보았다. 비록 얼음 꽃의 향기는 아니었지만 눈꽃이 눈물을 흘리는 순간의 향기를 맡게 된 것이다.

순간 a moment_ 317

순간 a moment_ 318

우리는 냄새에 즉각적으로 대응할 만한 언어를 가지고 있지 못하다. 단지 그것들은 감각적 기억만으로 경험할 뿐이다. 어떤 향기를 맡았을 때 어떠한 단어에 앞서 마음에 떠오르는 것은, 냄새와 함께 연상되었던 현상의 기억뿐이다.

얼음 꽃, 다시는 맡을 수 없을지라도 또한 말로 설명하지 못한다 할지라도 난 그 향기를 기억할 것이다. 그리고 눈꽃의 눈물 또한 사랑할 것이다. 순간의 아름다움이 영원히 내게 기억될 때에 행복할 수 있기 때문에.

"어떤 식물의 향은 멀리서 맡을 수 있고, 또 어떤 식물의 향은 가까이 다가가도
향이 나지 않는다. 멀리서도 향을 맡을 수 있는 것은 그 향이 꽃이나 잎에 있기 때문이요,
가까이에서도 맡을 수 없는 것은 그 향이 줄기나 뿌리에 있기 때문이다."

- 테오프라스토스(Teophrastos, 고대 그리스의 식물학자)

Episode 2. 후온 파인

사람을 처음 만날 때나 새로운 곳에서 갖는 느낌은
오랫동안 기억에 남게 마련이다.
그래서 첫 느낌은 모든 사람이나 사물을 판단할 때에 중요한 평가의 기준이 되는 것이다.
오랫동안 잊고 지냈던 과거의 추억이 생각날 때
우리는 사진을 보거나, 비디오에 담아둔 영상을 보기도 한다.
그것은 시간이라는 무게에 눌려 그 순간을 또렷하게 기억해낼 수 없기 때문이다.
하지만 우연한 기회에 맡은 냄새로 인해
잊고 있었던 고향을 기억해내기도 하고, 이국의 풍경을 떠올리며,
어린 시절 짝사랑했던 소녀가 생각나는 것은
자신도 모르는 사이에 인식되어 버린 후각의 경험이 작용하기에 가능한 것이다.
알파치노가 나오는 영화 〈여인의 향기(Scent of a Woman)〉에서
시각 장애인이 되어버린 그가 함께 탱고를 추던 여인의 향기를 맡고는
그녀가 쓰고 있는 비누의 이름을 정확히 알아내는 장면이 나온다.
이는 어떤 계기로 인해 잠재되어 있던 후각을 깨웠기 때문일 것이다.
물론 후각은 타고나지만, 그 능력은 얼마든지 향상될 수 있다는 것을 알게 한다.

   1만 년의 태고의 고독이 숨 쉬는 호주의 태즈매니아(Tasmania) 섬, 그곳으로 가기 위해서는 먼저 멜버른으로 가야 한다.
   멜버른에서 비행기를 타고 항구도시인 호바트에 도착한 것은 2월의 끝자락에 놓인 늦은 오후였다. 우리나라와 반대편에 있는 이곳은 아열대의 냄새가 물씬 풍기는 한여름이었다.
   호바트의 첫 느낌은 아스팔트를 따갑게 내리쬐는 햇볕의 내음이 바닷가의 바람과 함께 무수한 은구슬처럼 우리 곁을 스치고 가는 그런 곳이었다. 태고의 맑음이 있고, 깊은 우주의 신비가 있는 자연의 땅이었다.

순간 a moment_ 324

호바트 항구에 저녁이 왔다. 태양이 서서히 기울며 바다에 투영되고 있다. 길게 뻗은 석양의 잔상이 호바트의 바다를 황금빛으로 물들이며 마지막 생명의 불꽃을 낯선 이방인에게 보여주고 있다. 너무나 황홀한 광경이기에 나는 그 자리에서 한 발짝도 움직일 수가 없었다.

밤이 다가온다. 하늘은 너무나 맑아 내가 투영되어 버린다. 별빛이 유성처럼 내게 쏟아져 피할 곳을 찾지만 더 이상 숨을 곳도 없다. 아무 소리도 들리지 않는다. 그 어떤 소리도 지금은 정지되어 버린 듯하다. 그 정적이 소름끼치도록 무섭다.

시간이 흐를수록 무서움은 편안함과 평온을 가져다준다. 그냥 이렇게 있고 싶다. 태고의 정적에 익숙하지 않는 나에게는 새로운 경험이며 시간을 거슬러가게 만든다 그리고 그 적막감 속에 잠이 든다. 내 영혼에 속삭이는 바다 냄새를 맡으며 내일 떠나아 할 후온 빌을 그리면서 말이다.

호바트에 아침이 왔다. 창문을 통해 집들 너머로 구름을 머리에 이고 있는 큰 산이 눈에 들어온다. 빛나는 태양은 교회의 종탑을 여인의 품처럼 감싸 안고 있었으며, 골목의 깊숙한 곳과 도로 앞 음식점에서 묻어나오는 냄새는 골목골목으로 휘젓고 돌아다녔다.

맑고 푸른 바다 위에는 요트가 떠다니고, 멀리 수평선에는 온갖 배들이 제각기 모습을 드러내고 있다. 과거와 현재의 유희 속에 피어난 꽃들이 저마다의 향기를 뿜내며, 레스토랑의 의자에 앉아 신문을 보는 중년 신사의 모습과 탁자 위에 놓인 커피 잔이 독특한 공간의 이미지를 만들어낸다.

잠시 뒤, 떠나간 이가 남긴 커피 향은 아무렇게나 놓여 있는 신문과 대조를 이루며 이방인의 가슴에 묘한 여유로움을 가져다준다.

아름다움을 찾는 것은 인생의 진리라고 하였다. 먼 길을 돌아 이곳까지 온 것은 그 아름다움의 순간을 만나기 위해서다. 일 년에 1cm씩 자라며 천 년 이상을 산다는 후온 파인의 아름다운 순간을 만나기 위해서다.

우리는 후온 소나무의 태고의 순간을 찾으러 후온 빌로 향한다.

　호바트 시내의 거리에 늘어선, 19세기 사암으로 지은 오래된 창고 건물들을 지나 자동차로 20여 분 정도 달리면 바람과 빛에 어우러진 마운트 웰링턴(Mount Wellington)의 대자연이 태고의 아름다움을 뽐내며 눈앞에 펼쳐진다. 그곳은 태즈매니아의 바다와 육지의 순수한 자연을 내려다볼 수 있는 곳이기도 하다.

　좀 더 남동쪽으로 가면 서늘한 콜스 베이의 와인 농장들을 만날 수 있다. 와인을 좋아하는 사람이라면 진정한 자연에서 자라고 만들어진 원시를 이곳에서 맛볼 수 있을 것이다.

　후온 밸리(Huon Valley)는 호바트 남쪽에서 차로 1시간 거리에 위치해 있다. 동편에는 운하의 해안선과 길게 뻗은 초록빛 언덕, 그리고 브루니(Bruny) 섬의 하얀 모래밭이 해안에 펼쳐진다. 이 언덕과 마을은 농부와 목공예가, 과수원지기, 벌목꾼, 어부들의 다양한 삶이 어우러진 곳이기도 하다.

　호바트에서 후온으로 향하는 여정 중 가장 인상적인 장면은 아마도 타루나(Taroona)의 외곽을 따라 펼쳐진 해안도로를 달리는 것이 아닐까 싶다. 이제 콜스 베이를 지나 굽이굽이 산허리를 돌아가면 사과와 후온 파인의 태고가 있는 후온 빌과 리치몬드(Richmond)를 만나게 될 것이다.

후온 빌(Huon ville)로 가는 길은 자전거 하이킹을 하거나 근거리 드라이브를 즐길 수 있는 지루하지 않은 도로로 이어진다. 그 길은 평탄한 길과 다소 꼬불거리는 길이 묘한 조화를 이루고 있어, 현실이 아니라 게임 속의 도로인 것 같은 착각에 빠진다.

길가에는 나무가 많다. 그러고 보니 이곳의 전신주나 장식물들은 모두 나무로 만들어져 있다. 길가에 차를 세우고 무인판매대에서 사과 한 봉지를 샀다. 맛이 아주 뛰어나다. 한국 사과만큼 새콤한 맛은 덜하지만 달고, 향이 풍성하게 느껴진다.

근처에 있는 전시장에 가보니 온통 나무로 만든 공예품을 전시, 판매하고 있었다. 주로 유칼립투스 나무와 후온 소나무로 만든 것이었다. 하지만 이제 나무를 구하기가 쉽지 않다고 한다. 무절제한 벌목으로 인해 통제하고 있기 때문이다. 언제까지나 자연이 우리 곁에 있을 것이라는 착각이 그동안 여기에서도 있었나 보다.

차창을 열어놓은 채 달리기 시작한 지 두어 시간. 길은 똑같이 이어지고, 그 주변은 비슷하게 보이지만 분명한 치이가 있다. 열린 창문과 문틈으로 스며들어 오는 냄새가 매순간 다르게 느껴지기 때문이다. 유칼립투스, 포도와 사과, 햇빛에 부딪혀 부서지는 자두의 향기가 매번 다른 모습으로 내게 와 닿는다.

후온 빌에 도착했다. 고요한 후온 강둑에 자리 잡은 후온 빌은 언덕을 뒤덮은 과일의 화려한 빛깔에 감싸여 있다.

세계자연유산인 후온 빌 정상은 태즈매니아 남부 탐험이 시작되는 곳이다. 후온 계곡에서 생산되는 사과는 태즈매니아 사과의 절반가량이 된다고 하니, 그래서 곳곳에 사과 판매대가 있고 마을 곳곳에 사과의 모형과 사과 모양의 장식품을 팔고 있나 보다. 매년 3월이면 '후온 맛보기행사(Taste of the Huon)' 가 열리며, 이때 수십 가지가 넘는 다양한 품종의 과실을 맛볼 수 있어 이곳은 과일 천국이 된다고 한다.

그때를 떠올리며 아마도 후온의 과일 향기가 행사장과 온 마을을 뒤덮을 것 같은 상상을 해본다.

그곳에서 좀 더 남쪽으로 내려가면 우리의 목적지인 태즈매니아가 자랑하는 웅장한 남부 삼림이 등장한다. 후온 강이 계곡을 따라 깊은 원시의 삼림 사이로 흐르고 있다. 큰 강줄기를 따라가면 숲 사이로 작은 물줄기를 만날 수 있으며, 강물에 투영된 숲의 색을 본다. 짙은 초록과 무채색의 빛이 하늘을 가로막고 있다.

그런데 작은 강줄기에 보이는 것은 핏빛의 물이 아닌가? 놀라 뒷걸음을 치니, 강물이 붉은 것은 강바닥에 자라는 '단추 풀' 때문이란다. 한갓 풀이 붉게 만든 것을 왜 이렇게 놀랐는지, 때때로 우리의 고정관념이 스스로를 부끄럽게 만드는 것이 아닐까 하고 생각한다.

관광객의 편의를 위해 픽톤(Picton)과 후온(Huon) 강이 만나는 지점 위로 공중에 높이 매달아 놓은 '타훈 삼림 에어워크(Tahune Forest Air Walk)'를 따라 태고의 숲을 경험한다. 공중에서 보는 숲은 넓고 웅장했다. 에어워크에서 아열대의 원시를 보던 관광객들은 제각기 한 마디씩 말하고 있다. 공중 다리는 그 편리함에 비해 자연을 훼손시킨다는 생각은 나만이 가지고 있는 것이 아닌가 보다.

    후온 계곡을 따라가다 만나는 후온 소나무 숲 속에서 마음의 평온을 얻는다. 비록 더디게 자라지만 그만큼 큰 가치를 지닌다. 숲의 공기를 장악해버린 향기는, 온 숲을 하나의 무리로 모여 떠도는 것이 아니라, 제각기 바람이 멈추어선 곳으로 퍼져나갔다.

    후온 파인 숲은 언제나 감미로운 향기를 지니고 있다. 촉촉한 바람과 따스한 햇볕은 송진과 나무를 서로 비비게 하며, 그곳의 향기를 바람에 실어 남극의 빙하로 날려 보낸다. 하오에 살포시 내리는 비는 솔잎을 적시며, 고사릿과 식물과 야생화들이 이 소나무 숲 곳곳의 빈 땅에서 자라게 한다.

    골짜기에는 강줄기가, 산중턱에는 유칼립투스와 태고의 향기가 나는 아열대 풀들이 뒤덮여 있었다. 그리고 후온 파인은 송진의 향기와 함께 바람이 머문 곳에 거대한 향기의 숲을 이루고 있었던 것이다.

아주 크고 푸른 빛을 내뿜는 후온 파인과 마주한다. 너무나 큰 키에 질려, 순간 모자를 깊게 누르며 살며시 고개를 들어 냄새를 들이켜 본다. 갑자기 비가 쏟아진다. 나무에 길게 늘어선 잎에서 쏟아지는 초록이 빗물과 어우러져 짙은 푸름의 물이 되어 모자 위로 굴러 떨어진다.

비가 멈춘다. 언제 그랬냐는 듯이 눈부신 태양의 입김이 하늘을 가린 나무 사이로 스며온다. 아주 긴 길을 지나 만나게 된 후온 파인, 아무 말도 없이 자신이 지내온 시간의 흐름을 내게 보여준다. 태고의 원시로부터 이어온 후온 파인은 영원함을 전해주지만, 나는 오히려 순간을 만난다.

아열대의 뜨거운 빛이 대지를 향해 불어오자 후온 파인은 이 순간을 기다렸다는 듯이 눈물을 쏟아낸다. 눈물은 향기가 되어 숲 속에 숨어 있는 모든 냄새를 가두어 진한 원시의 냄새를 퍼뜨리며 하늘로 올라간다. 그리고 내게 자신이 지켜온 아주 긴 외로움과 행복에 대하여 말한다. 후온 파인의 진정한 눈물은 죽기 전 단 한 번 흘린다고 하였는데, 왜 그 눈물을 내게 보였을까?

후온 소나무 숲에 어둠이 내린다. 어둠은 점차 숲 전체를 빨아들여 석양 너머로 사라지고, 송진과 나무와 풀들은 잠이 들었는지 더 이상 움직이질 않는다.

이제 떠나야 할 때가 왔나 보다. 우리는 후온 파인의 영원한 향기를 가슴속에 묻고, 아쉬움을 뒤로한 채 왔던 길로 되돌아간다.

Epilogue **행복한 순간**

"냄새는 물기에서 나서 거짓이 없고, 후각은 생기에서 나서 성실함이 있어, 억지로 힘쓰지 않아도 저절로 좋아하고 싫어함이 있기 마련이다."

- 최한기(崔漢綺)의 『기측체의(氣測體義)』 중에서

넓은 들판과 꽃과 나무가 가득한 동산, 맑은 시냇물이 흐르고 교회의 종탑 위로는 이름 모를 새들이 날아들며, 마을 곳곳에는 은은한 향기가 흐르고, 소년은 오늘도 변함없이 꽃을 따고 이끼를 모으며, 나무 잔가지를 자루에 가득 채워 집으로 가져간다.

작은 통나무집에는 아무렇게나 놓여 있는 식탁과 그릇, 삐걱거리는 나무 침대, 그리고 집 안 가득히 온갖 식물들이 항아리나 자루에 담겨 작은 공간을 메우고 있다.
 소년은 작은 손으로 자루에 들어 있는 재스민 꽃을 꺼내어 나무로 짠 상자 위에 놓인 유리판에 올리브기름을 바르고, 꽃잎을 정성스럽게 하나씩 펼치기 시작한다. 기름이 녹기 시작한 꽃잎은 얼마의 시간이 지나면 향긋한 향 기름이 되기 시작할 것이다.
 나무의 잔가지와 뿌리는 곱게 빻아 가루로 만들고, 말린 꽃잎과 섞어, 작고 예쁜 병에 담아 놓는다. 소년은 언덕 위 느티나무 곁 작은 땅에 피어 있는 야생화들 가장 좋아하였고, 그 잎을 말려 작은 주머니에 넣어 소중히 간직하고 있었다.

어느 날 소년은, 이곳으로 요양하러 온 한 소녀를 사랑하게 되었다. 하지만 그 소녀는 병이 깊어 살 가망이 없자, 언덕 위의 작은 움막으로 옮겨졌다. 그리고 아무도 출입을 못하게 하였다.

매서운 바람이 불던 겨울, 소년은 소녀가 보고 싶어 더 이상 견딜 수 없어서 발길을 움막으로 향하였다. 아무런 기척이 없는 집 안으로 문을 열고 들어가니 여러 날 불을 피우지 않았는지 냉기가 코끝을 감돌았다. 기침 소리에 고개를 돌려보니 구석진 곳에 낡은 담요에 싸여 있는 소녀의 모습이 눈에 들어왔다.

소년은 불을 지피고 물을 끓여, 가져온 빵을 소녀에게 먹이고, 조금씩 온기가 돌자, 아이는 모든 식물에는 영혼이 있으며, 그 영혼이 소녀를 치료해줄 것이라고 설명하고 가져온 말린 꽃잎과 나뭇가지들을 하나씩 불 속에 던지기 시작하였다.

"이 꽃잎은 생명이야."

"이 나무는 사랑."

"이 나무 가루는 꿈이야."

피어오르는 연기는 실내를 떠돌며 향기로운 냄새를 풍겼지만 소녀의 생명은 점점 희미해질 뿐이었다.

이제 소년에게 남은 것은 작은 땅에서 가져온 주머니 속의 야생화와 재스민 향유뿐…….

소년은 울면서 한꺼번에 남은 모두를 불 속으로 던져버렸다. 그러자 불 속에서 핀 향기는 움막 속의 소녀를 감싸고 한동안 머물다가, 어느덧 움막에서 빠져나와 개울과 숲을 지나고 교회의 종을 두드리며, 죽어 있던 모든 것을 살아 숨 쉬게 하고, 마을 전체를 뒤덮어나갔다. 그 후 마을 사람들은 소년을 '향기의 마술사'라고 불렀다.

때론 보이는 것만이 진실이 아니다. 향은 우리의 감각 중에서도 가장 다루기 힘들고 신비스러운 후각과 관련되어 있기 때문에 강렬한 감정이나 특별한 경험의 원천이 될 수 있다. 죄악으로부터 신성함에 이르기까지, 향은 우리의 욕망과 열정을 자극하고, 개발되지 않은 감성의 영역과 잃어버린 기어 속의 나원으로 우리를 이끈다. 그러므로 향은 우리의 기억을 든든히 지켜주고, 또한 우리는 대부분이 그것에 대한 경험을 가지고 있다.

자연에서 향기를 포집한다는 것은 식물의 채취와 추출을 의미한다. 수많은 꽃잎과 나무의 수지를 모아서 에센스를 뽑아낸다. 이 힘든 과정을 통해 얻어낸 향 자체는 아름다웠지만, 처음과는 거리가 멀다.

향료와 향목(香木)은 그 자체로도 좋지만 찧을 때 더 좋은 향기가 나는 것처럼, 향의 원료인 식물은 하나의 아름다운 향기의 원천이 되는 순간의 에센스를 만들기 위해 철저히 자기의 모습을 잃고 변형되며 모든 것을 버린다. 그것은 자신을 희생함으로 아름다운 향기로 다시 태어날 수 있기 때문이다. 향은 바로 그런 것이다.

조향사, 그들은 보통 사람보다 어떻게 냄새를 잘 맡으며, 이러한 능력을 가진 것일까? 그들은 음악가나 미술가처럼 타고난 후각의 예술가이다. 하지만 반드시 타고났다고만 할 수 없다. 그것은 타고난 것보다 더 중요한 훈련과 노력이 있었기에 가능한 것이다.

조향사는 냄새를 마음과 생각으로 맡는다. 특정한 향의 냄새를 떠올리고, 성분을 섞었을 때 어떤 냄새가 날지 상상할 수 있는 능력을 키우고 배우며, 그들은 마음과 상상으로 식물을 만나고 그 냄새를 익힌다. 그리고 각 냄새를 순간의 기억으로 뇌에 정리하며 분해하고 조합하는 훈련을 거듭한다.

후각적 상상력의 핵심에는 마음의 상상력이 있다. 조향사는 하나의 향을 창조하기 위해 기억의 통로를 따라서 느낌이 좋은 후각의 풍경을 재구성하며, 또한 세속과 성전의 경계를 넘나들면서 고귀한 영혼을 그 속에 담기도 한다.

우리는 눈에 보이는 풍경을 상상할 때와 똑같은 방법으로 냄새를 떠올릴 수 있다. 후각의 상상력이 뛰어난 사람은 시각적 상상력도 풍부해진다. 다시 말하면 지난 여름에 갔던 남해의 바다, 사랑하는 연인과의 첫 키스, 그 기억을 떠올리면서 바다와 연인의 향기를 맡을 수 있음을 말한다.

현자의 돌! 궁극의 물질이며, 이로부터 물질이 생겨난다. 연금술사들은 이것의 도움으로 비천한 금속을 귀한 금속으로 탈바꿈시켜 마지막 생성물인 금을 만들어내려고 하였다.

현자의 돌은 반짝이는 루비 색으로 단단하기도 하지만 유리처럼 부서지기도 쉽고, 가루로 만들 수 있다고 한다. 샤프란 꽃처럼 선홍색을 띠는 가루는 불길 속에서 연기도 불꽃도 내지 않고 밀랍처럼 녹았다가, 차가워지면 금보다 더 무겁고 단단해진다고 한다.

많은 연금술사들은 이 기적의 물질을 만들기 위해 신의 영역까지도 마다하지 않고 침범하였다.

    어느 날 웰빙 라이프를 접한 아모레퍼시픽은 자연의 뷰티 성분들이 피부에 국한된 것이 아니라 삶의 일부가 될 수 있음을 깨닫게 된다.
    "그래, 마음도 피부도 즐겁고 행복한 제품을 만들어보자!" 하고 외치며 한자리에 모인 아모레퍼시픽 연구팀은 자연과 인간의 거리를 보다 근접시킬 수 있는 방법을 모색하던 중 중요한 결심을 한다.
    얼마 후 이들은 당시 뷰티 분야에서 멀리 떨어져 아무도 관심 갖지 않았던 '바디 케어'에 특별한 연구와 노력을 기울이기 시작하였다. 특히 그들은 천연 성분, 그중에서도 향기에 관심을 갖기 시작했으며, 지구상의 식물이 간직한 아름다운 향기를 찾아 그 향을 해피바스의 제품에 담고자 하였다.
    바로 그들은 현자였다.

꼭 가보고 싶었던 아모레 퍼시픽의 향 연구소 건물은 자연과 인공의 놀라운 조화로움으로 다가왔다. 유명한 건축가의 작품이기 때문만은 아닐 것이다. 어렵게 들어간 연구실은 뛰어난 시설과 기술뿐만 아니라 연구원의 열정과 행복을 담아내는 마음이 자리 잡고 있음을 알 수 있었다. 그곳에서 만난 조향사는 한 방울의 향기에 모든 정성을 쏟아 붓고 있다. 아마도 이렇게 만들어진 향기로 사용하는 이에게 즐거움을 주려는 마음이 아닐까?

그렇다! 그녀가 만든 해피바스의 향기는 시공간의 문을 통해 사람들이 원하는 곳으로 데려다주며, 아름다운 추억의 시간을 갖게 해줄 것이다. 내가 가까이 다가가도 그녀는 아무런 움직임도 없다. 그녀는 자신이 향기인지, 향기가 자신인지 분간이 되지 않을 정도로 향기 속에 푹 빠져 있다. 그 모습이 아름답다.

아쉽게도 연구소를 뒤로하고 떠나는 나에게 향기는 자그맣게 속삭인다.
"그녀가 바로 향기의 마술사야……."

얼음 꽃의 순간,
후온 파인의 영원,
그것들을 담은 해피바스의 향기,
그리고 행복의 긴 여정이 시작될 것이다.

Happybath is a happy moment.

기획·글 : 송인갑

디자인 : 어성우 | 황인성

사진 : 송희원 | 송인갑